普通高等教育教材

中学化学创新实验教学设计与研究

黎泓波 主 编
王素琴 卢章辉 副主编

化学工业出版社
·北京·

内 容 简 介

《中学化学创新实验教学设计与研究》是一本以实验实践为主轴、创新实验方法为副轴，教育理念与科学理论为基础的改进创新类、兼具实用性的书籍。全书内容主要包括中学化学创新实验概论、无机化学基础实验、有机化学基础实验、化学原理探究实验、物质结构与性质实验、STEM综合实验、虚拟仿真实验等内容。

本书可供高等学校化学专业师范生、化学教育硕士、科学与技术教育硕士、化学教师及对化学世界充满热爱与兴趣的学子学习参考。

图书在版编目(CIP)数据

中学化学创新实验教学设计与研究 / 黎泓波主编；王素琴，卢章辉副主编. —北京：化学工业出版社，2023.12（2025.5重印）
普通高等教育教材
ISBN 978-7-122-44286-4

Ⅰ.①中… Ⅱ.①黎… ②王… ③卢… Ⅲ.①中学化学课-教学设计-高等学校-教材 Ⅳ.①G633.82

中国国家版本馆CIP数据核字（2023）第191178号

责任编辑：林　媛　旷英姿　　　装帧设计：刘丽华
责任校对：田睿涵

出版发行：化学工业出版社（北京市东城区青年湖南街13号　邮政编码100011）
印　　装：北京机工印刷厂有限公司
787mm×1092mm　1/16　印张18　彩插1　字数417千字　2025年5月北京第1版第2次印刷

购书咨询：010-64518888　　　　　售后服务：010-64518899
网　　址：http://www.cip.com.cn
凡购买本书，如有缺损质量问题，本社销售中心负责调换。

定　价：49.00元　　　　　　　　　　　　　　　　　　　　版权所有　违者必究

前言

高等教育与基础教育对学生创新精神和实践能力的培养和提升是一个永恒话题。从20世纪末的教育热点"科学素质"到本世纪初的"学科素养","创新"二字早已从大战略大理念逐渐转变为教师日常的教学行为及学生的学习日常。在以培养学生学科核心素养为主旨的今天,研究创新精神和实践能力的教学实践仍具有现实意义。

化学是一门以实验为基础的自然科学,化学实验不仅是化学这门科学的基础,而且也是中学化学教学的基础。宋心琦教授指出"学生能牢固地、准确地、哪怕只是定性地建立起基本的化学观念,应当是中学化学教学的第一目标",而化学实验则是学生在中学化学学习过程中搭建化学观念这一知识城堡的重要积木。实验对于化学教育目标的实现具有重要的价值和功能,具体体现在中学化学实验可使学生在认识论(感性认识化学实验事实,理性认识化学概念理论)、方法论(培养化学学科核心素养的重要手段)和教学论(激发化学学习兴趣,创设化学教学情境)等领域发挥其独特的教育功能。总之,化学实验教学对于全面落实培养化学学科核心素养目标、提高化学教学质量具有其他教学内容和形式所不能替代的作用。

目前,众多高等师范院校化学类专业开设了"中学化学实验教学"的相关课程,这些高等师范院校参考的实验书籍均有许多不足之处,如实验方案单一、实践创新不足、新式教学方法输入少等,因此急需一本内容丰富、注重基础、思路广泛、教学方法多样的化学实验教材来辅佐教学与学习。本书以创新实验为主线,着重围绕"创新"与"教师教育"两方面,结合我们在实验、实验教学和教师教育方面的探索,总结和提炼多年来广大化学教师和研究者宝贵的实验创新方式、实验教学经验和教师教育反思,以教育理念、科学理论和实践相结合的线索将中学化学实验的一系列案例生动地呈现在读者面前,尤其精选了使实验的教育价值最大化的创新实验作为本书的线索和范例,以供广大化学教育工作者参考并借鉴,以期有所启发。

与国内同类书籍对比,本书在实验内容上汇集了中学化学课程中的"困难实验"的实验方法,为设计中学化学创新实验提供了具象化、系统化的设计思路;在实验方法上总结了中学化学实验课程中"难做实验"的技术障碍,提供了多种新型的化学实验技术手段参考,如手持技术和虚拟实验;在科学实验方法上完善了"定性实验"的量化尺度,为中学化学实验的"绿色化""微型化""定量化""数据化"提供了丰富而有效的设计思路,体现了以素材内容"新"、实验涵盖面"广"、实验主题类型"全"、素材质量"优"为主的四大特色。本书的基本思路与框架如下图所示:

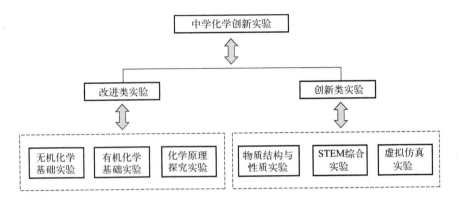

  本书引用了大量的优质实验案例，值得指出的是，这些实验案例蕴涵了许多化学教育工作者和研究者为之付出的辛勤劳动，凝聚着他们的智慧和创意，汇集了他们先进的教学思想、教学方法和实践能力，反映出他们为提高我国的化学教育水平所做出的巨大贡献。

  本书由江西师范大学化学教育教研室黎泓波副教授主编，王素琴副教授和卢章辉教授为副主编，负责确定编写思路、制定提纲和样章。全书的审稿和定稿工作由黎泓波主持，集体合作完成。参加本书编写的人员有江西师范大学梁莹莹、赵晗蕾、郑佳莹、黄宝莹、田翠杰、王玉洁、胡怡苹等化学教育硕士。本书成稿还得益于本人所在单位江西师范大学化学化工学院姜建文教授、盛寿日教授、李永红教授、刘晓玲教授、张小亮教授的大力支持。本书的出版得到化学工业出版社、江西师范大学的大力支持，得到了江西师范大学化学化工学院相关领导的无私帮助。本书编写时参考和引用了国内外同行的研究成果和实践案例，在此向所有为本书做出贡献的单位和个人致以诚挚的谢意！

  此书可供高等学校化学专业师范生、化学教育硕士、科学与技术教育硕士、化学教师及对化学充满热爱与兴趣的学子学习参考。由于我们水平有限和时间仓促，书中难免存在缺漏和不足，欢迎同行专家和广大读者批评指正！

编者

2023 年 3 月

目录

第一章 中学化学创新实验概论 ··· 001
- 第一节 化学实验创新 ··· 001
- 第二节 化学创新实验类型及特点 ··· 005
- 第三节 中学化学实验创新的价值 ··· 011
- 第四节 中学化学创新实验的研究思路 ··· 017
- 第五节 化学实验室安全与环境保护 ··· 022

第二章 无机化学基础实验 ··· 031
- 实验1 胶体的丁达尔实验 ··· 031
- 实验2 焰色试验 ··· 035
- 实验3 镁与盐酸反应 ··· 039
- 实验4 铁与水蒸气反应 ··· 045
- 实验5 钠与水反应实验 ··· 050
- 实验6 过氧化钠的化学性质 ··· 056
- 实验7 碳酸钠与盐酸反应 ··· 061
- 实验8 碳酸钠与碳酸氢钠的热稳定性比较 ··· 068
- 实验9 氢氧化亚铁的制备 ··· 072
- 实验10 硫酸亚铁铵的制备 ··· 077
- 实验11 铝热反应 ··· 080
- 实验12 木炭还原氧化铜 ··· 086
- 实验13 氧气的实验室制备 ··· 090
- 实验14 二氧化碳的实验室制取与性质 ··· 095
- 实验15 氯气制备与性质检验实验 ··· 101
- 实验16 次氯酸漂白作用实验 ··· 107
- 实验17 氨气的制取 ··· 112
- 实验18 不同价态含硫物质的转化 ··· 117
- 实验19 蔗糖与浓硫酸反应 ··· 123
- 实验20 铜与硝酸的反应 ··· 130
- 实验21 海带提碘 ··· 136

第三章 有机化学基础实验 ··· 141
- 实验22 乙烯的制备及性质实验 ··· 141
- 实验23 乙炔的制取及性质实验 ··· 146
- 实验24 苯的溴代反应 ··· 151

实验 25	甲苯与酸性高锰酸钾溶液的反应	155
实验 26	苯酚与溴水的反应	159
实验 27	乙醇的催化氧化	163
实验 28	乙醇和钠反应	169
实验 29	乙酸乙酯的制备	174
实验 30	葡萄糖的检验及葡萄糖的性质	179

第四章　化学原理探究实验　183

实验 31	燃烧的条件	183
实验 32	盐类的水解	188
实验 33	草酸溶液与高锰酸钾溶液的反应速率	192
实验 34	化学平衡的影响因素	198
实验 35	双液原电池	205
实验 36	电解氯化铜	211
实验 37	铁的锈蚀/腐蚀	215

第五章　物质结构与性质实验　224

实验 38	基于手持技术实验比较有机物分子间作用力大小	224
实验 39	"看见"氢键：低共熔溶剂体系的建立与应用综合型教学实验设计与实践	232
实验 40	金属铬配合物制备和分裂能测定的实验改进	236
实验 41	铜氨配合物的形成和破坏过程	240

第六章　STEM 综合实验　246

实验 42	补铁剂中的铁元素的检验	246
实验 43	探究负载二氧化锰海藻酸钠微胶囊催化过氧化氢分解	250
实验 44	自制电解水芯片实验室	253
实验 45	制备 pH 响应海藻酸钠微球	254
实验 46	探究四氧化三铁磁流体的制备和性质	256
实验 47	探究化学红绿灯振荡反应的最优条件	258
实验 48	制作"天气瓶"	260

第七章　虚拟仿真实验　263

实验 49	基于 IrYdium Chemistry Lab 的可视化教学设计——以"盐类的水解"为例	263
实验 50	基于虚拟仿真实验的氰化浸金教学研究	267
实验 51	正溴丁烷合成虚拟仿真系统的设计与辅助实验教学研究	271
实验 52	基于"虚拟化学实验室"的在线课堂深度学习——以"价层电子对互斥模型（VSEPR）"在线教学设计为例	274
实验 53	"甲醇生产工艺"虚拟仿真教学实效的研究	277
实验 54	基于多平台的线上实验教学——光伏发电驱动高效催化水分解制氢气虚拟仿真实验	280

第一章

中学化学创新实验概论

第一节 化学实验创新

一、化学实验创新的背景

当今世界各国都在努力提升国家的核心竞争力，而提升国际竞争力的关键是科学技术，培养创新型人才对科学技术的发展至关重要。创新型人才的培养对教育提出了新的挑战，为了适应国家对人才培养的需要，培养什么样的人、如何培养人、为谁培养人，一直是教育研究者所面临的问题。

应对世界大发展、大变革、大调整时期，培养创新型人才对国家的发展至关重要。为了顺应时代对人才培养的需要，核心素养在我国落地生根。《普通高中化学课程标准（2017年版）》（2022年修订）的主旨是发展学生的化学学科核心素养，强调"充分发挥化学课程的整体育人功能，构建全面发展学生化学学科核心素养的高中化学课程目标体系"[1]。从《普通高中化学课程标准（2017年版）》（2022年修订）开始将"科学态度与社会责任"列为学科核心素养之一，要求学生具有安全意识和严谨求实的科学态度，具有探索未知、崇尚真理的意识；提出培养实验安全、环境保护意识以及科学态度等学业要求[2]。因此，实验教学不仅应注重培养学生的实验知识和技能，而且应注重培养学生的实验思维和方法，这样就不可避免地要对化学实验进行创新设计。以实验为基础是化学学科的重要特征之一，为了充分发挥实验的教学功能，可以对教材中存在不足的一些实验进行改进与创新，从而达到更好的教学效果，促进学生化学学科核心素养发展。

化学是在原子、分子水平上研究物质的组成、结构、性质、转化及其应用的一门基础学科。化学新课程从核心素养的维度构建了课程目标体系，倡导开展以化学实验为主的多种探究活动。从化学学科的特点和化学实验教学的特征来看，化学学科核心素养的有效落实离不开化学实验教学。化学课程标准中提出学生能够自主设计实验方案，根据问题提出假设，独立完成实验，通过实验收集证据，得出结论，从而培养科学探究能力。这也就必不可少地要对书本上的化学实验进行创新。

二、化学实验创新的概念

创新（innovation），起源于拉丁语。它原意有三层含义：第一，更新；第二，创造新的东西；第三，改变。现在的衍义是指以现有的思维模式提出有别于常规或常人思路的见解为导向，利用现有的知识和物质，在特定的环境中，本着理想化需要或为满足社会需求，而改进或创造新的事物，包括但不限于各种产品、方法、元素、路径、环境等，并能获得一定有益效果的行为。创新在20世纪形成一种理论，在此基础上演绎出创新思维、创新能力等。创新思维是指以新颖独创的方法解决问题的思维过程，通过这种思维能突破常规思维的界限，以超常规甚至反常规的方法、视角去思考问题，提出与众不同的解决方案，从而产生新颖的、独到的、有社会意义的思维成果。而创新的培养归根在于培养学生的创新思维与创新能力，使其用新的角度、新的思考方法来解决现有的问题。

《辞海》中则是如此解释创新——抛开旧的，创造新的。"创新"有更新、创造新东西、改变之意，是一种人的创造性实践行为，是人类特有的认识实践能力，从某种程度上来说是一种"怀疑"或者"否定"，致使人类超越一定的实践范畴，创造出新事物。这是社会不断发展、人类不断进步的必要推动力。

创新在化学实验的运用由来已久，从20世纪末全社会关注素质教育到本世纪初新课程的实施，"创新"二字已从时尚的理念逐渐转变为教师日常的教学行为。"科学探究与创新意识"更是在2017年版《普通高中化学课程标准》中成为化学学科最为核心的学科核心素养。在以培养学生科学素养为主旨的今天，研究创新意识和创新能力的教学实践尤其具有现实意义。文庆城在《化学实验教学研究》中认为化学实验创新是指实验者在实施化学实验之前，根据一定的实验目的与要求，运用有关的化学知识和技能，对实验的步骤和方法及所涉及的仪器、药品、装置所进行的一种规划，并根据一定的实验原理，运用创新思维，从实验的装置、条件、环保、教学价值等方面进行创新，从而达到优化实验的效果[3]。实验创新的最终目的是更好地为课堂教学服务，不仅在于设计出新的实验，更重要的是根据具体的情况对教材实验进行改进与创新，使化学实验更切合教学实际，最大限度地发挥其在化学教学中的教育功能。因此，创新实验比传统实验在实验方法、实验设计、探究功能、教学价值等方面体现出更加深刻的内涵，对学生的学科核心素养的培养具有重要意义[4]。

从教学角度考察化学创新实验其创新点可以从以下两个方面予以界定[5]：一是实验本身的创新，主要包括在实验的反应条件、实验装置、实验方案的设计、实验辅助手段等方面的创新，另外新的实验理念的应用和新的实验研究角度的挖掘也是创新实验的特征所在；二是在实验教学上的创新，主要体现在实验教学的设计和实验教学的实施等方面。

本书所指的"化学实验创新"是指老师或者学生在参与实验过程中，对实验内容、实验方法和实验过程等，产生有价值的创意和创新想法，提出自己的创新思路和方法，优选实验材料，改进实验方案，优化实验流程，达到降低成本、节约能耗、缩短时间、提高效率等目的，须基于真实课程教学中的实验教学，且通过实际验证已经取得成功的实验。

三、 化学实验创新的研究现状

目前，实验改进与创新方面逐渐向实验装置微型化、实验内容绿色化与生活化、实验操作安全化方向发展。在实验内容方面注重实验现象的趣味性、直观性，体现生活化，研究也多是结合生活实际创设教学情境；在实验仪器方面则关注现代化技术，应用新技术与新仪器。近年来，创新实验设计也体现出新的亮点，比如：实验用品的改进体现简洁性、普适性与推广价值；实验创新的方式体现一定的深度探究；实验创新的目标关注到宏观微观结合、证据推理等学科核心素养；实验创新的内容关注到人文素养与学科美感等[6]。

虽然实验创新发展较快，取得了可喜的成果，但在一些方面的研究还有待提高与完善。一是创新实验多为必修实验，一些选择性必修的选题比如有机高分子化学、配合物制备等目前还缺乏研究，有待基于新课标对学科核心素养发展的要求进行创新设计；二是创新实验多为验证性实验，基于深度探究、宏观微观结合、证据推理、模型建构等关注学科本质和学科核心素养的创新案例研究还较少[7]；三是在创新途径上，装置或用品创新较多，其次为技术创新、操作创新，而原理创新、应用创新的案例并不多见。四是在学科核心素养的背景下，化学实验教学研究更多的是通过实验设计过程中的一些课堂教学策略来培养学科核心素养，特别是以素养为本的实验教学目标、内容情境化、教学结构化、实验探究性等方面的研究[8]。五是从文献上看，目前化学实验研究主要是通过实验教学设计来培养学生的核心素养，主要的研究体现在教学方法的转变上，但对课程标准中的实验评价和实验教学中的探究性学习研究还不够深入[9]。六是从实验改进与创新方面看，教师通过对实验进行创新，基于实验创新对实验教学进行探究，需要由传统的实验手段逐渐向多元化的现代实验手段发展[10]。

对此不足，在此提出了以下几点建议：

（1）开发贴近实际的实验教学内容。创新实验内容要在体现新颖性，将化学新方法、新原理、新物质、新功能引入实验教学的同时，增加应用型实验，解决实验内容。根据各自学校的学科特点、地方资源、行业特色、学生未来就业与发展的需要，开发系列贴近实际的实验教学内容，在提高实验新颖性的同时注重实用性和趣味性，这对提高实验教学效果大有裨益。

（2）兼顾实验教学的可行性。不少创新实验在设计时重点考虑了创新性和前沿性，创新实验项目的核心价值在于其推广应用和教学效果，是否适合作为中学实验是创制实验项目必须优先考虑的因素。教学实验则需要考虑：①实验时长；②实验仪器设备；③实验试剂的价格和安全性，试剂最好价廉易得，安全绿色，不宜有毒有害；④实验操作安全性。

（3）深入挖掘课程思政内涵。实验教学的宗旨是落实立德树人根本任务，要以学生为中心，促进学生的全面健康成长。开展创新实验能更多地体现科研思维方式、社会责任、担当精神、创新意识和绿色发展意识等，具有较传统实验更加丰富的课程思政内涵。

（4）完善效果评价。在创新实验过程中往往需要教师更多的指导和同学间的相互协作；实验完成后可能需要小组讨论，一起分享实验的经验、体会和感想，即具有更显著的过程性特征。因此，传统的实验考核评价体系对这些创新实验并不适合。以目标为导向，建立指向综合性的过程性评价体系，通过考核充分调动学生学习的能动性，提升学生的参与度，也是创新实验需要重点考虑的问题。

综上所述，近年来，国内一线中学的教师对于实验装置、实验条件、实验手段等研究较多，体现化学实验的简约化、微型化、绿色化、数字化，大多数是针对实验本身存在的不足进行改进，使实验步骤简化、效果更加明显。也有一部分的教师将改进后的实验与课堂教学相结合，较少部分的教师能充分挖掘实验的教学价值，利用创新实验引导课堂教学，甚至引导学生主动参与实验改进与创新，教学工作中开展素养为本的教学案例较少。

近年来，关于化学实验创新类的比赛也在全国各地积极举办，许多一线教师和研究者对教材中有待开发、挖掘及完善的实验经过不断改进和研究，并实践到课堂教学中，取得了丰富的成果。从教材中的实验来看，充分发挥了实验的教学功能，提高了教学效果，培养了学生的科学探究能力和创新精神。

四、 化学实验创新的展望

实验创新的研究内容已经渗透化学前沿、学科综合、科学方法、化学学科核心素养。涉及深度探究、证据推理、模型建构等诸多方面，体现了用实验改变教的行为和学的方式。化学创新实验案例体现了时代性、前沿性、信息化。在往后的创新实验设计中会更加重视科技元素、社会热点、自动化、数字化以及模拟工业生产等实验内容，重视化学与社会、生产、生活的联系。

同时，实验创新案例逐渐关注到实验之美，在课程教学中渗透美育，实现学科育人的目的。从实验创新选题观察，我国化学教师的实验教学研究是逐渐立足于教学实践的，重视装置或药品的简洁普适性。之后的实验创新不仅会关注到教师如何更好地呈现实验，同时也充分关注到实验如何组织、内容如何探究，更有助于学生的学习和学科核心素养的发展[11]。

在化学实验领域中，新知识、新理论、新技术、新方法的创新实验项目大量涌现，为中学化学实验教学带来了勃勃生机，期待更多的中学教师精心设计教学过程，拓展实验的背景知识，融入课程思政，创新教学方法，提升实验的趣味性，使得学生在实验方法、理论思考、实验过程体验、实验结果的综合分析等方面获得更全面、更系统、更深入的训练。

参考文献

[1] 张民生. "立德树人"新行动：核心素养教育 [J]. 教育参考，2016，(04)：5-8.
[2] 中华人民共和国教育部. 普通高中化学课程标准（2017年版）[S]. 北京：人民教育出版社，2018.
[3] 文庆城. 化学实验教学研究 [M]. 北京：科学出版社，2005：38-39.
[4] 王祖浩. 以实验创新研究促进学生学科核心素养的发展——《实验化学》教科书内容建构及学科特色探索 [J]. 全球教育展望，2019，48（11）：59-70.
[5] 王祖浩，王程杰. 中学化学创新实验 [M]. 南宁：广西教育出版社，2007：15-16.
[6] 钟晓茹. 基于核心素养的中学化学实验创新研究与实践 [D]. 漳州：闽南师范大学，2022.
[7] 陈华，马兆玲. 拔尖计划2.0背景下的创新化学实验教学研究 [J]. 广州化工，2022，50（07）：

230-232.

[8] 黄恭福，邹海龙．学科核心素养视域下的中学化学实验教学研究综述［J］．化学教学，2020．

[9] 陈章力，陈芳．化学实验教学创新设计的调查报告［J］．湖南文理学院学报（自然科学版），2021．

[10] 李厚金，陈六平，张树永．化学新创实验的现状与发展对策［J］．大学化学，2022，37（02）：11-18．

[11] 景一丹，李伶辉．我国中学化学实验创新设计的特点分析与思考［J］．化学教育（中英文），2022．

第二节　化学创新实验类型及特点

化学实验是由实验者、实验对象和实验手段等要素组成，形式多样的各种化学实验，可以依照实验主体、实验内容、实验作用等不同的划分标准分为不同的实验类型[1]。同理化学创新实验也有不同的划分标准和不同的类型，本书从教学角度将化学创新实验分为实验装置创新实验、实验试剂创新实验、实验方法创新实验。如图1-1所示。

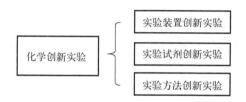

图 1-1　化学创新实验类型

一、中学化学创新实验类型

1. 实验装置创新实验

实验装置是化学实验的重要组成部分，实验装置的改进对实验效果的优化和实验价值的更好体现有很好的促进作用。实验装置的创新包括装置、仪器的改进等。另外，还有专门由工厂经过精心设计、组合加工成的实验仪器，其中装有相应的药品，是围绕某个特定的目的所设计的单元实验，称为"简约化实验"。这些方面的创新也一直是教育工作者提高实验的教学效果、启发学生思维的重要手段，而且这些创新对于简化实验步骤、创设安全的实验条件等方面也都起到了一定的作用，尤其是在学生创新意识和创新思维的培养方面，更是起到了很好的启发和引导作用。

典型案例一——气体喷泉实验装置的改进[2]

问题提出：气体喷泉实验是高中化学中的一个经典且充满趣味性的演示实验，也是验证气体性质的实验，该实验的传统实验装置由铁架台、烧杯、圆底烧瓶、胶头滴管、导管等组成。之前有部分学者对喷泉实验装置进行了改进，但是还是存在气体需要预先收集、实验过程烦琐、功能单一等缺点。

实验过程：制备比空气密度小的气体（以氨气为例）进行双喷泉实验（如图1-2所示）。

① 加料口（2）上安装滴液漏斗，再开一个小洞，插入一根导管（3），导管（3）插入反应室（1）的底部，但不接触底部。导管（3）的顶端连接1小段橡胶管并用弹簧夹夹

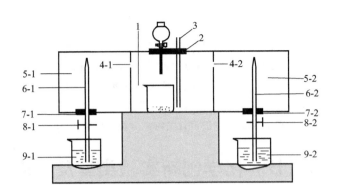

图 1-2 气体喷泉实验装置

住。左喷泉室（5-1）的喷泉口（7-1）和右喷泉室（5-2）的喷泉口（7-2）分别插入带橡胶塞的尖嘴导管（6-1）和（6-2），导管插入喷泉室（5-1）、（5-2）的底部，导管的另一端连接橡胶管并用弹簧夹（8-1）和（8-2）控制。

② 向反应室（1）中的烧杯中加入适量氧化钙固体，滴液漏斗里装入少量浓氨水。将弹簧夹（8-1）、（8-2）和导管（3）顶端的弹簧夹均打开，控制滴液漏斗的滴速进行反应产生氨气并排除空气。考虑到可能会有少量的氨气逸出并且氨气具有强烈的刺激气味，实验放在通风橱中进行。

③ 氨气充满反应室（1）和喷泉室（5-1）、（5-2）后在导管（3）顶端的橡胶管口放置润湿的红色石蕊试纸，试纸变蓝，说明充满，立即将 3 个弹簧夹关闭，并停止滴加浓氨水。

④ 将尖嘴导管（6-1）、（6-2）连接的橡胶管分别插入烧杯（9-1）内的硫酸铜溶液和烧杯（9-2）内的酚酞溶液的液面以下。由滴液漏斗向反应室（1）中加入少量水，打开弹簧夹（8-1）和（8-2），烧杯（9-1）内的硫酸铜溶液和烧杯（9-2）内的酚酞溶液被吸上去，即可观察到双喷泉现象。

点评：改进后的实验反应装置与原装置相比，具有实验现象明显、功能多样化、过程简单、安装稳定性较高等优点，同时双喷泉实验的教学趣味性也得到了提高。通过改进实验装置使得学生的思维不再受教材内容的限制，让他们从中受到启发，形成自主设计实验装置的意识，对于他们的创造能力的培养具有极大的促进作用。

2. 实验试剂创新实验

化学实验用品、用量的选择会直接影响实验的成效。数量多意味着实验的大型和效果的明显，另一方面也意味着数量上的浪费。以"绿色化学"为原则下的创新实验，对实验用品和用量的选择提出了可改进的方向和思路。

典型案例二——研究酶催化剂对过氧化氢分解速率的影响[3]

问题提出：在中学教育过程中，从九年级的化学启蒙到高中的深入探讨，与催化剂相关的内容贯穿化学课堂始终。高中过氧化氢催化分解实验侧重探究催化剂及其种类对反应速率的影响，说明催化剂在反应历程中可通过降低活化能来改变反应路径，从而加快反应速率，同时指出不同催化剂对反应活化能的改变程度不同，强调选择适当种类催化剂的重要性。然而学生对催化剂的理解很容易停留在化学试剂的层面，在思维上难以发散开来。

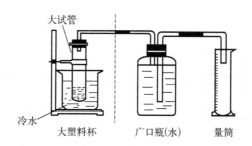

图 1-3 酶催化剂对过氧化氢分解速率影响的实验装置

实验过程：

（1）如图 1-3 所示连接装置。

（2）在大塑料杯中加入适量冷水，构成冷水浴的装置。

（3）检验装置气密性（双手捂住大试管，看广口瓶内导管中是否上升一段水柱）。

（4）用量筒量取 5mL 的 10% 过氧化氢溶液，加入大试管中。

（5）用电子天平称量 2.00g 催化剂（Fe 粉、MnO_2、Fe_2O_3、CuO、$MnSO_4$、S 粉、$ZnSO_4$、$CoCl_2$、$NiSO_4$、土豆、瓷片、活性炭、生姜、香烟灰等）。

（6）将催化剂加入试管中并迅速盖上试管塞，放入冷水浴装置中，同时开始计时。

（7）待该组实验进行一段时间，停止计时，记录此时的时间、量筒中上升液体的体积。

（8）清洗试管，换一种催化剂重复以上（4）～（7）步骤。

（9）实验完毕，整理器材，分析数据。

点评：通过对实验数据的分析发现，MnO_2 是催化效率最高的催化剂，是最适合作为实验室制取氧气的催化剂，而同时土豆、生姜与香烟灰也具有一定的催化效果。本实验探索了一些过氧化氢分解的新型催化剂，同时实验试剂的选择比较简便，可发展成为家庭实验。

3. 实验方法创新实验

信息时代的来临为实验创新带来了新的改进方向和思考角度。传感器是开展手持技术实验的重要工具，凭借传感器快速获取定量数据的信息技术功能，手持技术实验逐渐成为了优化实验过程和顺利进行科学探究活动的重要工具。科学仪器的引进、教师演示实验的信息化和显现化都使得实验不再拘泥于抽象想象而有了定性定量的科学解释。转变实验方法提出了可改进的方向和思路，推动了实验方法的创新。

典型案例三——应用手持技术实验探究氯离子浓度对氯离子效应的影响[4]

问题提出：氯离子浓度对氯离子效应的影响是尚未解决且值得探讨的问题。应用手持技术实验，旨在解决研究问题：在镁条与稀盐酸的反应中，当改变溶液中氯离子的浓度，对氯离子效应产生怎样的影响。

实验装置如图 1-4，实验步骤如下：

（1）在不同实验中，使用同一个双口球形圆底烧瓶进行实验，见图 1-4。往双口球形圆底烧瓶中分别加入 50mL pH＝1.5 的盐酸和一定量氯化钠固体，用玻璃棒搅拌以便氯化钠固体充分溶解，形成具有不同浓度氯离子的反应液（如表 1-1 所示）。

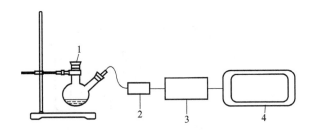

图 1-4　氯离子浓度对氯离子效应的影响的实验装置
1—双口球形圆底烧瓶；2—气体压力传感器；3—数据采集器；4—装有软件的平板电脑

表 1-1　不同实验中氯化钠的质量和氯离子的摩尔浓度

实验编号	m(NaCl)/g	n(NaCl)/mol	V(HCl)/L	n(Cl$^-$(NaCl))/mol	n(Cl$^-$(HCl))/mol	n(Cl$^-$(总))/mol	c(Cl$^-$)/(mol/L)
①	0.000	0.00	0.050	0.00	0.0016	0.002	0.03
②	0.585	0.01	0.050	0.01	0.0016	0.012	0.23
③	1.170	0.02	0.050	0.02	0.0016	0.022	0.43
④	1.755	0.03	0.050	0.03	0.0016	0.032	0.63
⑤	2.340	0.04	0.050	0.04	0.0016	0.042	0.83

（2）将双口球形圆底烧瓶的一个口插入带气体压力传感器的胶塞，另一个口先不插入胶塞。依次连接气体压力传感器、数据采集器和平板电脑，组装好实验装置。

（3）启动平板电脑中配套软件的数据记录功能，设置每秒收集一个数据，先记录一段时间常压下的气压数据。取其中一条镁条，迅速投入双口球形圆底烧瓶的溶液中，并且迅速塞紧胶塞。自此刻起，平板电脑中配套软件正式记录720s的气压数据。按照该实验步骤，依次完成步骤（1）中的实验①～实验⑤。

（4）以塞紧胶塞那一时刻的气压作为起始气压，计算出720s内每1s气压与起始气压的气压变化值Δp，制作"时间-气压差"图。以每60s作为一个反应进程，使用气压变化值Δp计算自反应起始到该反应进程的平均化学反应速率$v=\Delta p \cdot \Delta t$，制作"时间-化学反应速率"图。

（5）根据研究结果，总结在镁条与稀盐酸的反应中，氯离子浓度对氯离子效应的影响。

二、中学化学创新实验的特点

通过阅读和分析中学化学创新实验文献，可以得出化学创新实验具有以下几个特点：绿色化、微量化、趣味化与技术化。

1. 绿色化

绿色化指的是创新实验的设计理念、设计方案等都遵循绿色化学的理念，整个实验过程能够体现出绿色化学的环保、安全、经济的特点，营造出对环境和人体友好的教学环境。在化学创新实验中，每位设计者都对可能带来的环境污染采取了相应的措施。给我们的启示是在设计实验方案时，应尽量避免使用和生成毒性较大、容易造成污染的物质，尽量选择污染少的实验方法和实验装置；在无法避免使用或者产生有害物质和污染的情况下，实验方案基本都包括有效的保护和消害处理措施。

如谭文生[5]设计了一个环保化的验证 SO_2 气体性质的实验，装置如图 1-5。在广口瓶内的两导管上分别贴上滴有酸性高锰酸钾溶液和溴水的滤纸条，向广口瓶中注入适量的石蕊溶液，向烧瓶中注入适量的品红溶液，在弯头试管内加入适量亚硫酸钠固体，胶头滴管中吸入一滴管的浓硫酸，按图 1-5 所示连接好装置。挤压胶头，硫酸和亚硫酸钠混合反应，产生的 SO_2 从试管的小孔排出。摇晃装置，可发现：品红溶液逐渐褪色，石蕊试液变为红色，玻璃管上各对应滤纸条上的酸性高锰酸钾溶液紫色褪

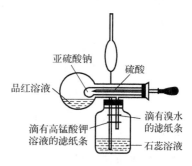

图 1-5　验证 SO_2 气体性质的实验

去，溴水橙色褪去。用酒精灯加热烧瓶的底部，褪色的品红溶液又恢复红色，整个演示过程中有害气体不会外泄，体现了绿色化、环保化的特点。

2. 微量化

微量化实验能够克服微型实验演示的弊端，它运用微小量的试剂在较常规的仪器中进行化学实验，依然能够得到明显的实验现象。微量化实验不但可以弥补微型实验的不足，而且还具有省时、经济、现象直观、生动、易于操作的特点，从而受到一线教师的欢迎。

微量化实验的出现，拓展了中学化学实验创新的新渠道，随着研究的不断深入，已逐渐得到人们的重视与应用[6]。用微型实验替代常规实验，既可以减少药品用量，体现绿色化学理念，也为学生人人动手做实验提供了便利，可以让大部分学生参与动手实验，较好地发挥了学生的主动性，体现了学生的主体性。有助于改变我国以验证性实验、演示实验为主的传统实验教学形式，使多年来提倡的以学生为主体、教师为主导的"启发式""探究式"教学方法得以实现，同时也满足学生的个性化需求和进行探究的兴趣。

如改良后反应装置如图 1-6 所示[7]。

取一 Y 形管，用长的滴管取 1~2mL 0.01mol/L 的酸性高锰酸钾溶液加到 Y 形管的其中一管底，往另一管底放一粒火柴头，并用橡胶塞塞住管口。再打开止水夹，用酒精灯加热 Y 形管放有火柴头的一端。火柴头燃烧后关闭止水夹，静止几秒钟（或轻微振动 Y 形管），便可观察到酸性高锰酸钾溶液的红色褪去，实现了检验火柴头中硫元素的微量化改进。

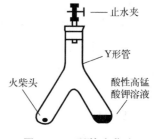

图 1-6　Y 形管火柴头中硫元素的检测

3. 趣味化

在实验活动中体现出一定的趣味性，可以使实验活动气氛更加活泼和开放，极大地调动学生的实验热情。同时趣味现象的出现也更大程度地引起了学生的好奇心，使学生乐于探究，乐于参与，从而达到主动求知的良好效果。实验的趣味性在趣味实验中体现得最为

明显，趣味实验通过呈现方式、现象以及结果来表现其趣味性的一面，使学生透过现象探求本质的好奇心极大地增强。

如吴晗清[8]整理列举的与元素化合物性质相关的趣味实验"白花变蓝花""木炭跳舞""大象牙膏"等受到了学生们的喜爱和欢迎。

白花变蓝花的实验内容是将碘片和锌粉混合放入蒸发皿，在其上方放涂有面粉浆糊的白纸花。滴水于混合物中，会有紫烟和白雾现象的生成，并且白花会被染成蓝花，其中涉及碘单质的物理与化学性质。体现了碘单质与锌粉反应生成碘化锌并放出大量热，碘易升华，遇淀粉变蓝等知识。

大象牙膏的实验内容即将30%双氧水与洗洁精、甘油和二氧化锰混合，可以看到泡沫喷发而出的现象，这个实验涉及二氧化锰、甘油的性质，体现了二氧化锰催化双氧水分解以及甘油的增塑剂作用。

趣味性的实验让学生学会主动将化学学科与生活实际紧密联系学以致用，用化学的眼光去发现、解决实际生活中遇到的相关问题。一言以蔽之，从感官震撼、悬疑刺激及联系生活三个维度开发化学趣味实验，不仅可以激发学生学习化学的兴趣，启迪学生的科学思维，更重要的是可以培养学生的实践能力和创新精神。

4. 技术化

现代化仪器及信息技术与化学课程整合是教育手段现代化的重要方式，相对于传统实验方式来说，数字化实验在实验数据的采集、测量和归纳上有着实时、准确、综合、直观等技术上的优势，解决了传统实验中难以量化、难以显化的一些难题。这些借助新技术的创新实验，可以使学生在新思想、新理念的驱动下，更好地用实验方法去认识物质，解决问题，提高学生的实验关键能力，凸显实验教学的价值。对培养学生实践动手能力，激发学生学习科技的兴趣，提高综合素质和发展创新思维有着重要的作用。[9]

三、中学化学创新实验的亮点

通过文献研究，我们可以归纳出中学化学创新实验有以下亮点[9]：

1. 实验用品的改进体现简洁性、普适性与推广价值

我国课程标准鼓励充分利用生活中的常见用品和废弃物，设计富有特色的实验和实践活动。创新作品中有不少利用生活中常见的用品作为实验用品的案例。这些实验就地取材，经济方便实惠，便于推广利用。难能可贵的是，实验生活化的同时也并未脱离科学性，体现了科学严谨性和可推广价值。

2. 实验创新的方式体现一定的深度探究

研讨会呈现出一些有一定深度的实验探究创新案例作品。其中初中化学实验创新案例，针对学生刚接触化学的特点，设置生活化、趣味化的化学实验情境，以引起初中生对实验现象的直观兴趣，同时激发学生对化学实验进一步探索的兴趣；高中化学实验创新案例，针对高中生已具备一定化学学科基础的特点，在促进高中生深度学习时，更关注实验内容的整合和实验方法的创新。

3. 实验创新的目标关注到宏观微观结合、证据推理等学科核心素养

优秀的化学实验不停留于外在表现形式，还需通过外在的性质和现象反映物质内在的结构特点，注重宏观现象与微观本质的结合。化学学科作为一门以实验为基础的科学学科，经常需要基于证据对物质组成、结构及其变化提出可能的假设，基于证据进行分析推理证实或证伪假设。中学阶段常用数字化实验技术等将微观指标以数字的方式呈现出来。

4. 实验创新的内容关注到人文素养与学科美感

当前课程改革特别注重学科核心素养的发展，也开始关注到跨学科综合素养，科学性与人文性的有机结合是当今世界课程改革的一个新特色。化学实验是化学学科在追求美的过程中的重要内容。感受化学变化之美能使学生产生直观的科学美感，激发学生爱美的天性，启迪学生的科学思维，培养学生爱美的心理和情感取向。化学反应过程的实验现象，除了带给学生视觉上的美感，还能激发学生学习化学的积极性，进而激活学生的思维，让他们在美的享受中展开思维。化学实验是化学美教育的重要途径和手段，发现与欣赏实验中的美，使学生在化学实验中得到美的享受，陶冶情操，带领学生走进一座迷人的科学殿堂。

参考文献

[1] 刘知新. 化学教学论[M]. 北京：高等教育出版社，2009.
[2] 燕敏，莫尊理，苟如虎等. 气体喷泉实验装置的改进及应用[J]. 化学教育（中英文）. 2018，39 (19)：54-56.
[3] 苗伊鸣，杜淑贤. 不同催化剂对过氧化氢分解的催化速率探究[J]. 化学教学，2011 (9)：48-49.
[4] 麦裕华，钱扬义. 应用手持技术实验探究氯离子浓度对氯离子效应的影响——以镁与盐酸的反应为例[J]. 化学教育，41 (19)：98-102.
[5] 谭文生. 环保型气体防泄漏实验装置[J]. 化学教学，2013 (10)：47-49.
[6] 霍本斌. 高中化学实验创新的实践与思考[J]. 教学与管理，2017 (01)：52-55.
[7] 陆燕海，林肃浩. 检验火柴头中硫元素的几套微量化改进方案[J]. 化学教育，2011，32 (5)：58-58，73.
[8] 吴晗清，何维祥，夏国俊. 中学化学趣味实验的实践价值探析[J]. 中学化学教学参，2019，5.
[9] 景一丹，李伶辉. 我国中学化学实验创新设计的特点分析与思考[J]. 化学教育（中英文），2022.

第三节　中学化学实验创新的价值

化学实验作为中学化学教学的重要组成部分，它对于学生知识的获得、技能的培养、科学态度的形成和科学方法的学习等都起着重要的作用。将实验教学的教育功能最大化是教育工作者们一直在共同探讨和努力实践的问题。中学化学创新实验的提出是为了更好地体现实验对于学生的培养作用，以及它在化学教学上的重要作用。创新实验的价值取决于它本身的特点，正是它本身的特点决定了创新实验具有可观的教育价值[1]。关于化学创新实验的价值，学术界已有很多研究成果，本节结合国内外的教学研究，将从学生、教师、教学方式三个部分来讨论化学创新实验的价值。

一、化学创新实验对学生的影响

化学实验给学生以直观的感性知识,使其在获得感性知识的同时,经过抽象思维形成概念和理论,再以概念和理论指导新的实验,它是学生获得化学学科知识的重要途径。

化学实验的主要任务是以化学学科的基本理论为基础,通过具体的实验项目,训练学生基本的操作技能,使学生能够运用基本的化学实验方法与测试技术解决实际问题;培养学生提出问题、分析问题和解决问题的能力,构建科学的思维方法,建设理论联系实际的学风;促进学生能够科学地设计实验,对提升学生的科学创新能力,培养科学思维、科学世界观方面有潜移默化的作用[2]。

化学实验给学生以直观的感性知识,使其在获得感性知识的同时,经过抽象思维形成概念和理论,再以概念和理论指导新的实验,它是学生获得化学学科知识的重要途径。化学实验的主要任务是以化学学科的基本理论为基础,通过具体的实验项目,培养学生基本的操作技能;使学生能够运用基本的化学知识和实验方法解决问题或验证化学原理。在此基础之上,对化学实验进行一定的创新和完善,可以进一步地培养学生理论联系实际、创造能力和创造意识、科学的研究方法和态度以及实验仪器的选择与应用的能力。

1. 帮助学生更好地获得和全面了解化学学科知识

化学创新实验是以学生的现有认知为基础,实验选题的来源多样化,既有来源于课本,又有来源于现实生活的环境、能源、食品等与化学密切相关的内容。这些丰富的实验内容大大拓宽了学生的视野,并且这些实验的理论知识都与学生的现有知识相联系,因此它在巩固学生所学的同时,也将学生的所学通过实验这一桥梁与生活实际更好地联系在一起。

化学创新实验使学生在掌握基本实验内容的基础上,通过一些实验的研究,如异常现象的探究,学生用已有知识解决化学问题,通过问题的解决,进一步了解了新的知识,使学生学习的知识不再局限于教材;通过化学实验解决生活中的问题,如居室污染、食物成分分析等,使得学生对于知识的实用性有了深刻的理解,掌握了课堂以外的与化学有关的生活知识;通过化学创新实验的学习,不但使学生掌握和巩固了更多的课堂知识,也使学生的知识面进一步扩大,思维也进一步得到拓展,让学生深切地感受到了知识的实用性。

(1) 培养学生化学与生活紧密相联的意识,提升社会责任

化学创新实验丰富了实验选题的来源,实验选题不再拘泥于课本,而是与实际生活的环境、能源以及食品等相关联。与此同时化学创新实验鼓励学生利用化学理论知识和化学实验知识解决生活中难题。丰富的选题和真实的问题情境不仅能够加深学生对所学知识的理解和掌握,同时也能拓宽学生视野,改变学生的认知,使学生在动手操作的过程中直观地感受化学与实际生活紧密相连,提升学生学习的兴趣,鼓励学生利用化学知识解决生活难题,增强学生的社会责任感,使学生愿意为社会做贡献,从而主动推进社会的发展。

(2) 改变学生对化学的传统认知

化学实验过程中引入了可视化技术、微观结构的虚拟现实技术及实验结果实物模式,将极大地改进学生们的实验感官[3]。这些技术和模式不断尝试与化学知识点相互结合、相

互配合,将化学教育中比较分散的知识点通过创新的实验呈现连接起来,使学生在更新、更高的维度上认识化学、接受化学。

2. 激发学生的潜能,培养创新意识和创新能力

实验是一个培养学生技能和智能的过程。通过对创新实验活动的参与,学生在查阅资料、设计实验方案、自主做实验的过程中,主动性和能动作用得到发挥,其实验能力和动手能力进一步得到加强。对于实验中遇到的问题,学生在教师的指导下进行解决,不但促进了解决问题的能力,更使学生的科学探究能力水平进一步提高,思维能力也得到了发展。在接触创新实验和开发创新实验的过程中,学生体会到了创新所带来的新鲜感,激起了极大的好奇心,求知欲也随之增强。通过对创新氛围的完全接触,也进一步培养了他们的创新意识和创新能力,创新实验类型的多样化和表现形式的活泼性,也大大激起了学生的创新热情。自主实验的过程使学生的潜能得到了充分的挖掘,促进了学生的个性化发展,让他们的所长有所用,思维也不再被有限的学习时间和学习内容所禁锢,促进了学生综合能力的培养和提高。

实验的创新过程并非教师独揽的一个过程。在创新过程中,教师组织学生观看原实验,引导其提出问题,并鼓励学生通过查阅文献、资料和视频等方法设计新的实验方案并动手尝试。在这个过程中学生解决问题、自主研究、思维能力以及实验探究能力都得到了进一步的提升。并且在接触创新实验和开发创新实验的过程中,学生体会到了创新所带来的新鲜感,培养了他们的创新意识和创新能力,极大地激发了学生的创新热情,有利于我国创新型学生的培养。

3. 帮助学生掌握科学的研究方法,培养严谨的科学态度

创新实验的开发过程本身也是一个科学研究的过程。在教师的指导下,学生对于何种类型的实验,该设计何种实验方案,采用何种研究方式,运用何种研究方法都有一个初步的认识,并且自行设计实验方案和进行实验。这有利于他们理解科学研究的本质,使他们不再被既定的现成的实验结论所束缚,而是通过亲身参与、亲自试验来体验真正的研究过程,并且能够在此过程中有所收获,甚至有所发现、有所创造,逐步形成实事求是、严谨认真的科学态度。

创新实验的开发过程也是一个科学研究的过程。在教师的指导下,学生对于不同类型的实验,该如何设计实验方案,如何选择研究方式和研究方法等都有一个初步的认识。并且自行设计实验方案和进行实验,有利于学生理解科学研究的本质,使他们不再被既定的现成的实验过程和结构束缚,而是通过亲身参与、亲自试验来体验真实的研究过程,并且能够在此过程中有所收获、有所发现、有所创造并逐步形成实事求是、严谨认真的科学态度。

4. 有助于教会学生正确地掌握实验的基本方法和基本技能

做化学实验要用到许多仪器,有些简单的装置要自己装配,还有许多基本操作,如仪器的洗涤与干燥,天平的使用,药品的称量和取用,固体试剂的溶解、加热,以及蒸馏、转移、过滤、滴定、萃取等操作,一些重要化合物的制备、分离和鉴定检测,都有规范的程序和操作要求。因此,中学实验教学中,教师不仅要成功地做出实验,对常用的烧杯、

试管、量筒、试管夹、酒精灯等仪器的使用方法和注意事项必须烂熟于心,防止实验"抓瞎"现象,杜绝实验安全隐患[4]。

化学实验的过程中涵盖实验仪器的选择、拼接和一些基本的操作如仪器的洗涤与干燥、天平的使用,药品的称量和取用,固体试剂的溶解、加热,以及蒸馏、转移、过滤、滴定、萃取等操作,一些重要化合物的制备、分离和鉴定检测等。通过引导学生自主创新实验,撰写实验计划并动手实施的过程,可以培养学生依据实验药品和计划选择合理的实验仪器并组装的能力,与此同时也培养了学生正确进行其他基本操作的能力。

二、化学创新实验对教师的影响

教师的创新素养是由创新知识、创新技能与创新态度等多种成分所组成的统一整体。态度在其中起着至关重要的作用,需要教师在课堂内外的教学、评价,与学生的交流互动等活动中实现。教师的创新素养可理解为创造性地开展教学活动和为培养学生的创新精神、创造能力所需具备的服务教育教学、服务教师专业成长、服务学生全面发展的水平和能力[5]。

教师的教学能力、教学素养以及创新素养对学生的发展起着至关重要的影响。因此对教师个人发展的关注是必不可少的。化学创新实验的研究可以解决教师实验创新方法和技能缺失的问题,为教师开展实验创新提供保障,激励教师自我发展,促进教师专业水平的提升,改善现有的课堂教学。

1. 实验创新有助于教师开发适合学生开展探究活动的课程资源

实验问题的解决和课程资源的开发,可以使化学课堂更加丰富多彩,进而起到激发学生学习兴趣、启迪学生科学思维、训练学生科学方法的作用。同时,教师开展创新活动可以将创新的意识和技能传递给学生,达到增强学生的实践能力和创新意识的目的。所以说实验创新是化学教师开展探究活动的课程资源的重要素材之一。

2. 实验创新对教师自身具有一定的激励促进功能

实验的研究与创新为教师提供了宽广的平台,教师对实验的研究和创新是一个悦纳自己、提升自己的过程,是对自我实现的肯定,可以体会实现人生价值的愉悦,对教师有一定的激励和促进作用。其次,研究实验创新的策略可以为教师开展实验创新提供方法支撑,对于促进教师专业发展具有重要的意义。如为教师改进实验提供方法、策略的支持和帮助,揭示改进创新化学实验的一般规律和思维视角,丰富教师对实验教学的认识。综上所述,开展实验创新策略的研究,可以解决教师实验创新方法和技能缺失的问题,为教师开展实验创新提供保障,促进教师专业水平的提升,改善现有的课堂教学,具有积极的现实意义。

3. 提高教师的研学能力

迫于升学压力,许多化学教师在教学中往往注重于实验教学的准确性和有效性,有意或者无意淡化学生实验素养和化学素养的培养[6]。创新实验则能有效培养学生的各方面素养的发展,然而其前提条件是教师拥有相应的实验素养和化学素养,同时还要具备一定的研学能力,能够且愿意不断地思考研究如何改进实验过程并对化学史、化学精神、自然以及人的发展有一定的研究学习，才能真正做到将化学创新实验全方位深层次地渗透到教学过程中。在这个过程中对于教师的研学能力的发展也有很重要的意义。

三、化学创新实验对教学方式的影响

对于化学实验而言，经过不断地改进和创新，能够促进实验教学更好、更切实际地落实核心素养，并且在潜移默化的环境中转变教师的教学方式和学生的学习方式。例如，对于教材上学生难以理解的知识点，教师可以通过实验创新使学生掌握知识、学会方法、培养思维，发展学生的多种能力，引导学生用科学的方法进行实验探究，直观感受实验现象，再分析推理，最终理解知识难点，从而提高教学效果。

化学实验经历不断的改进和创新，能够促进实验教学更切实际地落实核心素养并且更好地完成实验教学的主要任务。潜移默化地转变并丰富教师的教学方式和学生的学生方式，对教学产生一定的影响。

1. 实验创新有助于落实学科核心素养

化学实验改进与创新是落实核心素养的重要途径，学生通过实验事实获得感性认识，基于实验证据进行分析推理得出结论的过程中对发展化学学科核心素养具有重要作用。从心理学角度分析，这些实验所产生的各种现象和问题很容易使学生的大脑思维紧张地活动起来，产生各种想象、假设和推理，能够促进教师正确地引导学生，在实验探究中掌握化学知识，培养学生的创造性思维[7]。

2. 实验创新是转变教学方式及学习方式的有效途径

培养创新型人才对我国教育提出了新的挑战，而基础教育阶段学生核心素养的培养主要通过各学科的教育教学来实现[8]。教师基于实验创新对化学实验教学进行研究，是转变教学方式的一种有效途径。《普通高中化学课程标准（2017年版）》（2022年修订）中提出："开展以化学实验为主的多种探究活动，促进学生学习方式的转变，培养他们的创新精神和实践能力。"这就强调了通过实验教学转变学生的学习方式，由被动接受变为主动探究，学生体验自主发现问题，设计实验，进行实验论证等一系列综合的科学探究活动。通过实验创新能够使学生掌握知识、学会方法、培养思维，对发展学生的多种能力具有重要意义。

3. 实验创新有助于应对中高考改革中试题考查的变化

在近年的中考、高考试题中，直接考查知识点的题目很少，更多的是通过所学知识点构建情境，在情境中体现分析问题、迁移运用的能力。而教师在教学中充分利用实验创新，设计灵活的、复杂的情境，引导学生积极探索、改进创新，让学生在实验中体验设计、探究、发现问题、解决问题的过程，能够培养学生在陌生情境中分析问题、迁移思考、理解应用的能力，从而转变思考问题的方式。

4. 化学实验创新推动绿色化学的发展

近年来以可持续发展为主题打造的新型社会发展体系已经逐步步入正轨，并且与人们的生产生活紧密地连接在一起。绿色化学正是在这样的社会需求下建立起来的。其核心内涵为在反应过程和化工生产中尽量减少或彻底消除使用和产生有害物质[9]。目标是要达到

从节约资源和防止污染的角度来重新审视并改革传统化学[10]。化学创新实验理念在一定程度上与绿色化学相契合，有利于绿色化学的发展。

(1) 完善实验设计推动绿色化学实验

化学创新实验通过持续地选择合适的实验设备和药品、改进实验步骤以及正确处理实验废物，以期推动实验的绿色化。例如改变实验药品的形态提升实验效率减少实验浪费，更换实验设备，避免实验过程中排放过多物质到环境中以及利用多媒体展示实验结果，尽可能地避免演示产生有害物质的化学实验。

(2) 深化教师绿色化学意识

长期以来受应试教育的影响，部分教师重智轻育。而化学创新实验与科学、技术、社会和环境息息相关。然而想要让学生渗透化学创新实验理念以及合理恰当地将其引入课堂中，对教师的要求极高。教师要对教学专业能力、文化素养、化学精神以及化学科学态度都有一定的认识和见解，才能全方面地将化学创新实验引入课堂中。在这个过程中可以唤醒教师的化学素养，并深化其绿色化学意识，并将其引入到课堂中促进绿色化学观念的传播。

(3) 培养学生初步认识绿色化学

科学态度与社会责任素养的达成，不是教师直接灌输给学生的，而是学生进入教师精心提供的情境，在活动体验中自我构建起来的"内化于心，外化于行"。教师将化学创新实验理念引入课堂的过程中，会有意或无意地向学生传递绿色化学的中心思想，传递化学在改善环境、提高人民福祉方面做出的贡献，从而培养学生正确合理的人生观和价值观，初步让学生意识到绿色化学对环境保护、社会健康发展的重要作用[11]，为培养研究绿色化学人才打下良好基础。

参考文献

[1] 王祖浩，王程杰. 中学化学创新实验 [M]. 南宁：广西教育出版社，2007：36-38.

[2] 宗汉兴. 十年化学实验改革的实践与探索 [J]. 大学化学，1999，1 (4)：26.

[3] 范丽岩，刘亚菲，吴梅芬，许新华. 普通化学实验新技术和新思路 [J/OL]. 大学化学，2022，(10).

[4] 熊姣，余新武. 创新实验在中学化学教学中的作用 [J]. 湖北师范学院学报（自然科学版），2014，34 (03)：112-118.

[5] 胡巢生. 中学化学教师实验创新素养及其形成路径 [J]. 中小学教师培训，2021 (07)：20-23.

[6] 成志高. 依托教研活动，培养化学教师实验能力模式的探索与实践研究 [J]. 才智，2020 (21)：146-147.

[7] 钟晓茹. 基于核心素养的中学化学实验创新研究与实践 [D]. 漳州：闽南师范大学，2022.

[8] 朱鹏飞. 学科核心素养的研究进展及其对中学化学教学的启示 [J]. 化学教学，2017，(01)：8-15.

[9] 裴秀. 绿色化学在环境污染治理中的应用 [J]. 化工设计通讯，2022，48 (05)：178-180＋183.

[10] 马丹妮，杨丽琼，王宇飞. 浅谈高中化学教学中融入绿色化学教育理念的实施举措 [J]. 山东化工，2021，50 (17).

[11] 陈江华. 科学态度与社会责任素养培养的实践探索——以初中化学"酸雨的形成和危害"教学为例 [J]. 龙岩学院学报，2022，40 (02)：124-128.

第四节 中学化学创新实验的研究思路

《普通高中化学课程标准（2017年版）》(2022年修订）强化实验要求，规定了学生必做实验，注重将现代实验技术融入教学中，注重信息技术与化学实验的深度融合，实施"教、学、评"一体化，灵活运用活动表现、纸笔测验等多样化的评价方式。"科学探究与创新意识"是实验探究教学的具体要求，是面向未来学生发展、通向化学学科核心素养最为关键最重要的核心素养，也是化学学科育人的核心，从实践层面鼓励学生勇于创新，充分凸显了化学是以实验为基础的学科[1]。

培养学生的创新能力与创新素养离不开化学教师本身的实验创新素养。化学教师的实验创新素养可理解为以科学思维为核心和线索，具备尊重实验、理解实验、善用实验、创新实验的知识、理念、能力和规范[2]（见图1-7）。

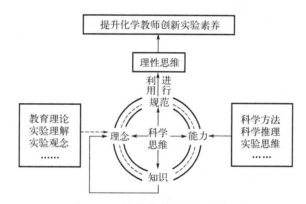

图1-7 化学教师的实验创新素养

王祖浩教授指出：中学化学实验创新需从实验设计、实验方法、探究功能、绿色化学、教学价值等多方面进行探索，并通过课堂教学落实创新人才的培养[3]，这就需要教师从实验观念、实验价值和实验技能等层面选择实验的内容与方法，形成实验系统化思想。若实验没有给出化学体系，教师则需要根据教学经验、文献资料等选出作为实验对象的物质体系、适当的仪器装置和必要的安全措施、合理的实验步骤和规范的操作技术，形成运用化学实验认识和探究化学物质的组成、结构、性质及其变化规律的实验操作能力、观察能力和模型认知能力[2]（建构出化学实验设计思维模型见图1-8）。

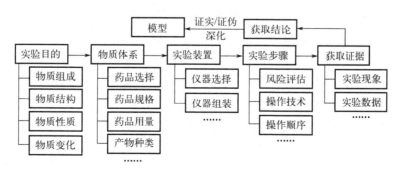

图1-8 化学实验设计思维模型

一、实验内容的创新

1. 生活问题探究创新

很多学生在进行化学知识学习的过程中经常会出现一个误区，那就是他们认为化学与生活实际之间存在着一定的差距，在日常的生活过程中并不能对化学知识进行应用。因此很多学生在进行化学课程学习的过程中对化学课程不重视，认为除非以后从事化学相关专业，否则不会与化学产生过多接触。但是实际上化学与人们的生活往往是息息相关的，化学其实就来源于生活。如果我们在生活过程中仔细观察，经常会在生活中发现化学的影子。因此，在教师进行教学的过程中，可以选取生活中常见的现象进行化学实验课程的教学，使学生通过实验的方式发现化学就在我们身边[4]。

例如，教师可以在带领学生学习化学课程的过程中，为学生带来一个这样的小实验。实验的主要材料是一个生了水垢的壶以及醋酸。教师在带领学生进行化学实验前，可以首先请学生思考水垢的成分是什么，通过学生的讨论与教师的点拨，使学生了解到水垢当中的主要成分是碳酸钙。这时教师就可以为学生提出下一个问题："碳酸钙与醋酸能够发生反应吗？"并让学生进行化学方程式的书写。在学生书写完成后，教师就可以在水壶里接满水，并在水壶中放入醋酸，然后再加热水，让学生进行观察。学生们发现，过了一会，水垢上就出现了许多密密麻麻的小气泡，然后水垢便逐渐溶解了。通过学生观察，使学生了解到原来化学能够与生活产生非常紧密的联系。教师还可以教学生在回家后利用食醋进行家中水壶的水垢清理。通过这种方式，不仅能够让学生意识到生活与化学的关联性，还能使每一个学生都对自己的动手能力进行培养，使学生对化学产生兴趣。在教师进行教学的过程中，通过对问题的有效提出，也让学生能够对自己的学习兴趣进行有效提升，让学生逐渐爱上化学。

2. 学科前沿实验创新

对于高中生来说，虽然教材中的相关内容对于学生的学习来说十分重要，但是教师的教学理念应当有所转变，学科前沿知识同样是学生在化学学习中必须掌握的内容，这是学生在高考中提升学习成绩的有效方式。要求学校与教师加强对化学学科前沿知识的重视，通过转变教育观念，建立化学前沿知识资源库，强化化学实验等方式提升学生化学学习兴趣，推进高中化学课程内容的有效改革[5]。

比如教师为学生讲解生物质可再生碳资源，通过将生物质转化为芳烃、烷烃、多元醇等高附加值化学品，实现新能源行业的发展。大连化物所航天催化与新材料中心研究团队长期对"单原子催化剂"与"生物质"转化进行研究，将高金属载量的镍-氮-碳单原子催化剂用于生物质转化，并取得了研究进展，该研究结果在化学顶级期刊《德国应用化学》中发布。对于这一信息内容学生在教材中是无法深入了解与接触的。如果教师将这一内容融入高中化学教学过程中，既激发了学生的课堂学习参与兴趣，又能够通过对这一成果的研究，让学生可以从中体会到化学学科保持科学探究和创新意识的重要性，从而激发学生的科研理想。

3. 教材现有实验创新

教材既是教师教育又是学生学习的重要参考书籍，我们可以利用化学教科书中现有的实验来进行创新，主要包括教材中具有缺陷的实验创新，教材中具有探究问题的实验创新，教材中课外拓展实验创新等三类。

第一类教材实验缺陷类。从反应现象不够明显、实验装置不够环保、未检验产物等教材实验原型的既有缺点出发进行优化设计，是实验创新改进的常见思路之一。

第二类探究问题答疑类。新课标在"科学探究与创新意识"核心素养的水平构建中要求学生"能对实验中的'异常'现象和已有结论进行反思、提出质疑和新的实验设想，并进一步付诸实施"，这也是培养学生实验探究能力和问题迁移能力，发展化学学科核心素养的新思路新方法。例如，有教师围绕学生提出的"氨催化氧化的产物为何是 NO 而非 NO_2"这一问题，结合氮的化合物一节所学知识，引导学生设计实验探究反应产物，在解释实验现象的过程中加深对 NO 与 NO_2 性质的认识，帮助学生在陌生实验情境中迁移应用所学知识，促进了学生科学思维与科学探究能力的发展。

第三类课外实验拓展类。新课标强调教学内容"以主题为引领，使课程内容情境化"，对于化学学科中的某些重要主题，教师可适时结合真实问题情境设计教材中没有的探究实验，更好地促进化学学科核心素养的形成与发展。例如，针对"研究有机化合物的一般步骤"这一主题，由教师设计"从玫瑰花中提取精油"这一真实情境引导学生在分离提纯玫瑰花精油、对主要成分定性分析与定量分析的过程中掌握研究有机化合物的知识要点，以别出心裁的实验设计达成了该主题实验的教学功能。

4. 疑难实验创新

中学化学实验中往往存在着一些成功率不高的实验。有的实验现象不明显，有的实验结果不理想，甚至还产生异常现象。这些所谓的疑难实验的存在给我们的实验教学造成了一定的困难，这些问题的出现，也对教师的实验研究水平提出了更高的要求。

实验现象或化学反应的结果与实验条件（温度、压强、催化剂、仪器、装置、操作等）的控制密切相关。所以，当教师准备做一个化学实验时就必须先考虑到进行该实验时所需的各项条件，如实验装置的设计、反应所需试剂的浓度、反应的温度、是否需要催化剂或选用什么催化剂等。只有各项反应条件都考虑周全，并在实验过程中进行有效的控制，一个实验才有可能达到理想的效果[6]。

二、实验手段的创新——新技术、新工具的创新应用

《普通高中化学课程标准（2017 年版）》（2022 年修订）提出：化学教科书和教学实践要增加数字化实验。为适应时代的发展，教师应掌握一些现代实验仪器的使用和实验方法，如手持技术、DIS 技术、人工智能等为代表的数字化实验。

教师可以尝试将现代信息技术创新地融入常态性实验教学中，将中学化学实验无法测查的微观过程以数据形式传达出来，将定性实验转化为定量实验，将抽象的、复杂的、难以"言表"的化学知识变得直观、通俗、易懂、可信。既丰富了教学方法、策略和资源等教学实践内容，又促进学生在化学学科思维、知识和能力等方面的发展，概括为实验操

作、教学实践、能力提升和认知发展 4 个维度[7]。

三、实验教学组织方式的创新改进

实验教学是化学学科课程的特点，是化学教学的基本形式之一，是促成学生达成化学学科核心素养的重要支撑。为改变"化学不见化（变化）"的学习，教师应创新地设计真实且富有价值的问题情境，设计多样化的实验探究学习任务。通过开展分类与概括、证据与推理、模型与解释、符号与表征等具有学科特色的学习活动，强调实验中的高阶思维过程。

四、研究化学创新实验遵循的原则

研究化学创新实验思路众多，但都须遵守以下几条原则[8]。

1. 理解实验内容，优化理论教学

新课程理念下的初高中化学提高了对实验教学的关注，但理论教学地位仍旧不容动摇，教师创新并优化实验教学模式，应以保障理论教学地位和有效性为前提。而高质量的理论教学可以对学生参与实践活动起到很好的促进作用。通过深刻掌握化学理论知识，学生加强对实验原理的理解，明确"为何做"和"如何做"。

2. 合理安排时间，保障教学效果

传统模式下的初高中化学教学，教师经常会将实验课程与理论课程视为两个独立的环节，从而设计单独的实验课程活动，并在课程实施时将学生从常规教室带到化学实验室，这虽然能够很好地保持教学有序性，却因独立的实验课程活动间隔时间过长影响了学生对实验知识的吸收，制约了其化学动手能力的提升。因此为保障中学化学实验教学效果，教师在新课程理念支持下对其展开创新设计，应重新安排教学时间，对其展开更合理的规划。

3. 结合信息技术，创新实验指导

在初高中基础教育阶段，与新课程理念一并出现的另一个词是信息化教学。当今社会信息技术不断发展，不仅对社会生活带来了影响，也对基础教育工作造成了冲击。对于创新中学化学实验教学来说，将课程与信息技术进行结合同样是十分有效的，可以在增强课程活动动态感、活泼感的同时，促进学生动手操作以及对实验步骤的理解[9]，教师在创新初高中化学实验教学时，应合理地将信息技术应用进来。

4. 加强自主引导，学生独立操作

新课程理念的提出，以"强调学生主体地位、提倡让学生自主学习"为主要方向。初高中化学教师在新课程理念下创新实验教学活动，应以此为基准，加强对学生的自主引导，鼓励他们独立探究实验内容、步骤并进行独立操作[10]。但是就目前来看，部分师生在该方面做得都不是很好。受传统思维限制，部分教师仍然在主导中学化学实践课堂。在创新实验中应给予学生足够的尊重，规避"主导课堂行为"，提醒、指导学生独立参与课程活动。

5. 关注学科分析，思考操作结论

初高中化学实验教学活动的设计和组织，目的不仅仅是让学生"动起来"，更是为了促进学生对化学知识的思考和理解，使其更好地掌握实践相关内容。因此在创新中，教师还需要提高对"学科分析"的关注，带领学生深入思考实验结论。在新课程理念下创新初中化学实验教学，一定要关注对最终结果的分析，及时指导他们思考实验结论。

6. 渗透生活材料，拓展学生操作

生活中的化学与教材中的知识巧妙结合，对初高中生参与化学实验、探究学科知识可以起到十分积极的影响作用，同时还能使其形成"在生活中学习"的良好意识。由此出发，基于新课程理念创新实验教学活动，教师还可以将生活材料渗透在课堂上，利用生活中的化学拓展教学[11]。

7. 设计微型实验，巧妙渗透教学

微型实验具有操作简单、时间占用率较低等特点，能够在优化初高中化学实验教学过程、节约时间基础上有效培养学生动手操作能力，进而通过实验感知加强对化学知识的掌握。因此，依据新课程理念创新初高中化学实验教学，教师可以尝试设计微型实验，简化教材实验案例，在其启发下设计更加丰富且易于操作的小实验。

8. 重视互动交流，深化实践效果

中学化学实验活动中的交流和互动，具有深化实践教学效果的积极作用，需要教师在新课程理念下的创新工作中提起重视。教师可以尝试跟随学生的实践操作，循序渐进、由简入繁地提出一些问题，如"为什么要这样操作？""该环节的反应现象说明了什么？"等启发学生对其展开思考和回答。在创新化互动交流的支持下，学生持续在实践操作中进行有效思考，能够更及时地发现操作问题并在教师和其他同学的帮助下进行改正。教学活动有序推进，学生实践操作越来越规范、准确，其学习效果自然更好[8]。

对于初高中阶段的化学学习来说，理论与实验同样重要。初高中化学教师应明确实验教学重要意义及其创新需要，主动通过优化理论教学、信息化创新指导、鼓励学生自主操作、关注学科分析等方式，带领中学生深度、高效地探究化学实验知识。让学生在动手操作中感受学科奥秘，在有效操作中深化化学能力。同时，以此实现化学实验教学效果的最优化，满足新课程理念对初中化学教学提出的新要求。

参考文献

[1] 中华人民共和国教育部. 普通高中化学课程标准：2017年版[S]. 北京：人民教育出版社，2018：1-6.
[2] 胡巢生. 中学化学教师实验创新素养及其形成路径[J]. 中小学教师培训，2021（07）：20-23.
[3] 王祖浩. 以实验创新研究促进学生学科核心素养的发展[J]. 全球教育展望，2019（48）：11.
[4] 闵情倩. 基于生活化视角的高中化学实验教学设计策略分析[J]. 考试周刊，2021（73）.
[5] 杨俊德. 关于高中化学教学中融入学科前沿知识的探讨[J]. 课程研究. 2020（45）：108-109.
[6] 王祖浩，王程杰. 中学化学创新实验[M]. 南宁：广西教育出版社，2007：48.
[7] 朱庆，钱扬义，麦裕华，等. 化学教师对手持技术数字化实验应用的态度调查[J]. 化学教学，2019（10）：13-18.

[8] 万恒. 新课程理念下的初中化学实验教学的创新对策 [J]. 学周刊, 2022.
[9] 俞蕾. 对初中化学实验教学的思考 [J]. 现代教学, 2020（23）: 52.
[10] 汪静. 浅谈初中化学实验教学创新策略 [J]. 数理化解题研究, 2020（32）: 86.
[11] 慕东世. 初中化学实验教学改革与创新研究 [J]. 新课程研究, 2020（32）: 70.

第五节　化学实验室安全与环境保护

近些年，随着高校招生规模的不断扩大，高校化学实验室承担了越来越繁重的教学和科研任务。化学实验室因其特殊性，经常用到各种各样的化学品，其中也包括部分易燃、易爆、易腐蚀等危险化学品，使用或保管不当易引发安全事故。而仪器设备、高压气瓶等也给实验室造成了一定的潜在危险。加之近年来高校化学实验室安全事故时有发生，化学实验室安全越来越受到关注和重视[1]。2021 年 4 月《教育部办公厅关于组织开展 2021 年度高等学校实验室安全检查工作的通知（教发厅函 [2021] 9 号）》也再次强调实验室安全的重要性。

做科研就离不开实验室，现在很多高校都设有专门的实验室，越好的高校实验室设备越先进、越齐全，而科研也是评定一所高校的重要标准。但近年来，高校实验室事故频出。

2016 年 9 月，上海市某高校实验室发生爆炸，2 名研究生眼部受伤。

2018 年 12 月，北京市某高校实验室内发生爆炸引起火灾，3 名研究生在事故中不幸遇难，案例发生的原因是镁粉和磷酸反应产生氢气，被搅拌机转轴处金属摩擦产生的火花点燃，引起镁粉的"粉层云"爆炸。

2019 年 7 月，兰州市某高校平房实验室发生爆炸。不仅如此，同年 6 月，兰州市某高校实验室还因化学实验违规操作导致气体泄漏。

2021 年 10 月，南京市某高校实验室爆燃，致 2 死 9 伤，现场腾起巨大蘑菇云。

2022 年 4 月，长沙市某高校实验室发生事故，一名博士在事故中受伤，身体大面积烧伤。

大学生实验室安全问题再次被关注，牵动社会各界的心。这些发生在我们身边的真实事件，给我们敲响了警钟，稍不注意就有可能会再次发生。实验室安全事故每年都在发生，一部分是由学生知识或经验不足、安全意识不够等引起。这就需要学生主动学习安全知识，严格执行实验室安全规定，学习各种可能出现事故的处理方法，做好防护措施和操作中应采取的应急措施！

一、化学实验室安全风险分类[2]

1. 引发爆炸、火灾等风险

在化学实验室中包含着一些爆炸性药物、易燃的液体和固体等。由于不同药物之间在空气中进行接触受到振动作用，将会导致爆炸风险的产生。同时，高温明火也极易引发爆炸问题，尤其是在和氧气接触后，氧化反应明显。其次，通常氧气、甲烷等气体受到高压或其他的压缩作用，再伴随着受热以及碰撞等行为，最终导致燃烧爆炸事故的发生。容易发生燃烧的气体有很多种，如乙醇、甘油等，这些物质在空气的扩散作用下，从而引发燃烧爆炸现象。

因此，对于易燃易爆等化学药物，管理人员应该加强保管，并正确使用这些化学药物，才能降低化学实验室安全事故发生概率，为化学各项实验活动的顺利开展奠定有效保障。

2. 化学物品污染以及泄漏，导致灼伤等风险

化学实验活动在开展过程中，由于操作人员没有严格按要求进行操作，再加上在实验过程中没有提前做好安全防护措施，皮肤暴露在空气中，导致具有腐蚀性特征的药物流溅在皮肤上，从而发生灼伤问题。最为主要的是当实验活动结束后，对于有毒有害的化学废液没有进行及时的处理和正确摆放，也会对水体造成严重的影响，甚至导致大面积水资源的污染。另外，实验室管理人员对仪器设备没有定期进行维护和保养，在经过长时间运用后，仪器设备出现老化问题，没有及时进行更换和维修，直接提升了化学实验室安全风险率的发生，对人体健康形成了威胁，更严重的破坏和影响生态环境。

3. 安全管理意识不足所导致的安全隐患

现如今，很多化工企业对实验室工作的开展十分重视，尤其是对于实验成果十分上心。然而在实验过程中由于安全管理意识不足，就会导致各种安全事故的发生。再加上部分实验室缺乏健全的管理制度不利于日常安全管理工作的开展，部门之间缺乏沟通和交流，没有将环境保护和安全责任工作落实到位，直接影响了化学实验室安全管理水平。

二、化学实验安全操作要求

（1）蒸馏残渣能使爆炸性物质或不安定物质浓缩，并往往有副反应生成，容易引起爆炸性火灾事故。因此在反应产物蒸馏实验时，不可过度蒸馏残渣。

（2）过滤可使不安定物质得到分离集中，从而处于危险状态。对于摩擦或冲击敏感的物质，在过滤其溶液时不要用玻璃滤器之类容易产生摩擦热的器具。

（3）应避免将溶有危险化学品的溶剂洒到布、纸等物品上，否则待溶剂蒸发变干后，这类物品就会具有一定危险性。若有遗撒，要及时处理。

（4）粉末过筛时容易产生静电，因此过筛干燥不稳定物质时要特别注意防静电。

（5）用萃取操作来提取危险物时，由于萃取液浓缩，危险物就处于高浓度状态，危险性增大，应采取相应的安全措施。

（6）在结晶操作中，往往可以得到纯的不稳定物质。由于结晶的条件不同，可能会得到对于摩擦和冲击非常敏感的结晶体，所以结晶操作应按照生成结晶物的安全标准进行。

（7）循环使用反应液有可能造成不稳定物质的富集，应随时注意危险品浓度并及时更新反应液。

（8）在回流操作中，可能由于突沸或过热将可燃性液体喷出而引起燃烧，所以使用可燃性溶剂进行回流操作或蒸馏低闪点溶剂时，附近绝对不能有明火存在。

（9）在不稳定物质的合成反应中，如果搅拌能力差则反应会变慢，若加进原料过剩，未反应的部分将积蓄在系统中。此时应避免再进行强力搅拌，否则所积存的物料一起反

应，系统的温度迅速上升，往往会使反应无法控制。

（10）应避免对不稳定的化合物或混合物进行升温处理，否则可能会引起爆炸或其他失控反应。例如，在低温下将两种能发生放热反应的液体混合，然后再升温引起反应，这种做法很危险。

（11）当危险的药品泄漏、洒落或堵塞时，首先应制定好处理方案，而不是急于收拾复原，否则往往又会导致二次事故。

（12）在销毁废弃危险化学品时，应防止因化学反应产生的各种危险。不能把易燃化学品倾倒入排水槽，否则极易引发火灾。

（13）在处理具有刺激性的化学品时，应在通风橱内或空气流通好的空间进行，并佩戴防护手套。哮喘的师生应特别避免嗅闻此类化学品。

三、加强实验室安全与环境保护管理的有效方法和对策[3]

化学各项实验活动的开展离不开实验室，不管是化学教学的开展还是新产品的研发都需要实验室提供阵地。在化学实验开展过程中会产生各种易燃易爆有毒污染等物质，对人体健康形成威胁，同时影响着自然环境。通过对化学实验室安全与环保工作进行科学管理，对操作人员行为进行规范，不断增强他们的安全和环保意识，对各项化学实验活动的落实与开展具有重要作用。

1. 安全制度的建立与完善，不断增强工作人员安全管理意识和自我防护能力

由于化学实验室空间的限制，实验中心尚未建立专门的药品集中保管库。因此，对于化学药品的采购和使用应该突出"边用边购、少存多购"的原则，尽量避免大量药品放置在实验室中。实验室管理人员应该完善药品购买台账，将每个星期化学试剂的使用和剩余状况体现在动态报告中，对于易燃易爆有毒等特殊化学品，应该设置专门保管员，落实双人双锁管理措施。

首先，在仪器设备管理方面，管理人员要随时关注仪器设备使用状况，定期维修和保养仪器，确保仪器随时处于正常使用状态下，排除具有安全隐患的仪器设备。其次，定期检查气体装置，在气体类装置瓶上设置安全提醒挂牌，确保挂牌标识醒目。

另外，要求化学实验室操作人员和管理人员具备高度的安全意识，根据近年来化学实验室安全事故发生率调查得知，在实验室安全事故中，人为因素引发的事故占比达到95%以上。化学实验室各项活动的开展主体是人，也是实验室安全和环保管理工作的主要参与者，其综合素养条件是实验室安全与环保管理水平高低的关键。因此，要求实验室操作人员具备全方位安全素质意识，无论是实验前、实验中和实验结束后都应该全面做好安全预防工作。特别是从事高危险实验活动的操作人员，要在实验开展前对各种可能会发生的安全事故进行预测，提出有效预防措施。

最后，要定期组织实验室人员进行事故逃生演练，增强他们的安全管理和自我保护意识，将安全教育贯穿到实验培训的全过程中，通过各种安全演习活动的开展，让操作人员从理论安全上升到实践，对提升实验员突发事故应对能力具有积极意义。

2. 环保制度的贯彻与落实

其一，实验室需明确实验项目产生的"三废"浓度范围，并提出了"三废"收集与处

理方法。同时，对于废气废液的处理要进行全过程动态化监控，设置集中处理时间和位置，所有废弃物标明成分、废弃原因等。关于废液的处理方式包含了三个方面，即操作人员创新处理、循环利用处理以及实验技术人员处理。

其二，是关于实验过程中污染的预防与治理。美国化学会在提出"绿色化学"概念后，受到了全球很多国家的积极响应。我国高校或化工企业也开始积极开展绿色化学实验教学与管理研究。在化学实验活动开展过程中，不可避免会遇到不同程度"三废"的排放，不仅会导致环境受到污染，也会威胁到实验操作人员的身体健康。各个化工企业也开始针对化学实验室所产生的废物处理进行深入研究。一方面，利用实验室通风系统将废气进行收集再排到大气中，对自然环境的影响概率较小。固体废物主要包含了过期药品和空试剂瓶，集中进行存放，再委托专业单位进行处理。因此，在绿色化学思想指导下，我们应该做好实验室环保管理工作，每个实验项目开展过程中应该尽量缩减药剂量，加强每个实验类别实验员的相互交流和沟通，增强他们的环保意识，为化学实验室环保管理水平的提升奠定有效保障。

3. 通过现代科学技术，去强化实验室安全管理水平

随着现代科学技术的不断发展，对实验室整体安全化管理与控制提供了重要技术支撑，通过提升对实验室日常开放力度，对提升实验室使用效率，降低实验室安全隐患等具有积极作用。如设置门禁系统，结合开放实验室网上平台，为实验人员随时预约和查询实验提供便利。实验室管理人员也可以对实验室的使用状况有一个深入了解，利用智能门禁卡去控制实验人员的进出权限，这样可以防止不相关人员随意进入实验室，为开放实验室的安全管理与控制提供技术支持。通过各种科技手段的运用，可以展现出科技手段在化学实验室管理的优势与作用，对实验室安全管理工作的顺利进行提供了有效保障。

另外，实验室的安全管理工作除了物品方面的安全，还涉及人员安全，且后者更为重要。在实验过程中不可避免会接触到各种化学试剂，实验内容繁杂，具有很多不确定性因素，都直接提升了实验过程的风险性。因此，应该在实验室安全管理方面加大投资，将硬件设施进行完善，重点展现出安全管理者的服务作用。

4. 化学实验室环境质量的改善，同时减少实验室污染物的来源

为了进一步改善化学实验室环境质量，应该通过通风换气措施，将有毒气体进行挥发处理，在实验操作时一定要提前打开通风设备，并根据污染物产生情况去设置通风设备。同时，利用自然光线，不仅可以净化实验室空气，还能提升实验室照明度，良好的采光条件有利于实验操作活动的开展，降低人为失误操作概率，防止污染问题发生。化工类实验完成后，要戴上防腐清洁手套对实验室容器和器具进行清洗，这样可以避免有害物质腐蚀皮肤。实验室随时要保持清洁，清洁完成后要利用空气净化器去净化实验室空气。

四、 国内外关于化学废物再利用的案例整理分析

在无机化学实验教学过程中不可避免地要产生多种废弃物，包括废纸、碎玻璃、废水、废渣、实验产品等，这些废弃物若不经回收处理就直接丢弃或排放，将对环境造成极大污染，严重危害人类健康。实验教学中，要遵循"循环、减量、再利用"的3R原则[3]在保证实验效果的前提下，尽量开展微型实验，减少药品用量，从源头上减少废弃物的排

放。实验过程中产生的废弃物,要根据其特性进行分类回收、分类处理,尽量做到综合利用,既可减少排放,又可降低实验成本。

实验室废物主要来源于高校(包括科研院所)实验室、检测机构实验室、中学实验室、企业检测实验室等。实验室废物的类别主要有四大类,分别为实验或研究产生的化学废液、过期或失效的报废化学品、化学品空容器(废试剂、药剂空瓶)、沾染了化学品的废器皿或耗材等。按风险高低分,可分为一般风险实验室废物(普通有机废液、无机废液、废空瓶等)和高风险实验室废物(活泼金属类废物、剧毒类废物、强氧化性或强还原性废物等)。常见的实验室废物类别及主要成分见表1-2。

表1-2 常见的实验室废物[4]

废物类别		主要物质成分
高危类	剧毒类	属于国家剧毒品目录中的,如氰化钾、氰化钠、氟乙酸、氯化汞等
	高易燃试剂类	易自燃试剂(如黄磷、还原铁粉、硝化棉等),遇水燃烧试剂(如钾、钠、碳化钙等)
	易爆类	受外力作用发生剧烈反应而引起燃烧爆炸的化学物质,如氯酸钾、重铬酸铵等
普通有机类	卤代有机溶剂类	含有卤素的有机溶剂,如三氯甲烷、四氯化碳、碘甲烷、氯苯、三氟溴氯乙烷等
	一般有机溶剂类	如乙醇、丙酮、甲苯、乙酸乙酯等
	矿物油类	如汽油、柴油、煤油等
	有机酸类	如乙酸、琥珀酸、苹果酸、柠檬酸、酒石酸等
	指示剂类	如石蕊、酚酞、甲基橙、甲基红、百里酚酞、百里酚蓝、溴甲酚绿等
	其他有机类	其他有机类废物
普通无机类	金属单质类	废弃的金属单质,含铜、锌、铅、镍、铝等(活泼金属按高危类)
	氧化剂类	如氯磺酸、硝酸钾、过氧化氢、重铬酸钾、高锰酸钾、次氯酸钠、漂白剂等
	还原剂类	如磷酸酐、氢化钠、甲醇钠、2,4,6-三硝基苯酚等
	无机酸类	含硫酸、盐酸、硝酸、氢氟酸、磷酸等废酸液
	无机碱类	含氢氧化钠、氢氧化钾、氢氧化钙、磷酸(氢)钾、氨水等废碱液
	无机盐类	如硫酸铜、硫酸镍、硫酸铵等
	其他无机类	其他无机废液
空容器	玻璃瓶、塑料瓶	废试剂瓶、盛装化学品后空桶、沾染了化学品的废器皿等

需注意的是,实验室的废弃物种类繁多,要根据它们的性状特点、是否有毒、是否可再利用等因素进行分类回收,实验室中不可再利用的废弃物及其处理见表1-3。

表1-3 实验室中不可再利用的废弃物及其处理[5]

废弃物类别	无法再利用的原因	推荐处理方式
废滤纸	无机化学实验常涉及过滤操作,过滤过程使用的滤纸粘有化学物质,具有一定的毒性,要将它们单独回收,不能和生活垃圾混在一起	将收集的废滤纸用水洗涤,洗水并入相应的实验废水处理。滤纸晾干后,放在由废弃的电热干燥箱改装成的焚烧炉中进行焚烧处理

续表

废弃物类别	无法再利用的原因	推荐处理方式
碎玻璃	学生在实验中难免会造成玻璃仪器的损坏，若将破损的玻璃仪器和纸屑等生活垃圾混在一起，不仅污染环境，还很容易导致环卫工人受伤，因此应将碎玻璃进行处理后单独回收于指定的容器中	将碎玻璃洗净，洗水并入当次实验废液一并处理。将洗涤后的碎玻璃回收至专用容器中，可并入建筑垃圾处理
沉淀或残渣类	无机化学实验中常常会产生一些沉淀或残渣。如氯化钠提纯实验中，在除去 Ca^{2+}、Mg^{2+}、SO_4^{2-} 过程中产生的沉淀；重金属离子鉴定过程中产生的硫化物沉淀等。由于它们的组成、性质不同，要分别回收，单独处理	无机化学实验中产生沉淀或残渣，有的具有一定毒性，填埋处理前须将其中的有害成分进行无害化处理。由工业锌焙砂制备硫酸锌实验中产生的残渣，其经水洗后主要成分为难溶的硅酸盐，可直接填埋处理或并入建筑垃圾。重金属离子鉴定过程产生的硫化物沉淀，收集后交由有资质的环保公司处理
酸碱废溶液	酸和碱是无机化学实验中常用的化学试剂，实验过程会产生较多的酸碱废溶液。如酸碱滴定实验中的氢氧化钠、盐酸废液等。酸碱废溶液对建筑物及管道腐蚀严重，还会改变水体pH，破坏自然生态，不能随意排放	酸碱废溶液相互中和后的产物为无毒的无机盐，鉴于学生实验的废液量较少，可在教师指导下由学生进行中和处理至中性，即可直接排放

然而社会经济发展与保护生态环境是传统社会发展模式的一个重要症结。为解决这一症结矛盾，国际社会和各国政府提出了一系列的发展模式和战略，而循环经济就是目前国际上反映这一思潮的一种战略模式。循环经济的基本趋向是按照生态规律，利用自然资源和环境容量，实现经济活动的生态化和绿色化转向。发展循环经济是21世纪世界各国环境保护必然的战略选择[6]。关于可回收的废弃物的处理，国内外也有很多优秀案例：

2020年，Jarujamrus课题组[7]报道了一种将橡胶乳胶废物改造成为疏水试剂，并将其用于制造基于纸巾的实验装置（PTED），该装置具有低成本、简单和快速的优点（见图1-9）。这个装置可用于验证和展示影响化学平衡的因素。PTED中实现了影响化学平衡的因素的例证。在这种方法中，还可以通过在室温（约25℃）下处理智能手机相机在控制灯箱下捕获的PTED检测区的数字图像，轻松量化化学平衡常数（K_c）。这个PTED实验室是一种新方法，不仅可以根据Le Châtelier的原则提高学生对影响化学平衡的因素的学习，还可以将PTED的潜在应用呈现从初中到大学的所有化学水平。

在实验改造过程中，橡胶废物必须首先切割成最小的碎片，重2.5g。然后，橡胶废物的碎片被溶解成100mL汽油。溶液中还添加了黄色染料滴剂，将溶液的颜色从无色改为黄色，以提高聚合物溶液的可见性。制备的聚合物溶液被留出12h以完成溶解。通过在纸巾表面打印聚合物溶液的图案，进行了一步聚合物丝网印刷。聚合物溶液通过屏幕挤压到纸巾底部，进而形成一个5mm的圆形疏水屏障。通过微尖晶将粉红色食品染料溶液滴到图案化的PTED上，以可视化疏水性和亲水性圆形屏障，从而测试了制造的PTED的特性。

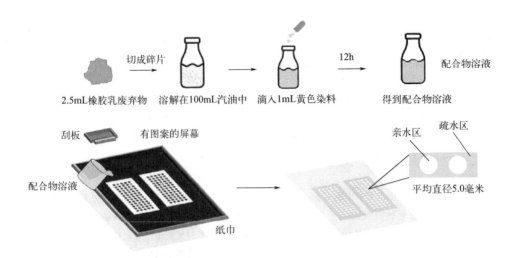

图 1-9　Jarujamrus 课题组提出的对橡胶乳胶废物的改造过程图

2022 年，Khamhaengpol 课题组[8]报道了对废弃植物食用油的重新改造和再利用，并通过设计 STEAM 活动使学生体验生物柴油的生产。生产生物柴油的技术和验证方法一直是研究热点，然而如何让高中阶段的学生也能参与生物柴油生产的学习和教学仍有待考究。不仅如此，进行实验需要昂贵的仪器，这一限制减少了学生将化学知识与当前情况相结合的机会。这项研究旨在通过 STEAM 活动让泰国的高中生思考如何使用废弃植物食用油（WVCO）来发展生物柴油生产，实现化学废弃物的再利用。

生物柴油的生产涉及一种名为酯变异反应的化学反应，该反应将植物油、废食用油、藻类油、油脂微生物或动物脂肪等原料与酒精产生的脂肪酸甲基酯（FAME）或生物柴油和甘油结合起来。另外为了加速化学反应，添加了酸性或碱性催化剂等。

2022 年，我国工程师项良友报道了关于电厂煤灰的回收再利用相关策略[9]。我国煤炭总产量的一半以上都用于火力发电，虽然燃煤发电厂经济效益较高，但会形成许多污染物，引起环境污染问题，其中包含许多固体废物，如粉煤灰、煤渣、脱硫石膏等。对这些固体废物进行加工再利用，可创造良好的经济价值。粉煤灰是燃煤发电形成的固体废物之一，消耗 1t 原煤能够形成 250～300kg 粉煤灰。要想降低粉煤灰对生产企业运营成本、环境污染带来的压力，就需要优化粉煤灰的再利用，促进利用率的提高，大力发展循环经济。

项良友提出了关于电厂粉煤灰再利用的优化措施（见图 1-10）。一是可以合理运用到农业生产，粉煤灰不仅含有硅化物、铁化物、铝化物等，还含有少量的硼、镁、锌、钙、钠等元素。粉煤灰的磷、钾等元素含量高，可以改善土壤性质。粉煤灰能够作为原材料或添加剂，制成特种肥料，如磁化复合肥、硫酸钾复合肥等。二是可以用于制备建筑材料，如水泥、混凝土等。产品附加值整体不高，但能够消纳许多粉煤灰且成本低，所以其成为粉煤灰再利用的主要途径。三是可以用于生产微晶玻璃，整体析晶法、烧结法和溶胶凝胶法是微晶玻璃的主要生产工艺，利用粉煤灰制作微晶玻璃时，通常采用前两种方法。四是可以用于提取金属元素，粉煤灰含有的部分元素能够应用于电信、航天、光通信等行业，如锗、镓、钒、钛等。粉煤灰内的锗元素可通过单宁共沉淀法、活性炭吸附法、树脂交换法等方式分离出来，粉煤灰中的铝元素可通过煅烧法和酸浸出法提取等。

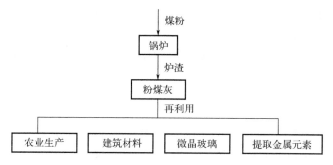

图 1-10　项良友提出的粉煤灰再利用的相关策略

实际上，除了以上优秀改造案例之外，日常生活中也有许多"废弃物"可以被再利用。合理使用实验室和校园内的一些废弃物，能降低部分实验成本，节省实验教师准备实验的时间，而且有利于环保。表 1-4 汇总一些能被重新再利用的废弃物以供参考[10,11]。

表 1-4　可再利用于化学教学的废弃物举例

废物名称	改造后用途
面巾纸	可协助做表面张力实验、毛细现象实验；也可替代滤纸吸收沾在钾、钠上的煤油，也可用于生物实验中作为制作临时装片时用的吸水纸
废铁丝、废铜丝	可以插在水果中，制作水果电池
导线	铜芯线可以用来做高中化学中"浓硫酸的化学性质""硝酸的化学性质"等实验材料；铝芯线可以用来做"铝的化学性质""同周期元素性质的递变"等实验的材料
铁螺钉	可用来做"铁的化学性质""酸的性质"等实验
烧短的蜡烛	有灯芯的可用来做初中化学"二氧化碳的性质"实验，没有灯芯的集中起来加热熔化，用于化学实验室试剂瓶标签涂蜡防腐用
边角滤纸	可作为高中化学"纤维素的水解"实验的材料
食品、药品的包装壳	可用来替代点滴板做高中化学"卤素之间的置换反应"和"浓硫酸的脱水性和吸水性"等实验
盛药品的小玻璃瓶、小塑料瓶	收集起来洗净，可用于实验室替代广口瓶（或细口瓶）盛装药品或试剂用
建筑工地撒落的石灰石小颗粒	收集起来洗净，是实验室制取二氧化碳的好材料，既好用，又省力
香烟盒中的铝箔纸	可作为高中化学"钠的化学性质"实验用
过滤用破的纱布	洗净，晾干，选未破之处剪成长条，内裹部分药棉，搓成酒精灯灯芯，点燃后火力强，效果好

参考文献

[1] 邹志娟，宋昆鹏. 浅谈高校化学实验室安全管理 [J]. 广东化工，2020，47（10）：176-177.

[2] 徐烜峰，李维红，边磊，等. 高等院校化学实验室废弃物问题的思考[J]. 大学化学，2018，33（04）：41-45.

[3] 刘惠，李雨泽，孟德凯，等. 化学实验室安全与环境保护规范化管理[J]. 清洗世界，2022，38（08）：97-99.

[4] 邓国颂，周添庆. 关于实验室废物的收集处置管理对策研究[J]. 广东化工，2020，47（15）：117-118.

[5] 王吉华，高玉梅，阮琼. 无机化学实验室废弃物的分类回收与再利用[J]. 中国现代教育装备，2021（23）：38-40.

[6] 余德辉，王金南. 发展循环经济是21世纪环境保护的战略选择[J]. 环境保护，2001（10）：36-38.

[7] Kajornklin P, Jarujamrus P, Phanphon P, et al. Fabricating a Low-Cost, Simple, Screen Printed Paper Towel-Based Experimental Device to Demonstrate the Factors Affecting Chemical Equilibrium and Chemical Equilibrium Constant, K c [J]. Journal of Chemical Education, 2020, 97 (7): 1984-1991.

[8] Khamhaengpol A, Phewphong S, Chuamchaitrakool P. STEAM Activity on Biodiesel Production: Encouraging Creative Thinking and Basic Science Process Skills of High School Students [J]. Journal of Chemical Education, 2021, 99 (2): 736-744.

[9] 项良友. 电厂粉煤灰再利用的优化策略[J]. 中国资源综合利用，2022，40（05）：107-108+113.

[10] 付建成，严青荣. 废弃物在实验室中的再利用[J]. 物理教学探讨，2009，27（10）：59-60.

[11] 罗益群，邓星业. 一些废弃物在中学实验室的再利用[J]. 教学仪器与实验，2006（04）：44-45.

第二章

无机化学基础实验

实验 1　胶体的丁达尔实验

【实验目的】

通过制备 $Fe(OH)_3$ 胶体，认识胶体是一种常见的分散系，掌握制备胶体的方法，能从微观粒子尺度和宏观性质相结合的角度解释相关实验现象，提升宏观辨识与微观探析的学科核心素养。

【实验原理】

胶体分散质粒子直径大小在 1~100nm 之间，小于可见光波长（400~750nm），因此，当光束透过胶体时会产生明显的散射作用。丁达尔效应就是光的散射现象或称乳光现象。

【教材实验内容】

为了观察胶体的丁达尔效应，2019 年人教版高中教科书《化学必修第一册》第一章"物质及其变化"实验 1-1 设计了该实验，主要内容是：取 1 个 100mL 小烧杯，加入 40mL 蒸馏水。将烧杯中的蒸馏水加热至沸腾，向沸水中逐滴加入 5~6 滴 $FeCl_3$ 饱和溶液。继续煮沸至液体呈褐色，停止加热。观察制得的 $Fe(OH)_3$ 胶体。把盛有 $Fe(OH)_3$ 胶体的烧杯置于暗处，用红色激光笔照射烧杯中的液体，在与光束垂直的方向进行观察。如图 2-1 所示。

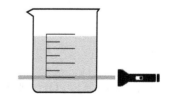

图 2-1　光束通过胶体时的现象

【实验教学现状及存在的问题】

1. 传统的丁达尔效应现象在课堂演示时需要制备 $Fe(OH)_3$ 胶体，加热时间、搅拌速度等因素均可能导致实验的失败或丁达尔现象不够明显。

2. 教材仅设置了液溶胶的丁达尔实验,缺少气溶胶和固溶胶的丁达尔实验。

【实验改进】

方案一　氧化镁用于制备氢氧化铁胶体的实验设计

一、实验仪器及药品

仪器:1个100mL的烧杯、1支激光笔、1把药匙、1根玻璃棒、1张白色纸板
药品:$FeCl_3$饱和溶液、MgO粉末、蒸馏水

二、实验操作及现象

1. 实验操作
(1) 室温下,在100mL烧杯中加入40mL蒸馏水,再用胶头滴管滴加10滴$FeCl_3$饱和溶液,此时烧杯中溶液呈黄色。用激光笔照射该溶液,沿光束垂直的方向没有观察到光亮通路,说明此时无$Fe(OH)_3$胶体形成。
(2) 向上述溶液中加入少许MgO粉末(约2mg)并用玻璃棒搅拌,溶液呈金黄色。

2. 实验现象
用激光笔照射该溶液,沿光束的垂直方向能观察到光亮通路,且通路较宽,说明此时已有$Fe(OH)_3$胶体形成。

三、实验成功关键

1. 室温下实验所需的MgO粉末约为2mg,当蒸馏水的温度较高时,需要MgO的用量会更少(约1mg)。
2. $FeCl_3$饱和溶液配制的方法为:向一定体积的盐酸溶液(物质的量浓度约为1mol/L)中加$FeCl_3$晶体,用玻璃棒不断搅拌,当溶液中$FeCl_3$晶体不再溶解时,其上层清液即为$FeCl_3$饱和溶液。

四、创新优点

选用MgO制$Fe(OH)_3$胶体时实验现象明显,且制得的胶体在室温下可保存3天左右后仍有明显丁达尔现象,胶体的稳定性较好。

方案二　液态分散系中丁达尔效应的研究和实验改进

一、实验仪器及药品

仪器:无色透明的矿泉水瓶、保温瓶、红色激光笔、无色透明玻璃瓶、小喷壶

药品：果冻、极稀的氯化铁溶液或者氢氧化钠溶液、酚酞、自来水

二、实验操作及现象

1. 气溶胶丁达尔效应实验

（1）在室温，暗处，用小喷壶向空气中喷水，用红色激光笔照射，可观察到明显红色光路。

（2）在室温，暗处，向保温杯或者开水壶中加满新烧开的开水，打开盖子，用红色激光笔向杯口上方照射。可以观察到明显的红色光路。

2. 固溶胶做丁达尔效应实验

在室温，暗处，用红色激光笔照射果冻中的透明部位，可观察到明亮的红色光路。

3. 液溶胶丁达尔效应实验

（1）事先配制胶体和对比溶液，装入洁净的玻璃瓶，装满后封口，贴上标签，用专门的实验盒整理，建立实验盒模式，可反复使用。

（2）使用时只要取出一瓶，用红色激光笔或者白色聚光手电筒照射（衬黑色纸板）。从垂直于光线的方向观察实验现象。可观察到明亮的红色或白色光路。

三、实验成功关键

1. 实验过程中宜选择比较暗的、颜色反差较大的背景作为衬托，利于实验现象的观察。

2. 不宜使用功率过大、波长过短的绿色或者蓝紫色激光做实验。

3. 使用红色激光时，建议选择新制的、极稀的氯化铁溶液或者氢氧化钠溶液（滴有酚酞）。

4. 所配胶体浓度不宜过大，浓度过大观察到的实验现象不明显。

四、创新优点

取材方便、易得，成本低。真实呈现气溶胶、液溶胶、固溶胶的丁达尔效应，加深学生对气溶胶、液溶胶、固溶胶概念的理解，并适合教师课堂演示。

方案三　自制"丁达尔效应一体化实验演示仪"

一、实验仪器及药品

仪器：废纸箱盖1个、废纸板1块、亚克力镜子2面、双面胶1个、亚克力有色玻璃1块、废弃无色透明塑料布丁杯3个、激光笔1支、喷雾瓶1个

药品：$Fe(OH)_3$胶体、熏香、$CuSO_4$溶液

二、实验装置

实验装置见图2-2。

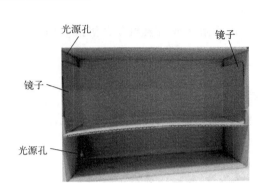

图 2-2 演示仪装置图

三、实验操作及现象

1. 实验操作

（1）制作过程：在废纸箱盖左侧内壁中上部及右下角分别钻一个光源孔；在废纸箱盖的中下部插入一块废纸板，隔出两间暗室；用双面胶将 2 面亚克力镜子分别粘贴在上层暗室左右两侧的内壁上（图 2-2）。

（2）实验过程

① 演示水雾的丁达尔现象。将激光笔置于废纸箱盖上层暗室的光源孔中，沿上层暗室射入激光，同时持续按压喷雾瓶，使上层暗室中充满水雾，观察现象。

② 演示有色玻璃、胶体、烟的丁达尔现象。取 3 个布丁杯，分别加入 100mL $CuSO_4$ 溶液、100mL $Fe(OH)_3$ 胶体、1 块点燃的熏香；将亚克力有色玻璃以及分别盛有 $Fe(OH)_3$ 胶体、点燃的熏香、$CuSO_4$ 溶液的布丁杯依次放入废纸箱盖的下层暗室；用激光笔透过光源孔向下层暗室中射入激光，观察现象。

2. 实验现象

（1）上层暗室中出现了数条明亮的光路，现象非常明显。

（2）可以看到除装有 $CuSO_4$ 溶液的布丁杯之外，其余 3 个装置中均出现明显的光路。

四、创新优点

1. 制作方便。制作材料大多取自生活中，简单易得。
2. 现象明显。暗箱设计使光路更加明亮，增强了实验的趣味性。
3. 操作简单。利用该演示仪进行丁达尔效应实验，操作简单、快捷。
4. 知识完整。借助该一体化实验演示仪，学生可以同时观察到气溶胶（雾和烟）、液溶胶、固溶胶的丁达尔效应，现象直观。

参考文献

[1] 熊晓丹，孙丹，伍晓春. 氧化镁用于制备氢氧化铁胶体的实验设计 [J]. 化学教育，2016，37（17）：66-68.

[2] 孙艳君，胡志刚. 液态分散系中丁达尔效应的研究和实验改进 [J]. 化学教育，2016，37（17）：60-65.

[3] 徐蓓. 自制"丁达尔效应一体化实验演示仪"[J]. 实验教学与仪器, 2021, 38 (21): 108.

实验 2　焰色试验

【实验目的】

通过焰色试验，了解金属或其化合物在灼烧时呈现的特征颜色火焰，掌握根据火焰呈现的特征颜色，判断试样所含金属元素的定性分析操作。

【实验原理】

焰色反应是利用金属或者金属盐类在火焰的加热下，所产生的气态原子中的电子吸收了能量，从能量较低的轨道跃迁到能量较高的轨道，再从能量高的轨道返回能量低的轨道而发出的光。不同的金属元素具有特定的谱线。

【教材实验内容】

为了观察常见金属的焰色反应，2019 年人教版高中教科书《化学必修第一册》第二章"海水中的重要元素——钠和氯"实验 2-6 设计了该实验，实验操作如下所示：把焊在玻璃棒上的铂丝（或用光洁无锈的铁丝）放在酒精灯（最好用煤气灯）外焰上灼烧，至与原来的火焰颜色相同时为止。用铂丝（或铁丝）蘸取碳酸钠溶液，在外焰上灼烧，观察火焰的颜色。将铂丝（或铁丝）用盐酸洗净后，在外焰上灼烧至与原来的火焰颜色相同时（如图 2-3 所示），再蘸取碳酸钾溶液做同样的实验，此时要透过蓝色钴玻璃观察火焰的颜色。

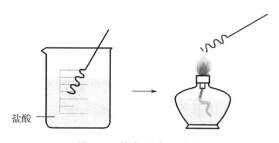

图 2-3　焰色反应示意图

【实验教学现状及存在的问题】

1. 使用酒精灯灼烧时，产生的火焰呈现黄色，在客观上会对其他金属离子的检验造成干扰。

2. 观察钾元素焰色需要通过蓝色钴玻璃，而且观察的视线需要一定的角度。

3. 用铂丝或铁丝蘸取的金属盐溶液量少，金属离子的焰色持续时间短。

4. 该实验操作复杂，实验前后铂丝都要进行清洗，而且铂丝的价格相对昂贵。

【实验改进】

方案一　针尖上的焰色反应

一、实验仪器及药品

仪器：酒精灯、一次性注射器（带针头）、大试管、量筒
药品：无水乙醇、KBr（分析纯）、蒸馏水

二、实验装置

实验装置如图 2-4 所示。

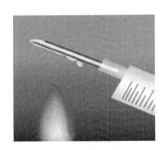

图 2-4　实验装置图

三、实验操作及现象

1. 实验操作

（1）配制饱和 KBr 乙醇溶液（取大试管，用量筒加入 5mL 蒸馏水，加入过量的 KBr 至饱和，再加入 30mL 无水乙醇，振荡，备用）。

（2）点燃酒精灯。取带针头的注射器，拔出注射器的活塞，将配制的溶液小心倒入注射器中，装上活塞。倒置注射器，推动活塞，排出过量的空气。针头如图 2-4 所示放置，小心挤出几滴溶液，让溶液缓慢顺着针头滑下，先靠近酒精灯外焰，后逐渐离开酒精灯。

2. 实验现象

明显观察到蓝紫色的火焰。

四、实验成功关键

1. 配制饱和 KBr 溶液，加大钾离子的含量。
2. 针头保持一定的倾斜角，让溶液顺着针头滑落，有利于盐溶液充分地铺展。

五、创新优点

1. 凸显了钾离子焰色反应的现象，不需要借助蓝色钴玻璃片去观察颜色。
2. 仪器设备易得，操作简单，实验现象明显。

方案二 焰色反应的实验改进

一、实验仪器及药品

仪器：三角架、石棉网、酒精灯、火柴、表面皿、10mL量筒、镊子、托盘天平、药匙、玻璃棒、烧杯

药品：蒸馏水、琼脂、无水乙醇、溴化钾、碳酸锂、氯化钠、氯化钙、氯化钡、氯化锶、氯化铜

二、实验装置

实验装置如图 2-5 所示。

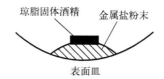

图 2-5 焰色反应实验装置示意图

三、实验操作及现象

1. 实验操作

（1）琼脂固体酒精的制备：用托盘天平称量 0.2g 的琼脂，并将称量的琼脂倒入烧杯中。用量筒量取 10mL 的蒸馏水，并倒入装有琼脂的烧杯中。将装有琼脂和蒸馏水的烧杯置于石棉网上加热，至琼脂完全熔化。用量筒量取 10mL 无水乙醇，并倒入熔化的琼脂中。停止加热，冷却一段时间后，即可得到固体酒精。

（2）焰色反应的操作：取适量的溴化钾固体置于表面皿中，并在溴化钾固体的表面加入适量的琼脂固体酒精。点燃固体酒精。如图 2-5 所示。

2. 实验现象

观察到琼脂固体酒精燃烧时，火焰与溴化钾固体接触面积较大，在不需要通过蓝色钴玻璃的情况下也能很清楚地观察到火焰颜色为紫色。更换其他金属盐，重复上述实验，并记录各种金属元素的焰色。

四、实验成功关键

1. 制备琼脂固体酒精时分别加 10mL 蒸馏水和 10mL 无水乙醇（水醇比为 1∶1）。
2. 金属盐粉末放置在下层，琼脂固体酒精放置在金属盐表面进行燃烧。

五、创新优点

1. 不需要昂贵的铂丝，实验成本较低。

2. 琼脂固体酒精原料来源广泛，工艺简单，造价低。
3. 琼脂固体酒精燃烧时，火焰呈淡蓝色，可见度高，焰色反应面积大。
4. 不用透过蓝色钴玻璃即可很好地观察钾元素的焰色反应。
5. 固体酒精和剩余的金属盐可直接回收，密封保存，重复利用。

方案三　焰色反应实验的新设计

一、实验仪器及药品

仪器：铝底易拉罐、钢丝球、药匙（或胶头滴管）、镊子、剪刀、火柴

药品：95％乙醇、氯化钠（或其溶液）、氯化钾（或其溶液）、其他待测金属盐固体或其溶液

二、实验装置

实验装置如图 2-6 所示。

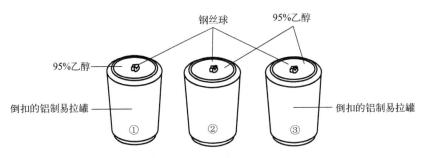

图 2-6　新设计的焰色反应对比实验装置

三、实验操作及现象

1. 实验操作

以仅燃烧酒精做空白对比、氯化钠的焰色反应、氯化钾的焰色反应实验为例。

（1）取 3 个相同的铝底易拉罐，将易拉罐外底部洗净，倒扣在桌面上间隔约 10cm 排成一排，从左到右分别编号为①、②、③。如图 2-6 所示。

（2）取一团钢丝球，用剪刀剪下直径约 1cm 大小的钢丝球三团，分别放在倒扣在桌面上的易拉罐的底面中心位置。

（3）分别在三个易拉罐底部加 95％乙醇或无水乙醇约 3mL。

（4）在②号易拉罐底部钢丝球上加待测绿豆粒大小固体药品或溶液（例如氯化钠固体或氯化钠溶液），在③号易拉罐底部钢丝球上加待测绿豆粒大小固体药品或溶液（例如氯化钾固体或氯化钾溶液）。

（5）用一根火柴快速点燃三个罐底的酒精。

2. 实验现象

观察到①号易拉罐底部酒精燃烧火焰呈现很浅的淡蓝色，不认真观察则看不清火焰；②号易拉罐底面上方火焰呈现非常明显的黄色；③号易拉罐底面上方火焰已经明显呈现紫色。直接用肉眼便能观察到三者火焰颜色的明显区别。透过一块蓝色的钴玻璃同时观察三个火焰，能观察到①号和②号火焰现象相同，③号有非常清楚的紫色火焰。

四、实验成功关键

1. 小钢丝球充分蘸取固体药品或溶液。
2. 易拉罐底部不需要加过多的无水乙醇。

五、创新优点

1. 整个实验装置的材料是铝、钢丝球，铝、钢都没有焰色。使用这些材料实验时对待测金属元素的焰色反应没有干扰。
2. 火焰面积大，温度高。小钢丝球上方火焰温度高达600℃，能气化绝大多数待测金属元素，焰色反应现象明显。
3. 焰色持续时间长达0.5min，有足够的时间对比观察。
4. 能同时对比多个焰色反应。透过一块蓝色的钴玻璃同时观察三个实验。
5. 实验材料为铝制易拉罐和厨房用的钢丝球，材料易得。

参考文献

[1] 罗鹏，谢巧兵，顾绪平. 针尖上的焰色反应 [J]. 化学教育，2015，36（09）：61.
[2] 李健荣. 焰色反应的实验改进 [J]. 化学教学，2016（12）：59-76.
[3] 陶慧玲. 焰色反应实验的新设计 [J]. 化学教学，2018（03）：64-66.

实验3 镁与盐酸反应

【实验目的】

通过金属镁与盐酸反应的实验现象，认识镁能与酸发生反应，有气体生成，为学生认识置换反应做准备，养成宏观辨识和微观探析相结合的化学学科观念，发展"宏—微—符"化学思维。

【实验原理】

镁与盐酸的反应：$Mg + 2HCl =\!=\!= MgCl_2 + H_2 \uparrow$

【教材实验内容】

该实验源于2019年人教版初中教科书《化学九年级下册》第八单元实验活动4"金属和金属材料探究：金属与盐酸、稀硫酸的反应"。向试管中分别加入少量镁条，加入5mL稀盐酸（或稀硫酸），观察现象，如图 2-7 所示。如果有气体生成，判断生成的气体是什么。

图 2-7　镁与盐酸反应实验装置示意图

【实验教学现状及存在的问题】

1. 缺少对足量镁和稀盐酸反应出现灰白色浑浊的异常现象的探究。
2. 没有从反应原理和反应热的角度探究镁与盐酸的反应。

【实验改进】

方案一　镁和稀盐酸反应异常现象的探究

一、实验仪器及药品

仪器：试管、酒精灯

药品：镁条、0.1mol/L 稀盐酸、蒸馏水、0.1mol/L 硝酸银、0.1mol/L 稀硝酸、氯化镁固体（分析纯）

二、实验装置

实验装置如图 2-8 所示。

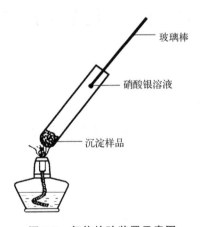

图 2-8　气体检验装置示意图

三、实验操作及现象

1. 四支小试管各取 4mL 0.1mol/L 稀盐酸，再分别加入一定长度的已去除氧化膜的镁带，静置并观察现象，比较沉淀的生成量，如表 2-1 所示。

2. 将实验操作 1 中试管久置，倾析法倒去上层溶液得灰白色沉淀，然后加入 5mL 蒸馏水，充分振荡静置，沉淀量未减少。若用小试管取等质量氯化镁固体（分析纯），加等量蒸馏水，稍振荡即全部溶解得澄清溶液。

3. 小试管取适量上述实验后的灰白色沉淀，加入 3mL 0.1mol/L 的稀盐酸，沉淀立即溶解消失，但没有气泡生成。

4. 小试管取 5mL 蒸馏水，加入一小段去除氧化膜的镁带，镁带表面先有少量气泡生成后消失，蒸馏水仍澄清。继续加入几滴氯化镁饱和溶液，镁带表面立即持续产生细小气泡并不断溶解，约 3 min 后试管中出现白色浑浊，20 min 后镁带全部溶解，小试管中剩余大量灰白色沉淀。

5. 将实验操作 4 中的灰白色沉淀充分蒸馏水洗，直至最后一次洗涤液中加硝酸银溶液后浑浊现象不明显为止，如图 2-8 所示。然后加入适量 0.1mol/L 稀硝酸，沉淀立即溶解，继续滴加几滴 0.1mol/L 硝酸银溶液，出现大量白色浑浊。若改以实验操作 1 所得沉淀作样品重复实验，现象相同。

6. 将少量灰白色沉淀蒸馏水洗并室温晾干。然后取样，加热固体，用湿润的紫色石蕊试纸检验气体产物，试纸变红；若另取一头用硝酸银溶液浸润的玻璃棒悬于试管口，出现白色浑浊。

四、实验数据分析及结论

实验数据分析如表 2-2 所示。

表 2-1 镁与稀盐酸反应过程中溶液 pH 的变化

时间/min	0	2	4	6	8	10	12	14	16	18	20	⋯	放置过夜
溶液 pH	2.0	5.8	7.4	8.0	8.6	9.0	9.3	9.6	9.8	10.0	10.0	⋯	10.2
实验现象	—	大量气泡，无沉淀生成		镁带慢慢溶解，气泡量减少，溶液变浑浊，烧杯底部灰白色沉淀逐渐增加									

表 2-2 不同溶液 pH 时碱式氯化镁的化学组成

序号	溶液 pH	碱式氯化镁的化学组成
1	8.5	$Mg_{3.08}(OH)_{4.98}Cl_{1.18} \cdot 3.8H_2O$
2	9.5	$Mg_{3.12}(OH)_{5.31}Cl_{0.93} \cdot 3.4H_2O$
3	10.5	$Mg_{2.95}(OH)_{5.23}Cl_{0.67} \cdot 3.3H_2O$
4	11.5	$Mg_{2.76}(OH)_{5.15}Cl_{0.37} \cdot 3.8H_2O$
5	12.5	$Mg_{2.88}(OH)_{5.61}Cl_{0.15} \cdot 3.5H_2O$

实验结论：综上所述，由于足量镁与稀盐酸反应过程中，溶液会经历从酸性到碱性并碱性逐步增强的过程，从而能促进灰白色沉淀的生成。由于不同 pH 下生成的碱式氯化镁

的化学组成也会随之改变,因此我们认为实验中得到的浑浊应为不同化学组成的碱式氯化镁的混合物。

方案二　应用手持技术实验探究氯离子浓度对氯离子效应的影响——以镁与盐酸的反应为例

一、实验原理

镁条与稀盐酸的反应能够生成氢气,氢气的生成速度及其变化情况可以充分反映氯离子效应的效果。往稀盐酸中加入不同质量的氯化钠来改变反应物中氯离子的浓度,通过观察氢气生成速度的变化,可以了解氯离子浓度对氯离子效应的影响。对于有气体生成的化学反应,可以应用气压传感器测量密闭体系中的气压,即由一定时间内气压的变化来了解化学反应速率。

二、实验仪器及药品

仪器:100mL量筒、250mL双口球形圆底烧瓶、威尼尔气体压力传感器GPS-BTA、数据采集器、平板电脑、电子天平、玻璃棒、铁架台、胶塞、药匙、砂纸

药品:镁条、pH=1.5的盐酸、氯化钠固体

三、实验装置

实验装置如图2-9所示。

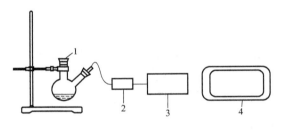

图2-9　镁与盐酸反应新实验装置图
1—双口球形圆底烧瓶；2—气体压力传感器；3—数据采集器；4—装有软件的平板电脑

四、实验操作及现象

1. 在不同实验中,使用同一个双口球形圆底烧瓶进行实验,见图2-9。往双口球形圆底烧瓶中分别加入50mL pH=1.5的盐酸和一定量氯化钠固体,用玻璃棒搅拌以便氯化钠固体充分溶解,形成具有不同浓度氯离子的反应液（如表2-3所示）。

表2-3　不同实验中氯化钠的质量和氯离子的物质的量浓度

实验编号	m(NaCl) /g	n(NaCl) /mol	V(HCl) /L	n(Cl$^-$(NaCl)) /mol	n(Cl$^-$(HCl)) /mol	n(Cl$^-$(总)) /mol	c(Cl$^-$) /(mol/L)
①	0.000	0.00	0.050	0.00	0.0016	0.002	0.03

续表

实验编号	m(NaCl) /g	n(NaCl) /mol	V(HCl) /L	n(Cl$^-$(NaCl)) /mol	n(Cl$^-$(HCl)) /mol	n(Cl$^-$(总)) /mol	c(Cl$^-$) /(mol/L)
②	0.585	0.01	0.050	0.01	0.0016	0.012	0.23
③	1.170	0.02	0.050	0.02	0.0016	0.022	0.43
④	1.755	0.03	0.050	0.03	0.0016	0.032	0.63
⑤	2.340	0.04	0.050	0.04	0.0016	0.042	0.83

2. 将双口球形圆底烧瓶的一个口插入带气体压力传感器的胶塞，另一个口先不插入胶塞。依次连接气体压力传感器、数据采集器和平板电脑，组装好实验装置。

3. 启动平板电脑中配套软件的数据记录功能，设置每秒收集一个数据，先记录一段时间常压下的气压数据。取其中一条镁条，迅速投入双口球形圆底烧瓶的溶液中，并且迅速塞紧胶塞。自此刻起，平板电脑中配套软件正式记录720s的气压数据。按照该实验步骤，依次完成实验①～实验⑤。

4. 以塞紧胶塞那一时刻的气压作为起始气压，计算出720s内每1s气压与起始气压的气压变化值Δp，制作"时间-气压差"图。以每60s作为一个反应进程，使用气压变化值Δp计算自反应起始到该反应进程的平均化学反应速率$v = \Delta p \cdot \Delta t$，制作"时间-化学反应速率"图。

5. 根据研究结果，总结在镁条与稀盐酸的反应中，氯离子浓度对氯离子效应的影响。

五、实验数据分析及结论

1. 实验数据分析

从"时间-气压差"图（图2-10）可以初步了解氯离子浓度与氯离子效应的关系。该图显示序号从小到大的实验，即从不加入氯化钠再到增大氯离子浓度的实验，其对应曲线的斜率依次增大，显示各实验在单位时间内的气压变化值依次增大。在720s时，实验①产生的气压差只有2.738kPa，实验⑤产生的气压差达到8.758kPa。这表示在镁条和稀盐酸的反应中，随着溶液中氯离子浓度增大，有更多氯离子能够参与反应，更多氢气在单位时间内生成，让密闭体系的气压增大。简而言之，增大氯离子浓度会提高化学反应速率，意味着产生更强烈的氯离子效应。

通过化学反应速率，可以更直观地了解氯离子浓度对氯离子效应的影响。在时间-化学反应速率图（图2-11）中，各实验的曲线有一些共同的变化趋势。

(1) 整体呈现稳定反应趋势。对于序号从小到大的实验，其对应曲线从低到高依次排列，氯离子浓度较大的实验曲线均高于较小的实验曲线。各实验的化学反应速率分别处于不同的数值范围。这再次显示氯离子的浓度正面影响着化学反应速率和氯离子效应。除了部分实验的曲线前段出现特殊变化情况外，可以观察到各曲线均存在着斜率逐渐变大的整体变化趋势。这显示各实验的化学反应速率随着反应进程而不断增大，这符合常规认识的预期。

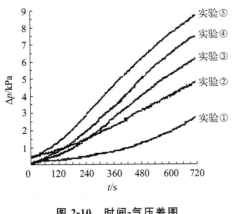

图 2-10 时间-气压差图　　　　图 2-11 时间-化学反应速率图

(2) 曲线前段出现特殊变化情况。在实验①、②、⑤的曲线，均出现曲线先从极大值迅速下降，再逐渐上升的情况。这可能因为在这些实验的第一个反应进程中，打磨极其光滑的镁条迅速沉没在稀盐酸中而在短期内产生大量氢气，而且反应时间尚且较短，化学反应速率可以处于极大值。比较实验②、③曲线，会发现在240s后，实验③的曲线才高于实验②的曲线，即实验③的化学反应速率才大于实验②的化学反应速率。这也可能与镁条与稀盐酸的接触情况有关。但这些特殊变化情况并不影响"氯离子浓度较大的实验比较小的实验有更大的化学反应速率"的整体反应趋势。

2. 实验结论

(1) 盐酸的反应中，氯离子浓度 0.03～0.83mol/L 时，增大氯离子浓度会导致化学反应速率加快。

(2) 氯离子浓度是影响化学反应速率的外部因素之一。

方案三　实验中热量的视觉化呈现——以"氢氧化钠溶于水"和"镁与稀盐酸反应"为例

一、实验仪器及药品

仪器：试管、药匙、镊子

药品：氢氧化钠固体、蒸馏水、镁条、稀盐酸、测温试纸

二、实验操作及现象

1. 实验操作

(1) 取一支试管，在试管外壁靠近底部处贴上测温试纸，向试管中装入氢氧化钠固体，倒入少量蒸馏水，振荡，可以观察到氢氧化钠溶解，同时，测温试纸变为黑色，说明温度已达到50℃，高于室温。证明氢氧化钠溶于水放出热量。

(2) 另取一支试管，在相同位置贴上测温试纸，向试管中加入一根镁条，倒入少量稀盐酸。

2. 实验现象

产生大量气泡，镁条逐渐消失，同时测温试纸变为黑色，说明温度已达到50℃，证明镁条与盐酸反应为放热反应。

三、创新优点

1. 现象明显，利于观察。测温试纸的变色及时且明显，使得实验现象更直观明了，能让课堂上的每一个学生第一时间清晰地观察到实验现象。

2. 装置简单，操作方便。改进后不增加其他装置，只需在试管外壁贴上一片测温试纸即可，试纸撕下后可直接粘贴，操作十分方便。

参考文献

[1] 黄图伦. 镁和稀盐酸反应异常现象的探究 [J]. 化学教学，2016（03）：64-67.
[2] 麦裕华，钱扬义. 应用手持技术实验探究氯离子浓度对氯离子效应的影响——以镁与盐酸的反应为例 [J]. 化学教育（中英文），2020，41（19）：98-102.
[3] 张军，王思捷. 实验中热量的视觉化呈现——以"氢氧化钠溶于水"和"镁与稀盐酸反应"为例 [J]. 中学化学教学参考，2015（22）：71.

实验 4　铁与水蒸气反应

【实验目的】

通过实验探究，了解铁的化学性质，认识铁与水在高温情况下能够发生反应，了解铁的性质在生产、生活中的应用。

【实验原理】

$$3Fe + 4H_2O\ (g) \xrightarrow{\triangle} Fe_3O_4 + 4H_2$$

【教材实验内容】

该实验源于2019年人教版高中教科书《化学必修第一册》第三章"铁金属材料""思考与讨论"栏目。要求学生根据该实验现象讨论分析图2-12所示装置的实验原理，并根据实验现象，分析可能的生成物。

图 2-12　铁粉与水蒸气反应实验装置

【实验教学现状及存在的问题】

该实验属于自主探究类实验，意在引发学生思考与讨论，探究铁的化学性质。由于教材内容未提及实验步骤和操作要领，且实验设计不够完善，学生或教师进行探究实验时很容易失败，出现以下问题：

1. 湿棉花易挥发，水蒸气产量不足，且供水不均匀、不连续，产生的氢气量少，反应现象不明显。
2. 温度较高时，湿棉花里的水流向试管加热处，容易导致试管炸裂，存在安全隐患。
3. 还原铁粉与水蒸气接触不全面，反应不够彻底。
4. 实验装置复杂，不易于学生自主操作。

【实验改进】

方案一 利用香蕉提供水蒸气与铁粉反应

一、实验仪器及药品

仪器：托盘天平、药匙、酒精灯、带铁夹的铁架台、试管、带导管的橡胶塞、自制酒精灯防风罩、自制灯罩座（细铁丝弯曲而成）、火柴、坩埚钳、洗洁精、蒸发皿

药品：还原铁粉（分析纯）、常见水果（西瓜、火龙果、雪梨、荔枝、香蕉等）、NaOH 固体

二、实验装置

实验装置如图 2-13 所示。

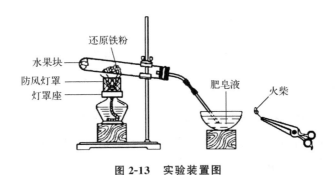

图 2-13 实验装置图

三、实验操作及现象

1. 实验操作

（1）按照图 2-13 组装好装置，并检查其气密性。

（2）用托盘天平称取 2g 香蕉（去皮），装入试管底部，在距香蕉 1~2cm 处加入 2g 还原铁粉，试管口略向下倾斜，用带导管的单孔橡胶塞塞紧试管口，然后将导管的另一端插

入事先准备好的盛有肥皂液的蒸发皿中。

（3）点燃带有防风罩的酒精灯，先对香蕉及铁粉部位预热，然后再对着装有铁粉的位置固定加热。

（4）反应结束后，先移开肥皂液，再撤去酒精灯。

（5）尝试用其他水果作为供水剂，重复上述实验操作。

2. 实验现象

开始加热后大约10s后肥皂液中有气泡产生，随着温度的升高，香蕉中的水开始沸腾，香蕉开始膨胀，肥皂液中气泡越来越多，产生速度越来越快，点燃肥皂泡，剧烈燃烧，火焰高达15cm左右，同时伴有强烈的爆鸣声，说明有氢气产生。

四、实验成功关键

1. 香蕉切忌太碎太小，切成块状，略小于试管口即可。

2. 肥皂液是由洗洁精和水混合而成，浓度不宜太稀，否则产生的氢气不能大量聚集，点燃后现象不明显。

五、创新优点

1. 立足教材，装置简单。该实验利用教材中的简单装置，以香蕉代替传统的湿棉花与铁粉反应。既立足教材，又不失创新。

2. 操作简便，适宜演示。香蕉供水产生氢气的速度既快且稳，整个实验在2~3min内即可完成，完全符合课堂教学的要求。

3. 降低成本，条件温和。由于香蕉供水持续稳定，加热过程中不会产生大量水流，避免了因水蒸气大量冷凝而使试管炸裂的现象。因此用普通的试管代替硬质试管即可顺利完成实验。

4. 现象明显，重现性好。香蕉产气量大且现象明显，且不易炭化，是水蒸气的最佳来源之一。

5. 就地取材，绿色环保。实验材料来源广泛、易得，绿色环保，安全可靠，适合课堂演示及分组实验，具有一定的应用和推广价值。

方案二　超细钢丝棉在铁与水蒸气反应实验中的应用

一、实验仪器及药品

仪器：大试管、小试管、单孔橡胶塞、玻璃弯导管、托盘天平、面巾纸（每份3层，规格133mm×195mm，重约1g）、10mL量筒、酒精灯、铁架台、打火机

药品：超细钢丝棉、粗铜丝（已去膜）、细铜丝（已去膜）、蒸馏水、洗洁精溶液

二、实验装置

实验装置如图2-14所示。

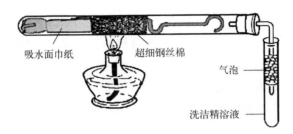

图 2-14 实验装置图

三、实验操作及现象

1. 实验操作

（1）如图 2-15（a）所示，取 1 份市售面巾纸，对折 3 次，形成长约 7cm、宽约 5cm 的长方块；取一根长约 20cm 的粗铜丝，将一端弯成钩状，钩在折好的面巾纸上，并捏紧，使面巾纸难以移动；称取 2g 钢丝棉（厚约 1cm，宽约 6cm，长约 12cm），对折成图 2-15（a）所示形状，将单层部分压在面巾纸和铜丝上，双层部分压在铜丝上，卷成一个如图 2-15（b）所示的圆柱状，用细铜丝在圆柱两端扎好，防止面巾纸和钢丝棉散开。在粗铜丝中部折出一个 U 形弯，抵住钢丝棉防止其移动，并将粗铜丝的另一端折成一个环，最终得到一个钢丝棉与面巾纸组合而成的定量装配装置。

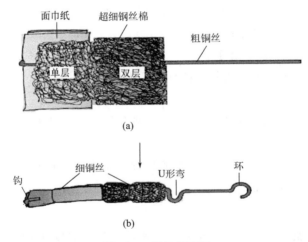

图 2-15 操作示意图

（2）量取 5mL 蒸馏水，倒入一个大试管，将图 2-15（b）中的定量装配装置慢慢插入大试管中，塞上带弯形玻璃导管的单孔橡胶塞，并将大试管固定在铁架台上。

（3）取一个小试管，加入半试管洗洁精溶液，将弯形玻璃导管插入小试管，使试管中的溶液刚好浸没导管口。点燃酒精灯，如图 2-14 所示。

（4）将一个打火机靠近小试管口，每 2s 打火一次，观察实验现象。

（5）实验结束，撤掉小试管，关闭酒精灯。待大试管冷却后，拔下橡胶塞，用镊子捏住铜丝尾端的环轻轻一拉，即可将面巾纸、钢丝棉与大试管分离。

2. 实验现象

点燃酒精灯，加热钢丝棉，可看到导管口立即有大量气泡冒出，片刻后，产生稳定的气流，约每秒冒出 3 个气泡。气泡在小试管上部堆积，直至溢出试口。将一个打火机靠近小试管口，每 2s 打火一次，开始几次不能点燃气泡，随后每次都能点燃气泡。本实验连续点燃气泡 90 次以后，依然有氢气产生。

四、实验成功关键

1. 使用规格相同的面巾纸作为吸水材料，确保定量装配，保证反应装置的稳定性与安全性。

2. 选用小试管盛装洗洁精溶液，可以使气泡逐层堆积在试管中，点燃验证现象使实验更为安全可靠。

五、创新优点

1. 相对于传统课本实验，该改进实验的氢气产量更大，实验现象更明显。
2. 本实验装置可由教师课前准备好，对于学生来说装置相对简单，操作简便安全。
3. 实验原料价廉易得，可重复性强，既能用于教师演示，也便于学生分组实验。
4. 钢丝棉（钢纤维、钢羊毛、铁棉花）是由低碳钢制成 0.125～0.189mm 的细丝组成，超细钢丝棉具有较大的比表面积，能在流动的空气中剧烈燃烧。由钢丝棉极易与流动空气中的氧气反应这一特性可推知，用超细钢丝棉代替铁粉进行铁与水蒸气的反应，能克服铁粉与水蒸气接触不充分的缺点。

方案三　铁与水蒸气反应手持式实验

一、实验仪器及药品

仪器：托盘天平、酒精灯、打火机、试管夹、具支试管、乳胶头、单孔橡塞、（加工的）弯长导管、焰色实验中的铁丝（用作取泡器）、橡胶管、玩具吹泡器（截取前端）

药品：钢丝棉、棉线、蒸馏水、泡泡水

二、实验装置

实验装置如图 2-16 所示。

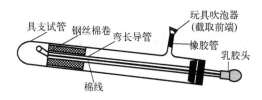

图 2-16　手持式实验装置图

三、实验操作及现象

1. 实验操作

（1）按图 2-16 将仪器组装好，检查装置的气密性。

（2）点燃酒精灯，使用试管夹夹好试管，氢气传感器探头插入具支试管的支管口。预热后，对钢丝棉卷位置集中加热。

（3）取下氢气传感器探头，在玩具吹泡器上蘸上泡泡水，用焰色实验中的铁丝作为取泡器，取下一个氢气泡放在酒精灯火焰上。

（4）熄灭酒精灯，利用试管夹的灵活性，让学生近距离地观察实验现象，积极参与实验活动。

2. 实验现象

点燃酒精灯并对钢丝棉卷加热后，很快数显氢气传感器显示的氢气浓度慢慢升高。蘸上泡泡水后，产生气泡并不断增大。点燃气泡听到清脆的爆鸣声，可验证产生的气体为氢气。

四、实验成功关键

1. 使用长的弯导管作为水蒸气的发生装置。
2. 乳胶管头内储备少量的水。
3. 钢丝棉卷要充分铺满试管内壁。

五、创新优点

1. 本实验借鉴比较碳酸钠与碳酸氢钠稳定性实验中的套管设计，起到一器多用的效果，培养学生的迁移应用能力和创新能力。

2. 长弯导管的使用可以避免试管炸裂，乳胶管头内储备定量的水能确保持续产生水蒸气，同时避免产生过多的氢气，极大地提高了反应的成功率。

3. 实验借用传感器量化显示反应现象，使学生对实验现象的感知更加明确清晰，实现从定性向定量、静态向动态、传统向现代的转变。

4. 本实验装置精巧便捷，可移动性强，便于学生自主操作实验，增强了该实验的灵活性和可操作性。

参考文献

[1] 伍强. 超细钢丝棉在铁与水蒸气反应实验中的应用 [J]. 化学教学, 2019 (09): 69-71.

[2] 王紫华. 利用香蕉提供水蒸气与铁粉反应 [J]. 化学教学, 2019 (04): 75-77.

[3] 李文杰. 铁与水蒸气反应手持式实验装置的设计 [J]. 化学教学, 2020 (07): 77-79.

实验 5 钠与水反应实验

【实验目的】

通过钠与水的反应现象，分析和推测金属钠的性质，加深对钠活泼性的理解，发展从实验现象探究实验本质的能力，发展证据推理的化学学科核心素养。

【实验原理】

钠与水的反应：$2Na + 2H_2O =\!=\!= 2NaOH + H_2\uparrow$

【教材实验内容】

为了观察钠与水反应的实验现象并推测其产物，2019年人教版高中教科书《化学必修第一册》第二章海水中的重要元素——钠和氯探究：钠与水的反应中引入了该实验，如图2-17。该实验的操作与现象如下所示：在烧杯中加入一些水，滴入几滴酚酞溶液，然后把一块绿豆大的钠放入水中。

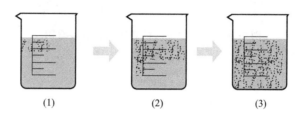

图 2-17　钠与水反应的教材实验示意图

【实验教学现状及存在的问题】

1. 教材提供的实验方法只能呈现钠与水反应时生成气体和碱性物质的推论，但该方法不能证明气态产物的具体成分，对探究活动的科学性造成了影响。

2. 高一新生在实验控制和实验操作上不太熟练，又考虑到实验中由于剧烈反应会有火花飞溅，而产生安全隐患，所以一般的做法是实验教师提前将钠切成很小的块状（绿豆大小），让学生上台领取，这样学生便没有机会体验切割钠的实践过程。

3. 本实验反应速率太快，导致很难观察到理想的现象，如钠熔成光亮的小球过程几乎是在瞬间完成的。

【实验改进】

方案一　钠与水反应装置的趣味化改进

一、实验仪器及药品

仪器：铁架台（带铁夹）、小试管一支（10 mm×100 mm）、小刀、镊子、滤纸、透明中性笔一支（外径略小于10 mm）、玻璃棒、两支注射器

药品：钠、酚酞指示剂、蒸馏水、煤油、肥皂水

二、实验装置

实验装置如图 2-18 所示。

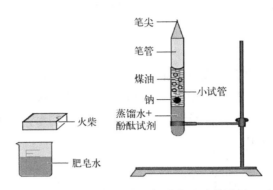

图 2-18　钠与水反应的趣味化实验装置图

三、实验操作及现象

1. 实验操作

（1）用带铁夹的铁架台固定住一支小试管，如图 2-18，先用一支注射器向小试管内加入 3mL 左右的蒸馏水，滴入一滴酚酞指示剂，接着再用另一支注射器向小试管内注入约 2.5mL 煤油。

（2）将中性笔笔芯抽去，笔身部分塞入小试管内，将中性笔尖端涂抹上肥皂水。

（3）用镊子将金属钠从煤油中取出，用滤纸吸干表面的煤油，再用小刀切一块绿豆粒大小的钠。

（4）将钠块从笔管上部投入试管后，迅速将涂有肥皂水的笔尖装在笔管上。钠缓缓地在煤油里下沉，到了煤油与水的接触界面时，钠与水反应产生气泡，气泡在煤油里面逐渐上升，浸有肥皂泡的笔尖产生了气泡。同时，钠在气体的推动下从煤油里逐渐上升，到距离煤油液面约 0.5cm 的位置，又在重力作用下再次下沉，如此循环往复，钠在煤油层中"上下舞动"。钠与水接触，界面处水溶液变红，钠与水每接触一次，可见到溶液变红的区域逐渐扩大。

2. 实验现象

实验现象及其结论见表 2-4。

表 2-4　实验现象及其结论

实验现象	分析及结论
钠浮在水面上	钠的密度比水小
钠熔化成光亮的小球	钠与水反应放热且钠的熔点较低
钠球在水面上快速游动	钠与水反应生成气体推动钠球运动
U 形管右臂液面高度下降	反应中生成的气体难溶于水
溶液（含酚酞）的颜色变红	反应中生成碱性物质
尖嘴处逸出的气体能被火柴引燃	气体产物具有可燃性

四、注意事项

1. 试管中水和煤油的量一定要适中，太少了不易观察到钠在煤油层中"上下舞动"的实验现象，且钠浮到煤油层顶部和空气接触会引发其他副反应。

2. 钠的量不宜过多，一般切绿豆粒大一块即可。太大了反应过于剧烈，存在一定的安全隐患；太小了不易产生足够的氢气气泡，难以验证氢气的产生，同时钠在煤油中上升的高度也会不明显。

3. 将钠投入试管后，应迅速将浸有肥皂泡的笔尖部分套上笔身，避免氢气逸出，导致检验时气泡不够多。

4. 检验氢气时用玻璃棒将气泡拨离笔尖，再用燃烧的火柴靠近气泡，而不能直接在笔尖点燃，防止火星掉入笔管煤油中引起意外燃烧。

五、创新优点

1. 本实验装置非常简便，用中性笔作为实验装置的一部分，拉近了化学与实际生活的距离。其可操作性极强，尤其适用于偏远山区基础设施较落后的学校。

2. 将钠投入试管后，钠与水接触出现在煤油中"上下舞动"的场景，充分激发了学生的思维与想象力，增强实验的趣味性，也加深了对钠、水、煤油三种物质密度相对大小的认识。

3. 钠在与水接触后会迅速上升，这样就不会持续地产生气泡，大大减缓了反应速率，不断在笔尖端处涂抹上肥皂水，气泡间歇性生成，可以重复多次用爆鸣实验验证气泡，也可在笔尖端处用小试管收集气体后再检验。

4. 实验装置组装简便，原理简单，气密性良好，实验成功率很高。不仅适用于教师的演示实验，学生也可以在教师的指导下选择合适的笔管自主进行实验。

5. 实验现象生动有趣。趣味实验不仅可带给学生乐趣，还会引发学生的好奇心，有利于开拓学生的思维，提高学生的实践能力和创新能力。

方案二　钠与水反应实验的新设计

一、实验仪器及药品

仪器：组装好的新装置一套（含管帽）、升降台1台、培养皿1个、小刀1把、打火机1个、小木条1根、吸水性好的抹布1条、滤纸若干、内径5 mm的T形玻璃管1支、镊子1把、细玻璃棒1根、15mm×150mm试管1支、塑料滴管1根、塑料水槽1个

药品：金属钠、酚酞溶液、蒸馏水、肥皂水

二、实验装置

实验装置如图2-19所示。

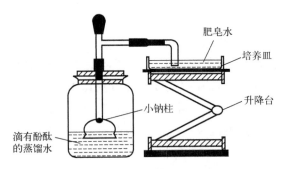

图 2-19 钠与水反应启动前的装置示意图

三、实验操作及现象

1. 实验操作

（1）准备。截短的漏斗以及与漏斗相连的 T 形管内外须干燥，备用。往玻璃瓶中加适量蒸馏水（使水位在漏斗球形部位高度的 1/2 至 2/3 之间）并滴加 3 滴酚酞，往培养皿中倒入培养皿 2/3 高度的肥皂水，放在升降台上备用（见图 2-19）。

（2）取钠。用镊子从试剂瓶中取出一块钠放在滤纸上，擦干其表面煤油。手握 T 形管竖的一端，用 T 形管横的一端钻取一块与管内径一样的小钠柱，把剩余的钠放回试剂瓶。用细玻璃棒从 T 形管横的另一端口伸进去把钠柱轻轻推出，并用小刀截取高度为 5mm 的小钠柱（玻璃棒上有 5mm 长度的标记），多余的钠放回瓶子。用过的滤纸放到有无水乙醇的烧杯中。

（3）固定钠并调好水位。将小钠柱放入漏斗底部，并用试管压紧小钠柱使其固定在漏斗与玻璃管的接口位置，然后将漏斗倒扣在玻璃瓶液面下，并盖紧橡胶塞，调整好升降台，使直角玻璃管口浸没在肥皂水中（如图 2-19 所示）。

（4）启动反应及现象。取下管帽滴加 3 滴水，再将管帽盖在管口（有时需要捏一捏管帽）。

2. 实验现象

可以看到水沿着玻璃管壁流下与小钠柱接触，钠开始熔化随后掉到漏斗溶液中，漏斗中的液面逐渐下降低于瓶中液面，溶液逐渐变红，培养皿中肥皂液不断冒泡。当大部分钠柱反应后脱下管帽，点燃气体，可观察到安静的燃烧现象，漏斗的液面恢复与玻璃瓶的液面一样高，闪亮的钠小球在水面上游动并发出嘶嘶的响声。当钠球只剩三分之一左右时盖好管帽，观察到漏斗中的液面又开始逐渐低于玻璃瓶中的液面，培养皿中肥皂水继续冒气泡。

四、创新优点

1. 对于钠的用量有一个明确的实体衡量辅助物，方便学生操作。

2. 小钠柱的直径刚好比漏斗底部孔径大 1mm，配合试管压紧可以将钠固定住。

3. 在新装置中进行反应钠的颗粒不会飞溅出来，生成的气体和热量可以快速排到肥皂水中，安全性很高。

4. 产生氢气的量足够大，实验现象丰富，用点燃法和爆鸣法共同验证气体，实验过程操作简单，成功率极高。

方案三　钠与水反应趣味性演示探究实验的设计

一、实验仪器及药品

仪器：架台（或大烧杯）、三颈烧瓶、矿泉水瓶、玻璃导管

药品：金属钠、肥皂液、蒸馏水、酸碱指示剂

二、实验装置

实验装置如图 2-20 所示。

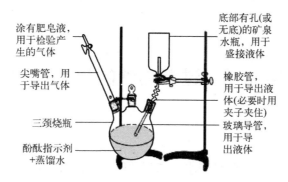

图 2-20　设计的钠与水反应的演示探究实验装置

三、实验操作及现象

1. 实验操作

（1）剪去矿泉水瓶瓶底，瓶盖上扎一个小洞，使导管恰好穿过该小洞，如图 2-20 所示。

（2）组装好实验装置，往三颈烧瓶中加适量蒸馏水，使导管浸没其中，关闭尖嘴管上的活塞，盖上玻璃塞，检查完装置的气密性后，往三颈烧瓶内滴入几滴酚酞指示剂。

（3）取绿豆粒大小的钠块若干进行预处理：擦干钠块表面的煤油，用 502 胶水包裹住钠块并扎一个小孔，将处理后的若干钠块分别投入水中，观察反应速率，选用反应速率适中的钠块待用。接着，在尖嘴管口上涂肥皂液。从三颈烧瓶中间的管口投入预处理好的钠块，盖上玻璃塞，反应开始。

（4）观察到反应容器内的溶液由无色变为红色，导管内的水面慢慢上升，打开尖嘴管上的活塞，观察到有肥皂泡产生，如图 2-20 所示。

2. 实验现象

关闭尖嘴管上的活塞，用玻璃棒轻轻挑起肥皂泡，使之飘向空中，用燃着的木棒点燃该气泡，听到明显的爆鸣声，随着反应进行，反应容器内的压强越来越大，导致容器内的红色碱液从导管一侧压出，观察到"红色喷泉"现象。

四、实验成功关键

1. 三颈烧瓶中的水量要适中。
2. 对钠块进行预处理，夹取钠块时需使用干燥的镊子。

五、创新优点

本实验设计将肥皂泡的生成和"红色喷泉"产生等趣味实验现象作为探究的启发点，逐步引导学生通过对实验现象的观察与探讨，推断出钠与水反应的产物，从而获得钠与水反应的化学方程式。实验过程具有明显的探究性，能够加深学生对钠与水反应实质的认识，有助于培养学生的化学学科核心素养。

参考文献

[1] 巩永锐，李忠恒，周丽梅. 钠与水反应装置的趣味化改进 [J]. 化学教学，2021，410（05）：69-72.
[2] 林秀丽. 钠与水反应实验的新设计 [J]. 化学教学，2022，422（05）：75-77.
[3] 陈晓芹，黄紫洋. 钠与水反应趣味性演示探究实验的设计 [J]. 化学教学，2020，400（07）：69-72.

实验6 过氧化钠的化学性质

【实验目的】

通过实验探究，认识过氧化钠与水、二氧化碳反应的特点，了解钠的过氧化物的化学性质，了解过氧化钠在生产、生活中的用途，形成性质决定用途的化学思维。

【实验原理】

$$2Na_2O_2 + 2CO_2 = 2Na_2CO_3 + O_2$$
$$2Na_2O_2 + 2H_2O = 4NaOH + O_2\uparrow$$

【教材实验内容】

为了验证过氧化钠的化学性质，2019年人教版高中教科书《化学必修第一册》第二章海水中的重要元素——钠和氯实验2-3引入了相关实验，该实验的操作与现象如下所示：将1~2mL水滴入盛有1~2g过氧化钠固体的试管中，立即把带火星的木条伸入试管中，检验生成的气体。用手轻轻触摸试管外壁，有什么感觉？用pH试纸检验溶液的酸碱性。

【实验教学现状及存在的问题】

由于过氧化钠的强氧化性使酚酞指示剂迅速褪色，导致学生较难观察到酚酞变红的现象，无法确定产物氢氧化钠的形成。

【实验改进】

方案一 过氧化钠化学性质教学的创新实验设计

一、实验仪器及药品

仪器：球型干燥管、200mL 烧杯、玻璃导管、橡胶导管、止水夹、气球（或沙滩球）

药品：过氧化钠粉末、玻璃棉、大理石、稀盐酸、圆形蜡烛（直径 1.5cm，高度 2.8cm）、火柴

二、实验装置

实验装置如图 2-21 所示。

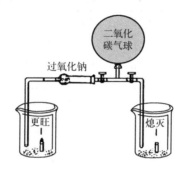

图 2-21 "双烛异象"实验装置图

三、实验操作及现象

1. 实验操作

（1）利用实验室制取二氧化碳的（简易）装置，提前制作一个二氧化碳气球（气体未干燥，环境相对湿度 75%～95%），扎紧出气口备用。

（2）取一支干燥洁净的球型干燥管，用镊子将适量玻璃棉填充入球型干燥管中，以玻璃棉自然蓬松状填满干燥管球型区域 1/2 为宜。

（3）向填有适量玻璃棉的干燥管中装入过氧化钠粉末，以 90% 以上玻璃棉均匀蘸有淡黄色过氧化钠粉末为宜。

（4）根据图 2-21 所示，组装"双烛异象"教学实验装置，此时两处止水夹均夹紧。

2. 实验现象

点燃两根蜡烛，打开未连接球型干燥管一侧的止水夹，挤压气球缓慢通入二氧化碳气体，蜡烛随即熄灭；夹紧该侧止水夹，打开另一止水夹，同样挤压气球缓慢通入二氧化碳气体，可见球型干燥管中的过氧化钠粉末开始剧烈反应，同时该侧蜡烛的火光显著变亮。

四、实验成功的关键

1. 玻璃棉的使用

实验中若将过氧化钠粉末直接填充于干燥管中，会造成填料过实或过疏的情况，前者

会使气流通道堵塞导致实验失败,后者则会造成二氧化碳未及时与过氧化钠粉末反应就通入烧杯使蜡烛意外熄灭的情况发生。使用玻璃棉填充可以很好地避免这些意外情况的发生。玻璃棉是将熔融玻璃纤维化,形成棉状的材料,耐腐蚀且化学性能稳定。由于玻璃棉呈细丝状且较锋利,因此填充过程应使用镊子操作,以免手指划伤。利用玻璃棉填充干燥管球型区域 1/2 后,再将过氧化钠粉末附着于上,玻璃棉本身呈丝团状且较硬,因此可以有效地增大过氧化钠粉末与二氧化碳气体的接触面积,且能够保持适当的气通量使实验顺利进行。

2. 过氧化钠的填充

向填充玻璃棉的球型干燥管(15cm)中装入过氧化钠粉末时,应注意填充的数量及分布位置,这与实验能否成功有密切关系。实验结果见表 2-5。

表 2-5　过氧化钠填充情况与实验结果

实验编号	过氧化钠质量/g	过氧化钠填充分布示意图	实验结果
1	7.1		成功
2	7.2		失败
3	5.8		失败
4	3.6		失败

注:图示中主要呈现过氧化钠粉末的分布情况,玻璃棉并未画出

根据表 2-5 实验结果可知,只有在玻璃棉的分散和定型作用下,使过氧化钠粉末呈现实验编号 1 的分布情况时,实验可以成功。实验编号 2、3 和 4 由于填料不均匀或者填料过少,使干燥管中通出的气体中二氧化碳含量偏高,氧气含量偏低,熄灭蜡烛,导致实验失败。

3. 二氧化碳气球的制作

实验中的二氧化碳气源也可用实验室(简易)制取装置现场制取并通入,但是从实验时间和教学效果等角度综合考虑,使用二氧化碳气球提供气源是更好的选择。在气球的选择上,尝试使用了普通气球(乳胶气球)和沙滩球(PVC 塑胶气球)两种。结果发现,普通气球的优点是充气较易,利用实验室简易二氧化碳制取装置能够很快将其充起,缺点是实验过程中容易漏气,实验操作难度较大;沙滩球由于是用 PVC 塑胶制成,具备一定的硬度和定型能力,且充气口一般有防跑气设计,所以实验操作简便,在教学过程中几乎不会发生实验失败的意外情况,缺点是实验前期准备需要花费相对更长的时间进行充气。

五、创新优点

"双烛异象"实验有效地激发了学生的学习兴趣,引导学生对过氧化钠和二氧化碳反

应的化学性质进行思考，促进了学生对相关知识进行有效建构，是体现建构主义教学思想的良好实验素材。

方案二 过氧化钠与水反应的装置改进

一、实验仪器及药品

仪器：注射器、T形管、橡胶管、试管、导管
药品：过氧化钠、蒸馏水、酚酞溶液

二、实验装置

实验装置如图 2-22 所示。

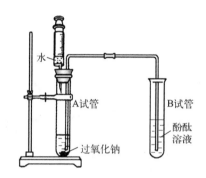

图 2-22 过氧化钠与水反应改进装置图

三、实验操作及现象

1. 将实验装置从左至右组装好后检验装置气密性。
2. 取 0.5g 过氧化钠用纸槽送入试管底部，用橡胶塞塞紧 A 试管口。
3. 用带火星的木条在 B 试管口处检验产物。

四、创新优点

1. 通过注射器向试管中注入少量蒸馏水即可产生足够的压强将产物压至 B 试管中，使产物氢氧化钠得到检验。
2. 装置更为简便，有利于实际教学中使用。

方案三 手持技术探究过氧化钠与水反应产物

一、实验仪器及药品

仪器：电脑、Vernier LabQuest2 数据采集器、pH 传感器、温度传感器、氧气传感

器、烧杯、三颈烧瓶、药匙、小气球、夹子、铁架台

药品：过氧化钠、蒸馏水

二、实验装置

实验装置如图 2-23、图 2-24 所示。

图 2-23　pH 和温度变化的装置

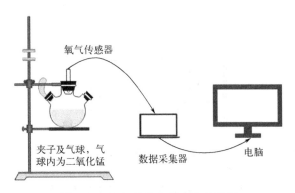

图 2-24　氧气百分含量变化的装置

三、实验操作及现象

1. pH 传感器检测反应中 pH 的变化。将 pH 传感器、数据采集器与电脑相连；将 pH 传感器探头一开始浸没于水中，向装有 20mL 水的烧杯中加一药匙过氧化钠粉末（约 2g），并用 logger Pro 采集数据，通过软件分析并以时间（t）为横轴、pH 为纵轴作图，如图 2-25 所示。

2. 氧气传感器检测反应装置内氧气百分含量的变化，如图 2-26 所示。

3. 将氧气传感器、数据采集器与电脑相连，在三颈烧瓶内加入一药匙过氧化钠粉末（约 3g），用氧气传感器一开始检测三颈烧瓶内氧气的百分含量，往三颈烧瓶中加入 20mL 水，装上氧气传感器检测，当产生氧气的百分含量不再变化时，打开夹子，向小气球内加入少量二氧化锰（约 1g）；用 logger Pro 采集数据，通过软件分析并以时间（t）为横轴、氧气的百分含量为纵轴作图。

四、实验数据分析及结论

1. 实验数据

实验数据绘于图 2-25、图 2-26。

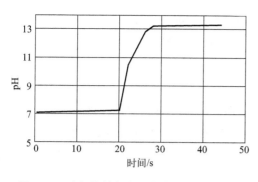
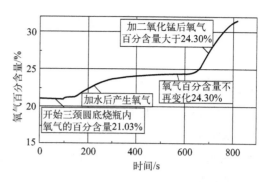

图 2-25　过氧化钠与水反应中 pH 的变化图　　图 2-26　过氧化钠与水反应装置中氧气百分含量的变化

2. 实验分析

pH 变化曲线图如图 2-25 所示。分析数据得出，在 15s 时，pH 为 7.22；在第 40s 时，pH 为 13.23，pH 相差 6.01。随着反应进行完全，pH 不再变化。通过 pH 曲线表明过氧化钠与水反应有碱性物质生成，又由于元素守恒和质量守恒，此碱性物质只能是过氧化钠。图 2-26 表明过氧化钠加入水中有氧气产生。

五、创新优点

1. 手持技术可以"实时监控"反应的全部过程，在学生面前呈现一个动态曲线，形象生动地展示了反应的变化。

2. 手持技术对化学的四重表征更有优势，并且手持技术操作简单，对于实验操作者操作能力不高，可以广泛地在实验课堂中使用。

参考文献

[1] 张德贵. 过氧化钠化学性质教学的创新实验设计 [J]. 化学教学，2014，333（12）：71-72.
[2] 梁慧颖，刘瑞. 过氧化钠与水反应实验再改进 [J]. 中学化学教学参考，2021（06）：76.
[3] 盛俭发，吴宜东. 用手持技术探究过氧化钠与水反应的历程 [J]. 中学化学教学参考，2016（23）：55-56.

实验 7　碳酸钠与盐酸反应

【实验目的】

通过实验认识碳酸钠可以与盐酸发生反应，理解碳酸钠与酸分布反应的特点，掌握探究实验的设计方法，发展科学探究与创新意识的素养。

【实验原理】

碳酸氢钠与盐酸的反应：

$$NaHCO_3 + HCl == CO_2\uparrow + H_2O + NaCl$$

碳酸钠与盐酸的反应：

$$Na_2CO_3 + HCl = NaHCO_3 + NaCl$$
$$NaHCO_3 + HCl = CO_2\uparrow + H_2O + NaCl$$

【教材实验内容】

　　该实验位于人教版初中教科书《化学九年级下册》第十一单元"盐、化肥"实验11-1，以探究碳酸钠和碳酸氢钠的组成。向盛有0.5g碳酸钠的试管里加入2mL盐酸，迅速用带导管的橡胶塞塞紧试管口，并将导管另一端通入盛有澄清石灰水的试管中（如图2-27所示），观察现象。

　　用碳酸氢钠代替碳酸钠进行上述实验，并分析现象。

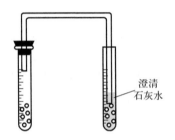

图 2-27　碳酸钠与盐酸反应的装置

【实验教学现状及存在的问题】

　　1. 不能使学生认识到碳酸钠与盐酸反应是分步进行的，不能使学生全面认识碳酸钠、碳酸氢钠与盐酸反应的差异。

　　2. 不能控制反应的发生与停止。

　　3. 没有定量分析，不能确定两步反应中反应物间的量比关系。

　　4. 没有检验产物。

【实验改进】

方案一　基于传感器检测探究盐酸与碳酸钠溶液的反应

一、实验仪器及药品

　　仪器：磁力搅拌器（带铁架台）、大针筒（100mL）、双支口蓝盖螺口瓶（带盖，圆底，约150mL，设计后定制）、双支口直身广口瓶（约250mL，设计后定制）、压力传感器、pH传感器、传感器、橡胶塞、三通阀、硅胶管

　　药品：0.4mol/L Na_2CO_3 溶液、0.4mol/L 盐酸溶液、0.2mol/L $NaHCO_3$ 溶液

二、实验装置

　　实验装置如图2-28、图2-29所示。

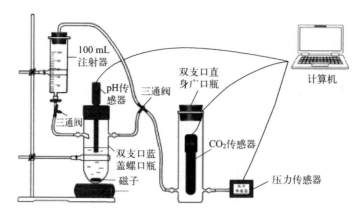

图 2-28 新改进实验装置图

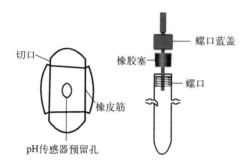

图 2-29 针筒橡胶塞俯视图与螺口蓝盖加固装置

三、实验操作

1. 分别配制 250mL 0.4mol/L Na_2CO_3 溶液和 250mL 0.4mol/L 盐酸溶液。

2. 按照图 2-28 组装实验装置,其中针筒橡胶塞与螺口蓝盖加固装置如图 2-29 所示。检查装置气密性:调节连通器,下压针筒活塞,维持活塞位置不动,压强先变大后稳定不变,则说明气密性良好。

3. 向反应器中加入 20mL 0.4mol/L Na_2CO_3 溶液和磁子,针筒中加入 50mL 0.4mol/L 盐酸溶液,打开连通器阀门。

4. 调整磁力搅拌器转速,打开针筒阀门,向 Na_2CO_3 溶液中滴加盐酸同时开始采集数据,观察数据变化。

5. 当各数据不再变化,停止滴加盐酸,停止采集数据。整理并分析数据。实验结束后,整理实验药品与仪器。

四、实验数据分析及结论

1. 实验数据分析

(1) 起始条件下,压力为 101.3kPa,CO_2 浓度为 589μL/L,pH 为 11.68,均在合理范围以内。随着盐酸的逐滴滴入[如图 2-30(a)所示],溶液 pH 缓慢降低,压强和 CO_2 浓度均不变,也没有看见有气泡产生,说明此阶段没有 CO_2 生成,发生的反应是:

$$CO_3^{2-} + H^+ \rightleftharpoons HCO_3^-$$

随着反应的进行，pH 急速下降，达到第一阶段滴定终点，此时 CO_3^{2-}-HCO_3^- 缓冲对消失，消耗盐酸约 20mL，全部生成 HCO_3^-，HCO_3^- 浓度大概为 0.2mol/L；接下来 pH 缓慢降低，压强和 CO_2 浓度也随之上升，溶液中出现了大量的气泡，此阶段发生的反应是：

$$HCO_3^- + H^+ \rightleftharpoons CO_2\uparrow + H_2O$$

对于学生来讲，压强和 CO_2 的数据可以让他们直观地感受到盐酸和碳酸钠反应是分步进行的，且从图 2-30（a）中可定量地看出，第一步和第二步反应所用的时间是相等的。由于滴加盐酸的速率是恒定的，故可以得出两步消耗的盐酸体积也是基本相同的。

（2）为了进一步证明盐酸与碳酸钠反应是分步进行的，选择用 0.4mol/L 盐酸滴定 40mL 0.2mol/L $NaHCO_3$ 溶液进行对照实验［如图 2-30（b）］，将两者曲线叠加对比（如图 2-31），滴入盐酸后 $NaHCO_3$ 体系压强立即上升，而 Na_2CO_3 体系压强反应一段时间后才有起势；且 $NaHCO_3$ 体系的三条曲线与 Na_2CO_3 体系的曲线后半部分匹配性较好［如图 2-31（b）］，直观地验证了碳酸钠与盐酸反应的第二步原理。

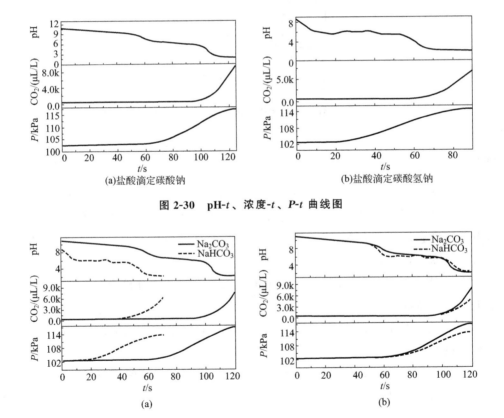

(a) 盐酸滴定碳酸钠　　　　(b) 盐酸滴定碳酸氢钠

图 2-30　pH-t、浓度-t、P-t 曲线图

图 2-31　盐酸分别与碳酸钠、碳酸氢钠反应滴定曲线对比

2. 实验结论

（1）从体系的压强、pH、CO_2 浓度多个视角分析盐酸与碳酸钠的反应过程。整个反应过程通过传感器可实时捕捉细微的变化。

（2）实验结果主要以数据和图表的形式呈现，各组数据相互匹配，相互印证，可以从定性和定量两个角度对盐酸与碳酸钠溶液的反应进行详细分析，说明实验结果是具有说服力的。

五、创新优点

1. 使用方便，操作简单，密封性好，抗压能力强，而且还可迁移至对SO_2、Cl_2、NO_2等气体的物理化学性质进行分析与探究。

2. 采用定性、定量的探究方式，运用手持技术可以全程观测数据变化，数据和图像可以直观地呈现实验变化，使实验结果更有说服力。

方案二　碳酸钠溶液与盐酸反应原理探究的装置改进

一、实验仪器及药品

仪器：磁力搅拌器（带铁架台）、橡胶塞（3个）、小刀、橡皮筋、硅胶管若干、蒸馏水、医用三通阀、定制双支口蓝盖螺口瓶、定制双支口直身广口瓶

药品：0.4mol/L碳酸钠溶液、0.4mol/L稀盐酸

定制双支口蓝盖螺口瓶和定制双支口直身广口瓶如图2-32和图2-33所示。

作为反应容器的双支口蓝盖螺口瓶（设计后定制）是一种圆底、螺口带盖、两个支口的小型玻璃仪器，容积约150mL。两个支管功能不同，其中一个向瓶内延伸1cm，目的在于模拟微型滴定过程，将反应容器与滴加装置融为一体，另一个支口则用于导气。螺口高度约3cm，蓝盖可以直接旋紧，也可以用于固定内置橡胶塞，具备较好的密封性和抗压性。

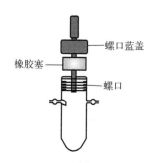

图2-32　双支口蓝盖螺口瓶示意图

图2-33　双支口直身广口瓶示意图

双支口直身广口瓶（设计后定制）的设计主要解决三个问题：一是提高反应过程中CO_2检测的灵敏度，CO_2密度比空气大，由反应器扩散至检测器位置需要一定的时间，采用下进的方式可以及时检测CO_2；二是为后续重复操作提供便利，在不拔出橡胶塞的情况下，可以通过另一支口及时排出装置内的CO_2；三是支口连接压力传感器将压力测试和CO_2浓度检验巧妙组合。

二、实验装置

实验装置如图 2-34 所示。

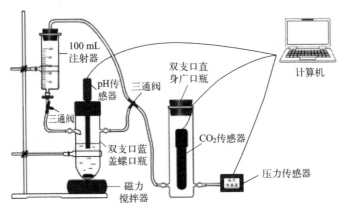

图 2-34　实验装置示意图

三、实验操作及现象

1. 根据装置要求，选择配制 250mL 0.4mol/L 的 Na_2CO_3 溶液和 250mL 0.4mol/L 的稀盐酸；
2. 按图 2-34 所示组装仪器，并检查装置气密性；
3. 向反应仪器中加入磁子和 20mL 0.4mol/L 的 Na_2CO_3 溶液，针筒中加入 50mL 0.4mol/L 的稀盐酸；
4. 打开搅拌器和针筒阀门，向 Na_2CO_3 溶液中滴加盐酸同时开始采集数据，观察数据变化；
5. 当各数据不再变化时，停止滴加盐酸和数据采集并作分析。

四、创新优点

1. 对于操作而言，简便，体现了反应的分步过程。
2. 对于装置而言，保证滴加装置、反应装置、检验装置间相互独立，同时将其整体统一于同一密封体系。
3. 对于结果而言，对现象进行定性分析，对图表数据作定量研究。
4. 对于实验而言，既是化学反应与现象分析的组合实验，又是 pH、压力、CO_2 三者检测的互证实验。从不同的视角感受实验的严谨性与辩证性，启迪学生思维，激发学生兴趣，帮助学生建立网络知识体系，培养学生实验设计与实验操作能力，提高学生的综合素质。

方案三　重构碳酸钠与盐酸分步反应

一、实验仪器及药品

仪器：滴定管架、双通玻璃管、与双通玻璃管匹配的橡胶塞、带针头的软管、10mL

量筒、50mL 小烧杯

药品：1mol/L 碳酸钠溶液、0.5mol/L 碳酸氢钠溶液、1mol/L 稀盐酸、酚酞指示剂

二、实验装置

实验装置如图 2-35 所示。

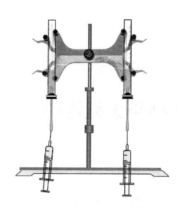

图 2-35　碳酸钠与稀盐酸分布反应装置

三、实验操作及现象

1. 如图 2-35 所示将两支洁净的双通玻璃管固定在滴定管架上，分别加入 5mL 1mol/L Na_2CO_3 溶液（含一滴酚酞）和 5mL 0.5mol/L Na_2CO_3 溶液（含一滴酚酞）。

2. 向两支注射器中分别吸入 10mL 1mol/L 稀盐酸，将注射器连接在双通玻璃管上。

3. 向盛有 5mL 1mol/L Na_2CO_3 溶液（含一滴酚酞）的双通玻璃管中缓慢注入稀盐酸，刚开始几乎不产生气体，红色逐渐变浅，加入稀盐酸 5mL 后开始产生大量气泡，浅红色迅速消失。

4. 向盛有 5mL 0.5mol/L Na_2CO_3 溶液（含一滴酚酞）的双通玻璃管中缓慢注入稀盐酸，刚开始产生大量气泡，浅红色迅速消失，与 1mol/L Na_2CO_3 溶液与 5mL 稀盐酸反应现象几乎一致。

四、实验结论

碳酸钠与碳酸氢钠溶液均显碱性，且碳酸钠的碱性要强于碳酸氢钠。碳酸氢钠加入稀盐酸发生的反应为：$NaHCO_3 + HCl = CO_2\uparrow + H_2O + NaCl$。

碳酸钠溶液中加盐酸，随着盐酸增加，分步发生反应：

$Na_2CO_3 + HCl = NaHCO_3 + NaCl$；$NaHCO_3 + HCl = CO_2\uparrow + H_2O + NaCl$。

五、创新优点

1. 巧妙解决局部过量问题：本实验使用底部加入盐酸的方式方便两种溶液充分接触；针头孔径小，使得推入液体流速高具有自搅拌功能；可通过挤捏软管保证液体流量且流速增强；注射器推入可以控制溶液用量，可以定量探究且所需时间更短，现象更加明显。

2. 借助对比实验，通过碳酸钠与盐酸反应的第二阶段与碳酸氢钠与盐酸反应的现象一致，可以使学生直观感受到碳酸钠与盐酸反应是分步进行的。

参考文献

[1] 张磊，王璇，孙美华. 基于传感器检测探究盐酸与碳酸钠溶液的反应 [J]. 化学教学，2021（06）：74-77.

[2] 张磊，王璇，董金水. 碳酸钠溶液与盐酸反应原理探究的装置改进 [J]. 化学教学，2022（01）：64-68.

[3] 尚荣荣. 利用创新实验重构对碳酸钠与盐酸反应的认识 [J]. 中学化学教学参考，2021（13）：54-55.

实验 8　碳酸钠与碳酸氢钠的热稳定性比较

【实验目的】

通过碳酸钠与碳酸氢钠的热稳定性性质比较的实验现象，了解碳酸钠和碳酸氢钠的热稳定性的差异，掌握实验设计与探究技能，发展科学探究核心素养。

【实验原理】

1. 碳酸氢钠加热分解：$2NaHCO_3 \xrightarrow{\triangle} Na_2CO_3 + H_2O + CO_2 \uparrow$
2. 将二氧化碳通入澄清石灰水中产生白色沉淀，实现对二氧化碳的检验：
$$CO_2 + Ca(OH)_2 == CaCO_3 \downarrow + H_2O$$
3. 向碳酸钠中加入氯化钙溶液产生白色沉淀，此现象可用于检验碳酸钠：
$$Na_2CO_3 + CaCl_2 == CaCO_3 \downarrow + 2NaCl$$
4. 水能使无水硫酸铜变蓝，此原理应用于水的检验：$CuSO_4 + 5H_2O == CuSO_4 \cdot 5H_2O$

【教材实验内容】

"碳酸钠与碳酸氢钠热稳定性比较"实验源自 2019 年人教版高中教科书《化学必修第一册》第二章海水中的重要元素——钠和氯实验 2-5，见图 2-36。该实验是采用一套相同的装置通过同时、分别加热碳酸钠和碳酸氢钠来完成的。

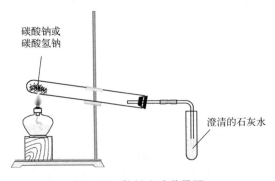

图 2-36　教材实验装置图

【实验教学现状及存在的问题】

1. 操作需要做两个实验，分两处加热，费时耗力，且不能保证两处实验的加热环境完全相同。

2. 只能观察到碳酸氢钠发生了分解，有二氧化碳产生，但是不能观察到产物水及碳酸钠，也不能证明碳酸钠在一定的温度下未发生热分解。

【实验改进】

方案一　碳酸钠、碳酸氢钠热稳定性比较实验的改进

一、实验仪器及药品

仪器：硬质试管、尼龙扎带、单孔橡胶塞、酒精灯

药品：澄清石灰水、碳酸钠固体

二、实验装置

实验装置如图 2-37 所示。

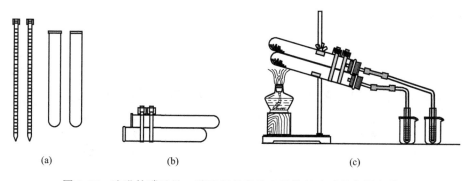

图 2-37　改进的碳酸钠、碳酸氢钠热稳定性比较实验的仪器和装置

三、实验操作及现象

1. 实验操作

（1）取 2 支大小相同的硬质试管和 2 根尼龙扎带，如图 2-37（a）所示。

（2）将两试管管口同方向错位放置，错位距离大致 10cm 左右，然后用自锁式尼龙扎带在离试管口三分之一处将这两试管紧紧捆扎在一起，如图 2-37（b）所示。

（3）分别连接带导管的单孔橡胶塞，并将导管通入澄清石灰水中。用铁夹将两试管固定在铁架台上，调节好高度，往下面的试管底部加入一定量的碳酸钠固体，往上面的试管底部加入一定量的碳酸氢钠固体，如图 2-37（c）所示。

（4）先对盛碳酸钠固体的试管（下面一个）底部预热后再集中加热，利用酒精灯的余热间接加热盛有碳酸氢钠固体的试管（上面一个）底部。

2. 实验现象

加热 1.5 分钟后,从碳酸氢钠固体导出的那份澄清石灰水开始变浑浊,且 2 min 后浑浊程度明显增强,而从碳酸钠固体导出的那份澄清石灰水始终无明显变化。

四、创新优点

1. 实验仪器取材简单,都是实验室里的常规仪器,尼龙扎带也是学校电工房或总务处等部门常年必备物资,无需特意提前准备。

2. 实验操作简便,只需加热一次且实验时间短,加热时 2 支试管底部产生的温差较大,对比性和实用性强,成功率高,很适合在课堂上演示或学生分组实验,易于推广。

方案二 碳酸钠与碳酸氢钠热稳定性实验装置(直型管)改进

一、实验仪器与药品

仪器:烧杯、导管、硬质玻璃管、酒精灯、橡胶塞

药品:碳酸钠粉末、碳酸氢钠粉末、澄清石灰水、饱和氯化钙溶液、无水硫酸铜粉末

二、实验装置

实验装置如图 2-38 所示。

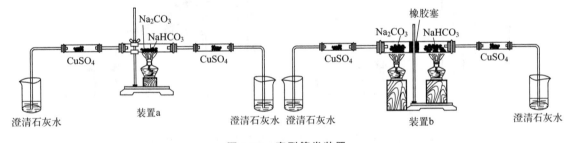

图 2-38 直型管类装置

三、实验操作及现象

1. 实验操作

(1) 向 20cm 长的玻璃管的中间位置塞入橡胶塞(如装置图 2-38b 所示)。

(2) 向导管两侧的中间位置分别加入一定量的碳酸钠和碳酸氢钠粉末,连接固定好装置。

(3) 加热直形管两侧的碳酸钠和碳酸氢钠(酒精灯位置如装置图 2-38a 所示)。

(4) 移出导管,停止加热。分别取出两侧的产物,加入蒸馏水溶解,往饱和溶液中加入饱和氯化钙溶液。

2. 实验现象

如表 2-6 所示。

表 2-6 直形管类装置的实验现象

直形管类装置	实验现象						
	碳酸钠热分解			橡胶塞	碳酸氢钠热分解		
	无水硫酸铜	澄清石灰水	氯化钙溶液		无水硫酸铜	澄清石灰水	氯化钙溶液
装置 a	不变色	产生少量气泡，澄清石灰水不浑浊	变浑浊	—	变蓝色	产生大量气泡，澄清石灰水变浑浊	变浑浊
装置 b	不变色	产生少量气泡，澄清石灰水不浑浊	变浑浊	未损坏	变蓝色	产生大量气泡，澄清石灰水变浑浊	变浑浊

四、创新优点

1. 实验现象明显，能高效地对比碳酸钠和碳酸氢钠的热稳定性。实验对所有的产物都进行了验证，能使学生更加直观地理解碳酸氢钠的热分解产物，增强学生对科学研究的严谨性。

2. 物质受热更加均匀，耗时更短，提高了实验完成的效率。

3. 巧用了橡胶塞、脱脂棉花使得实验装置不仅更加简单，不需要定制，便于推广。

方案三 碳酸钠和碳酸氢钠热稳定性实验装置（V形管）改进

一、实验仪器及药品

仪器：长柄 V 形玻璃管

药品：碳酸钠固体、碳酸氢钠固体

二、实验装置

新设计的实验装置见图 2-39、图 2-40。

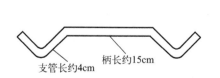

图 2-39 柄在中部的长柄 V 形玻璃管

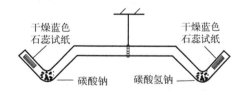

图 2-40 水平悬挂起来的长柄 V 形玻璃管

三、实验操作及现象

1. 截取 1 根外径约 10mm、长短合适的硬质玻璃管，在酒精喷灯上将其两端分别熔化后，再分别弯曲成相同的 V 形，并使中部柄长约 15cm、每个支管长约 4cm（见图 2-39）。至此，柄在中部的长柄 V 形玻璃管制作完成。

2. 在玻璃管的 2 个 V 形管内，先分别加入等质量（1.5g 左右）的碳酸钠、碳酸氢钠固体，再分别塞入 1 张揉皱的干燥蓝色石蕊试纸；然后在长柄的中心位置系 1 根粗细合适的棉线，并将长柄 V 形玻璃管小心悬挂起来；通过调节系线的位置，确保玻璃管的长柄处于水平状态（形成一个简单天平，见图 2-40）。

3. 点燃酒精灯，先充分加热盛有碳酸钠的 V 形玻璃管（加热时间 60s 左右），此时玻璃管会有轻微的晃动（热气流造成的），但玻璃管的长柄仍处于水平状态，而且干燥的蓝色石蕊试纸也不变色；该实验现象充分说明，碳酸钠受热后质量不变，即碳酸钠受热不易分解。

4. 接下来，加热盛有碳酸氢钠的 V 形玻璃管，很快（不到 50s）可以看到，盛有碳酸氢钠的 V 形玻璃管明显上升，而且干燥的蓝色石蕊试纸部分变成浅红色。该实验现象充分说明，碳酸氢钠受热后质量明显减少，即碳酸氢钠受热易分解，并且分解的产物有二氧化碳和水。

5. 实验结束，整理仪器和实验用品。

四、创新优点

1. 利用固体热解后质量减轻的特点设计该实验，思路新颖、视角独特，有利于培养学生的发散思维。

2. 实验用品单一，实验操作简单，实验现象直观有趣，实现了"小仪器、大现象"的实验效果。

参考文献

[1] 黄金泉，杨晓东. 再议碳酸钠、碳酸氢钠热稳定性比较实验的改进 [J]. 化学教学，2021（01）：77-79.

[2] 谭会敏，旦增，李伟，倪海凤，孟德安. 碳酸氢钠和碳酸钠热稳定性对比实验装置的改进 [J]. 化学教与学，2022（06）：70-73.

[3] 陈立铭，李德前. 利用长柄 V 型玻璃管比较碳酸钠和碳酸氢钠的热稳定性 [J]. 化学教育，2014，35（21）：56-57.

实验 9 氢氧化亚铁的制备

【实验目的】

通过实验掌握制备 $Fe(OH)_2$ 的操作方法，并观察 $Fe(OH)_2$ 在空气中转化为氢氧化铁 $Fe(OH)_3$ 相应的变色现象，认识其易被氧化的化学性质，并能够设计防止被氧化的方案。

【实验原理】

$$Fe^{2+} + 2OH^- = Fe(OH)_2 \downarrow$$

【教材实验内容】

"氢氧化亚铁的制备"是人教版高中教科书《化学必修第一册》第三章实验 3-1。该实验的表述为：往试管中加入少量的 $FeSO_4$ 溶液，然后滴入 NaOH 溶液。观察并描述发生的现象（见图 2-41）。

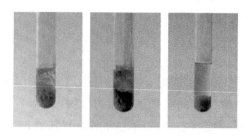

图 2-41 $Fe(OH)_2$ 反应现象图（见彩图）

【实验教学现状及存在的问题】

按照教材的实验方法，制得的 $Fe(OH)_2$ 瞬间被氧化，往往难以观察到白色沉淀，使学生误认为 $Fe(OH)_2$ 的颜色是灰绿色，更无法观察到 $Fe(OH)_2$ 白色沉淀变成灰绿色的实验现象，不仅影响教学目标的有效达成，而且还影响学生的学习体验。

【实验改进】

方案一　氢氧化亚铁制备实验的改进

一、实验仪器及药品

仪器：注射器、西林瓶、空气过滤器气阀、一次性输液器、鲁尔阀

药品：0.5 mol/L $FeSO_4$ 溶液、0.5 mol/L Na_2SO_3 溶液、10％氨水

二、实验装置

实验装置如图 2-42 所示。

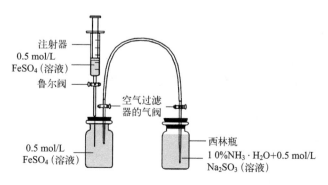

图 2-42　制备实验微型装置

三、实验操作及现象

1. 如图 2-42 所示组装 Fe(OH)$_2$ 制备实验微型装置。左瓶装满 0.5mol/L FeSO$_4$ 的溶液，注射器中装入 2mL 浓度为 0.5mol/L FeSO$_4$ 的溶液，右瓶装入体积比为 2∶1 的 10% 氨水和 0.5mol/L Na$_2$SO$_3$ 混合溶液。为便于加入溶液，在右瓶上方预留约 1mL 的空间。

2. 打开右瓶上方空气过滤器的气阀。

3. 依次打开鲁尔阀，推动注射器，将注射器中的 FeSO$_4$ 溶液加入左瓶的溶液中，促使左瓶中的 FeSO$_4$ 溶液流入右瓶。

4. 当右瓶中明显有白色沉淀生成时，停止加液，依次关闭鲁尔阀、关闭右瓶上方的空气过滤器的气阀、打开左瓶上方的空气过滤器的气阀。

由于在注入试剂的过程中已将右瓶内的绝大多数空气赶出，右瓶仅残余约 1mL 的空气，随着 FeSO$_4$ 溶液的加入，右瓶中残留的少量空气也被排出装置。装置内的压强略高，外部空气中的氧气也不易进入实验装置内部，从而保证反应生成的 Fe(OH)$_2$ 白色沉淀能够较长时间稳定存在。

四、实验成功的关键

1. 搭建实验微型装置，并保证装置气密性良好。

2. 利用空气过滤器的气阀平衡压强，便于 FeSO$_4$ 溶液能够进入右瓶，后续操作中防止右瓶溶液倒吸入左瓶。

3. 注意 10% 氨水和 0.5mol/L Na$_2$SO$_3$ 混合溶液的比例。

五、创新优点

1. 实验材料便宜易得，设计开发了 Fe(OH)$_2$ 制备实验的微型装置。

2. 将一次性输液器的空气过滤器用于平衡装置内外的压强，便捷地解决了将 FeSO$_4$ 溶液加入沉淀剂溶液中进行反应的操作和防止氧气二次导入的难题。

3. 改进实验的化学反应速率快，现象明显，试剂用量少，操作简便，所制备的 Fe(OH)$_2$ 白色沉淀可以较长时间稳定存在，实验成功率高。

方案二 氢氧化亚铁制备实验中减缓氧化的一种简便方法

一、实验仪器及药品

仪器：磨口玻璃塞、试管、胶头滴管、试剂瓶

药品：FeSO$_4$（分析纯）、蒸馏水（或自来水）、NaCl（分析纯）、砂纸、细铁丝、稀硫酸、NaOH（分析纯）

二、实验操作及现象

1. 反应原料的准备

（1）称取适量分析纯 NaCl，用蒸馏水或自来水配制约 20% 的 NaCl 溶液，静置待用；

称取适量分析纯$FeSO_4$，用上述20%的NaCl溶液配制约1.5mol/L的$FeSO_4$溶液，静置待用。

（2）若实验中用的是自来水，则需将已经用砂纸除去表面氧化物的细铁丝浸入溶液中下部，勿露出液面，加几滴稀硫酸，轻轻塞上磨口玻璃塞，放置过夜待用。

（3）称取适量分析纯NaOH，用上述20%的NaCl溶液配制约4mol/L的NaOH溶液；以上过程可以观察到溶液中有许多细小气泡产生，说明溶解氧在减少。

2. 氢氧化亚铁的制备

（1）在洁净试管中加入$FeSO_4$溶液，然后加入1层NaOH溶液，立即产生沉淀。若在上层再小心加入几滴$FeSO_4$溶液，勿振动，生成的沉淀浮于液面处，并形成1层凝固层，使得底部白色沉淀可以在较长时间内稳定存在，而表面覆盖层逐渐变色，其下部为灰绿色，上部呈现红褐色。

（2）采用分层滴加操作，在上述过程之后，继续加入1层NaOH溶液，最后在上面再加入$FeSO_4$溶液。在几分钟之后，由下至上依次可以观察到白色沉淀、灰绿色沉淀和红褐色沉淀。

三、实验成功关键

1. 采用浓盐溶液代替纯水进行实验，控制氢氧化亚铁氧化速度。
2. 利用液面处致密凝结的固体盖住液体，阻碍空气进入。

四、创新优点

1. 可以分段呈现出$Fe(OH)_2$白色沉淀及其由白变灰、变绿、变红褐色的过程，实验现象更客观、更清晰、更全面。
2. 无需特殊装置和繁复的预处理，操作简便。

方案三 氢氧化亚铁制备实验的改进与创新

一、实验原理

$NaHCO_3$与$FeSO_4$的双水解反应产生白色沉淀和气体，产生的气体连续冒出可以排出溶液中的氧气，也可以避免空气中的氧气进入反应体系，将白色沉淀氧化成灰绿色。

二、实验仪器及药品

仪器：白色透明橡胶管、50mL注射器、酒精灯、烧杯、三脚架、石棉网、火柴
药品：1.5mol/L $NaHCO_3$溶液、1.5mol/L $FeSO_4$溶液（含还原铁）

三、实验装置

实验装置如图2-43所示。

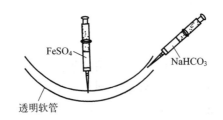

图 2-43 Fe(OH)$_2$ 制备实验装置示意图

四、实验操作及现象

1. 除去溶解氧：点燃酒精灯，将 1.5mol/L NaHCO$_3$ 溶液加热至 80℃左右，以除去溶液中的溶解氧。

2. 搭建装置：如图 2-43 所示，将长 15cm 白色透明橡胶管卡在 150mL 烧杯口，呈 "V" 形。两支注射器分别取 2mL 1.5mol/L 热 NaHCO$_3$ 溶液和 2mL 1.5mol/L FeSO$_4$ 溶液。

3. 加料：将 2mL 1.5mol/L NaHCO$_3$ 溶液从管口注射入橡胶管中，另一支注射器在橡胶管中部刺入，将 2mL FeSO$_4$ 溶液注射入 NaHCO$_3$ 溶液中，使其发生反应。可以观察到，从中部开始逐渐产生白色沉淀，且维持时间较长，2min 左右橡胶管两端的沉淀开始转变为灰绿色。

五、实验成功关键

1. FeSO$_4$ 溶液中加入少量还原铁粉，防止实验过程中被氧化，避免溶液中产生 Fe^{3+}。

2. NaHCO$_3$ 溶液加热时要注意温度，尽可能将溶解氧除去，但是要避免沸腾再次溶入氧气。

3. 注射溶液时注意速度，避免从另一管口溢出。

六、创新优点

1. 使用双水解的原理，将反应维持在动态平衡中，反应生成的二氧化碳将氧气排出软管，延长了白色沉淀的稳定时间，便于学生观察与记录现象。

2. 加热 NaHCO$_3$ 溶液除去溶解氧，直接将 FeSO$_4$ 溶液注入 NaHCO$_3$ 溶液中部，省去了液封这一步骤，简化了实验。

3. 设计成微型化实验，既增强趣味性，又减少实验试剂的用量，使实验更加环保。

参考文献

[1] 张宏艳. 基于 X 射线衍射分析方法改进氢氧化亚铁制备实验 [J]. 化学教学，2021（05）：77-81.

[2] 陈杨展，吴双，蔡双莲. 氢氧化亚铁制备实验中减缓氧化的一种简便方法 [J]. 化学教育，2017，38（11）：61-63.

[3] 陈彩凤，陈迪妹，胡加烽，沈怡. 氢氧化亚铁制备实验的改进与创新 [J]. 化学教学，2016（09）：46-48.

实验 10 硫酸亚铁铵的制备

【实验目的】

1. 掌握实验制备硫酸亚铁铵的原理,明确本实验的基本流程、操作方法与注意事项。
2. 通过实验掌握物质制备类实验的设计与操作方法,增强数据处理与分析能力。

【实验原理】

铁屑易溶于稀硫酸生成硫酸亚铁。硫酸亚铁与等物质的量的硫酸铵在水中相互作用,即生成溶解度较小的浅绿色硫酸亚铁铵复盐晶体。一般亚铁盐在空气中易被氧化,但形成复盐后比较稳定。相关化学反应如下所示:

$$Fe + H_2SO_4 = FeSO_4 + H_2\uparrow$$

$$FeSO_4 + (NH_4)_2SO_4 + 6H_2O = (NH_4)_2SO_4 \cdot FeSO_4 \cdot 6H_2O\downarrow \text{(浅绿色晶体)}$$

【教材实验内容】

硫酸亚铁铵的制备是(2004年)苏教版高中教科书选修6《实验化学》专题七课题1中的内容,同时也是大学化学实验中一个经典的综合性实验。该制备实验涉及三个步骤的内容:铁屑的净化、硫酸亚铁的制备、硫酸亚铁铵的制备。该课题的设计意在使学生熟悉制备实验的基本流程和操作方法,体验物质制备合成的过程。

【实验教学现状及存在的问题】

1. 反应温度难以控制,反应进度难以掌握。
2. 加热过程中易导致Fe^{2+}被氧化成Fe^{3+},造成产品质量、等级下降。
3. 在敞口容器中进行反应,废铁屑含有的碳、硫、磷等杂质,与稀硫酸反应时放出少量H_2S、PH_3等有害刺鼻气体,严重影响身心健康。

【实验改进】

方案一 采用反溶剂结晶法改进实验

一、实验仪器及药品

仪器:电子天平、电炉、电吹风、锥形瓶(200mL)、橡胶塞、玻璃管、玻璃漏斗、烧杯、量筒(20mL)、石棉网。

试剂:废铁屑、氢氧化钠(分析纯)、3mol/L硫酸(分析纯)、硫酸铵(分析纯)、乙醇(分析纯)、蒸馏水。

二、实验装置

实验装置如图 2-44 所示。

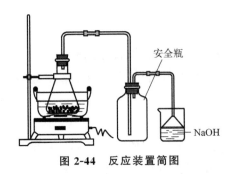

图 2-44　反应装置简图

三、实验操作及现象

1. 称取 3g 废铁屑,使用 10% 的氢氧化钠溶液在加热 10min 条件下对废铁屑进行前处理,然后用蒸馏水反复清洗铁屑表面油污,置于 200mL 锥形瓶中,加入 20mL 浓度为 3mol/L 的硫酸,用带玻璃管的橡胶塞封闭锥形瓶,支口另一端连上橡胶塞放入饱和氢氧化钠溶液中,以吸收铁屑与硫酸反应产生的废气。

2. 将锥形瓶放入装有 90℃ 热水的 500mL 烧杯中水浴加热,反应 1h 后,快速趁热过滤于烧杯中(若杯壁有晶体析出,用装有蒸馏水的洗气瓶冲洗杯壁晶体,注意少量蒸馏水即可),称量滤渣,计算所需硫酸铵的质量。

3. 称量后加入硫酸亚铁溶液中,将烧杯放于石棉网上加热,直至硫酸铵全部溶解,取下烧杯,趁热加入乙醇,烧杯内液体表面会立即产生晶体膜,然后聚沉,其中由于硫酸亚铁铵溶液呈浅蓝色,生成的晶体颜色较溶液来说颜色浅,后期较大的晶体沉于烧杯底部,溶液表面有细小晶体,中间的溶液会呈现浅蓝色环状带,析出溶液反复滴加乙醇,直至浅蓝色带很少或者是消失,停止加入乙醇,过滤得到晶体后,用电吹风低温吹干称重,计算产率。

四、创新优点

1. 使用废铁屑为实验原料,实现了废物的利用,节约了现有资源。

2. 整个反应装置是密闭的,采用了饱和氢氧化钠溶液来吸收反应过程中产生的废气,保证了整个制备过程不会污染空气,体现了绿色化学的概念。

3. 采用反溶剂结晶法,以乙醇为反溶剂,将其加入反应完的溶液中,极大程度上避免了 Fe^{2+} 的氧化,减少了产品的损耗,同时提升产品纯度。

方案二　实验教学方法的改进

一、实验仪器及药品

仪器:数显程控恒温水槽、电子天平、电炉、电吹风、锥形瓶、橡胶塞、玻璃管、玻

璃漏斗、烧杯、量筒、石棉网

药品：还原铁粉、3mol/L 硫酸、硫酸铵、95% 乙醇、去离子水

二、实验操作及现象

1. 在数显程控恒温水槽加热条件下，以还原铁粉为原材料和 3mol/L 硫酸进行反应，实验中控制反应不要过于激烈，同时注意补充蒸发掉的少量的水，以防止 $FeSO_4$ 结晶，待反应速率明显减慢，用漏斗趁热过滤。如果滤纸上有 $FeSO_4 \cdot 7H_2O$ 晶体析出，用热的去离子水将晶体溶解洗涤，洗涤液合并至反应液中。

2. 过滤完后将滤液转移至干净的蒸发皿中，加入一定量的 $(NH_4)_2SO_4$ 固体，搅拌使其完全溶解，然后在水浴中加热蒸发至溶液表面出现晶膜为止。

3. 从恒温水槽中取出蒸发皿，静置，使其自然冷却至室温，得到浅蓝绿色的 $(NH_4)_2SO_4 \cdot FeSO_4 \cdot 6H_2O$ 晶体。用减压过滤的方法进行分离，再用少量 95% 的乙醇淋洗，以除去晶体表面所附着的水分。用滤纸吸干后称重，计算理论产量及产率。

4. 回收处理制备的硫酸亚铁铵和还原铁粉。

三、创新优点

1. 采用还原铁粉代替铁屑。与硫酸反应均匀，平稳，更易于控制。在同等条件下，第一步反应的速率有所加快，且反应的后续处理方便简洁。

2. 使用数显程控恒温水槽，避免了实验室明火，提高了实验的安全性，并且温控及实验效果明显改善。

3. 实验大幅提高了产率和反应物的利用率，并且恰当处理反应药品，引导学生树立绿色化学的理念。

方案三　硫酸亚铁铵教学实验的改进（带尾气吸收装置）

一、实验仪器及药品

仪器：台秤、锥形瓶、250mL 烧杯、带导管的橡胶塞、注射器、玻璃漏斗

药品：铁屑废料、1mol/L Na_2CO_3 溶液、3mol/L 硫酸溶液、硫酸铵固体、蒸馏水

二、实验装置

实验装置如图 2-45 所示。

三、实验操作及现象

1. 用台秤称取 2.0g 铁屑于 150mL 锥形瓶中，加入 1mol/L Na_2CO_3 溶液 20mL，水浴加热 10min，并不断振荡，促进碱液对油污的溶解。倾倒 Na_2CO_3 溶液于 250mL 烧杯中，作尾气吸收液备用，用蒸馏水将铁屑冲洗 3~5 次至中性。

2. 向盛有洗净铁屑的锥形瓶中加入 3mol/L 硫酸溶液 15mL，用带有导气管的橡胶塞

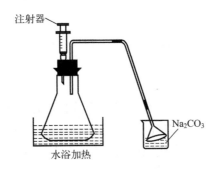

图 2-45　硫酸亚铁铵的制备装置

塞住锥形瓶口，将生成的有害气体导入盛有除油污后的 Na_2CO_3 溶液中，注射器事先吸入 2mL 蒸馏水，插入橡胶塞中。在 75℃下，水浴加热至反应不再有气泡产生为止。反应过程中，推动注射器补充损失的少量水分。趁热用普通漏斗过滤，保留滤液，用少量热水洗涤锥形瓶及漏斗上的残渣。

3. 按 $n\ [(NH_4)_2SO_4]：n\ (Fe) = 1：1$ 的比例称取所需 $(NH_4)_2SO_4$ 固体加入上述滤液中，水浴加热使其溶解。然后将溶液转移到蒸发皿中，蒸发浓缩至表面出现晶膜，冷却至室温即有晶体，减压过滤得到浅蓝绿色的晶体。

四、创新优点

1. 增加了尾气吸收装置，解决了常规实验中存在的尾气问题，减少有害气体对环境造成的污染。

2. 实验在相对封闭的体系中进行，有效抑制了硫酸亚铁与空气中的氧气发生反应，提高产品质量。

3. 在不影响实验效果的情况下，减少了实验试剂用量，也可达到预期的实验现象和目的，有害气体排放减少，节约了化学实验成本，缩短了反应时间，有效提高了实验环境的安全性。

参考文献

[1] 夏光强，龚培云. 硫酸亚铁铵制备实验的改进 [J]. 广州化工，2018，46（22）：111-112+142.
[2] 段辉，庄璐，陈云，等. 硫酸亚铁铵制备实验教学方法的改进 [J]. 实验室科学，2019，22（01）：60-62+65.
[3] 杜姣姣，杨国鑫，郑阿群，等. 硫酸亚铁铵教学实验的改进 [J]. 实验室研究与探索，2019，38（04）：197-199+285.

实验 11　铝热反应

【实验目的】

1. 通过实验了解铝热反应的操作过程，深入理解铝的物理与化学性质，进一步掌握氧化还原反应及金属冶炼的方法。

2. 通过实验了解化学在生产生活中的实际应用，培养社会参与意识。

【实验原理】

铝热法是一种利用铝的还原性获得高熔点金属单质的方法。铝与某些金属氧化物（如三氧化二铁、三氧化二铬、二氧化锰等）在高热条件下发生的氧化还原反应。

【教材实验内容】

"铝热反应"实验是（2019 年）苏教版高中教科书《化学必修下册》专题 9 第一单元［观察思考］栏目中一个重要的实验。该实验操作及现象如下所示：

1. 将两张圆形滤纸分别折叠呈漏斗状，在其中一个纸漏斗的底部剪一个小孔，用水润湿，再与另一个纸漏斗套在一起，有孔纸漏斗置于内层（使纸漏斗每边都有 4 层），夹在铁架台的铁圈上，其下方放置盛有细沙的蒸发皿或铁盘，如图 2-46 所示。

2. 将 5g 干燥的氧化铁粉末和 2g 铝粉均匀混合后放入纸漏斗中，在混合物的上面加适量氯酸钾，再在混合物中间插一根镁条。点燃镁条，观察并记录实验现象。

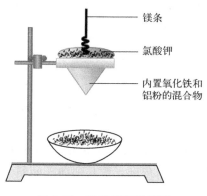

图 2-46　铝热反应装置图

【实验教学现状及存在的问题】

1. 镁条难被点燃，由于铝热反应非常剧烈，实验时甚至很害怕去点燃镁条。
2. 镁条燃烧发出的耀眼强光，会伤害眼睛，并干扰实验现象的观察，火星四射，熔融物飞溅，烧坏实验台甚至灼伤离实验台较近的师生。
3. 实验中生成的浓烟久久不能散去，且浓烟中细小固体颗粒若被人体吸入，影响师生健康。

【实验改进】

方案一　铝热反应实验的微型化设计

一、实验仪器及药品

仪器：蒸发皿、粉笔、易拉罐、木块、塑料盒、（白酒的外包装盒）、湿棉布、镊子、

沙子、纸胶带、火柴、药匙、磁铁

药品：氢氧化钠溶液、无水乙醇、铝粉、镁粉、氧化铁粉末、氯酸钾粉末

二、实验装置

铝热反应实验改进装置见图 2-47。

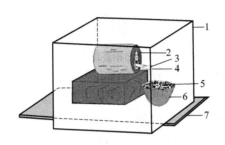

图 2-47　铝热反应实验改进装置

1—透明塑料盒；2—易拉罐；3—铝热剂和氯酸钾；4—带凹槽的粉笔（浸过无水乙醇）；
5—细沙粒；6—蒸发皿；7—湿棉布

三、实验操作及现象

1. 将装有适量沙子的易拉罐放在木块上，用纸胶带将易拉罐粘在木块上，防止易拉罐滚动。

2. 将粉笔抠出凹槽后，采用无水乙醇充分浸泡。将粉笔没有凹槽的一段塞入装有适量沙子的易拉罐开口处，调整粉笔的角度，使其略向下倾斜。在粉笔正下方，即湿棉布上放置盛满沙子的蒸发皿。

3. 在粉笔凹槽内装入铝粉和氧化铁的混合物（氧化铁 0.05g，铝粉 0.02g），然后铺撒一层掺有适量镁粉的氯酸钾粉末置于混合物之上。

4. 点燃粉笔上的酒精，并迅速用事先喷洒了少量氢氧化钠溶液于内壁的塑料盒罩住整个实验环境。

实验进行 30s 时，可观察到剧烈的铝热反应并伴有火花飞溅。反应结束后，提起塑料盒，待蒸发皿冷却后用磁铁接近蒸发皿中的沙子，有少量铁珠被吸引。回收相关实验仪器。

四、实验成功关键

1. 粉笔用无水乙醇充分浸泡，使粉笔充分吸附无水乙醇。

2. 氧化铁的用量是铝粉用量的二倍余，且将二者混合均匀。

五、创新优点

1. 实验装置简单。省去了铁架台，小巧轻便，实验装置绿色环保，可重复利用。

2. 药品用量少，现象明显。大大减少了药品的用量，药品用量变为原来的 1%，有效地节约了药品。

3. 引发反应时无光污染。用氯酸钾和无水乙醇引燃反应，引燃时间短。

4. 反应中的烟雾得到有效控制。白酒的外包装塑料盒壁厚，避免了由于壁薄使得红色的熔融物溅到壁上使其燃烧，减少了污染。

方案二　铝热反应实验的微量化设计

一、实验仪器及药品

仪器：带铁圈和铁夹的铁架台、易拉罐、坩埚钳、玻璃漏斗、湿棉布、托盘天平、磁铁、药匙、棉花、纸片、酒精灯

药品：无水乙醇、铝粉、氧化铁粉末、氯酸钾粉末

二、实验装置

优化后的实验装置如图 2-48 所示。

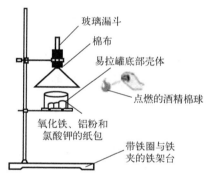

图 2-48　优化后的实验装置

三、实验操作及现象

1. 按照图 2-48 的装置安装好实验仪器。将易拉罐底部壳体放置于铁圈上，在其底部平铺一层棉花，上面放置混合均匀的 0.02g 铝粉、0.08g 氧化铁粉末和 0.4g 氯酸钾粉末的薄纸片包。

2. 铁夹上夹一个倒扣的用棉布垫着的玻璃漏斗，使玻璃漏斗下端与易拉罐间距 2～2.3cm（以实验者放引燃剂方便为准）。

3. 先点燃酒精灯，用坩埚钳夹起一块无水乙醇完全浸润的小棉花团，在酒精灯上点燃，迅速放入易拉罐中纸包的上方，引燃反应物。

4. 10s 左右，观察实验现象。实验过程 27s 左右。待易拉罐冷却后，夹出易拉罐，用磁铁接近易拉罐内部，观察实验现象。反应剧烈并伴有火花四溅的铝热反应，发现磁铁吸引一些细小的铁珠。

四、实验成功的关键

1. 实验中易拉罐选取高度适中（3cm左右），太高会影响观察，太低影响实验用品的放置。

2. 易拉罐上端与漏斗末端间隔适中，过小会影响棉球放入，过大不能防止火花溅出，存在安全隐患。

3. 铝热剂与氯酸钾一定要混合均匀，用薄纸片紧密包裹，否则影响反应时间和效果。

4. 图2-48装置中可使用较湿润的棉布，防止实验温度过高，点燃棉布。同时，作为引燃的棉花球不宜太大，太大会出现铝热反应完毕后，棉花球未燃烧完全，延长反应时间，并造成空气污染（实际操作中若棉花未燃烧完全，可用坩埚钳取出易拉罐，用湿棉布盖上将其扑灭）。

5. 为了以防万一，建议观察距离至少1m。

五、创新优点

1. 实验选取无水乙醇做引燃剂，避免了镁条引燃的弊端。

2. 确定了助燃剂氯酸钾的最佳量，使实验在合适时间内呈现最佳效果。

3. 避免因滤纸的遮挡以及反应太快而观察不清晰的情况出现。

4. 找到了铝粉与氧化铁粉末最佳比例，在不影响实验安全性和观赏性的前提下，减少了试剂用量，也降低了对教室空气质量的过度影响。

5. 用易拉罐代替滤纸，做到了废物利用，减少环境污染，此外清洗后的易拉罐可以反复使用。

方案三 铝热反应实验装置的再改进

一、实验仪器及药品

仪器：圆形滤纸（直径7cm）、胶头滴管、托盘天平、蒸发皿、塑料盒、药匙、小喷雾器（如装防蚊水的塑料瓶）、坩埚钳、剪刀、砂纸、磁铁、试管刷、木板、铁片（平整、长宽略大于白酒盒的口径，保证烟尘不泄漏即可。可用铁质饼干盒的盖子）、细沙子

药品：氧化铁粉末、铝粉、镁条、氯酸钾粉末、高锰酸钾晶体小颗粒、纯甘油、氢氧化钠溶液

二、实验装置

实验装置如图2-49所示。药品在蒸发皿中摆放的实物图如图2-50所示。

三、实验操作及现象

1. 将滤纸三次对折后折成一个一边三层另一边五层的纸漏斗，用水润湿。

2. 将粉末和铝粉按质量比大约5∶2均匀混合后，取0.7g（约大半药匙）放入纸漏斗，用药匙的末端在混合物中挖一个凹槽型小洞，填满氯酸钾粉末。

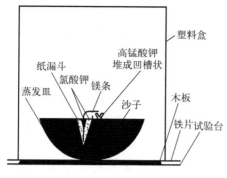
图 2-49　实验装置示意图

图 2-50　药品摆放实物图

3. 将纸漏斗放在蒸发皿的中心，周围用细沙填埋固定至与纸漏斗的上边缘相平齐，注意细沙不要倒进纸漏斗。

4. 在纸漏斗旁边的沙子上，放入 0.7g 高锰酸钾晶体小颗粒，堆成小山状，用钥匙的尖端在其顶部捣一个凹槽型的小洞，为容纳甘油液体做准备。

5. 用砂纸将镁条打磨光亮，剪取约 4cm 长的一段，一端剪成细丝。将未处理的一端插入铝热剂中盛氯酸钾的凹槽中，另一端恰好置于高锰酸钾颗粒堆成的凹槽型小洞的洞口（如图 2-49）。将蒸发皿放到有防护装置的实验台上（减少飞溅的熔融物对实验台的损伤。具体设计如图 2-50，在实验台上放一块木板，再在木板上面放一块铁片）。

6. 用小喷雾器向塑料盒的内壁及顶端喷氢氧化钠水雾，至瓶壁上形成薄薄一层小水珠。

7. 用胶头滴管滴入 4~5 滴甘油至高锰酸钾颗粒堆成的凹槽型小洞中，立刻用 6 中处理过的塑料盒罩住反应装置（如图 2-49），大约 20s 后，观察现象。看到高锰酸钾和甘油的混合体系冒白烟，接着听到"噼啪"的响声，看到甘油燃烧的火焰，随即镁条被点燃剧烈燃烧至纸漏斗中后，瞬时火花飞溅，同时还能看到纸漏斗中红热的铁球形成。6~8min 后烟尘基本沉降，红热的铁球也基本恢复室温。

8. 提起塑料盒，用坩埚钳取出纸漏斗（除与高锰酸钾接触的一端烧损，其他基本完好无损），倒出其中的熔融物，放在磁铁上能被吸引。塑料盒用试管刷刷洗后焕然一新，可多次重复使用。

四、实验成功的关键

1. 用水润湿滤纸可以将反应体系与外界的沙子隔开，即使经过铝热反应的高温后，纸漏斗也几乎没被损坏，避免了细沙中的磁铁矿对铝热反应中生成的铁单质检验的干扰。

2. 用药匙将氯酸钾与表面的铝热剂略微混合。

3. 白酒的外包装盒厚度远大于雪碧瓶，受热不易软化及燃烧，盒子的下口边长比蒸发皿的直径稍大即可，若下口边缘有孔或者下端不平齐，可用宽透明胶带封住。

五、创新优点

1. 操作安全。用高锰酸钾氧化甘油，以甘油自燃的方式引燃镁条，这个过程约需 20s

的时间，操作者有足够的时间将整个装置用塑料盒罩住；用作反应装置的纸漏斗周围用沙子填埋固定，简单安全；师生可以近距离观察实验现象；塑料盒还减弱了燃烧强光对眼睛的伤害。

2. 微型、绿色、低碳、环保。圆滤纸方便易得，药品用量几乎减小到苏教版教材的十分之一，甘油用量仅需 5 滴即可；而引燃甘油产生的气体，一部分与镁条反应，多余的部分被塑料盒壁的 NaOH 溶液吸收，除此之外，塑料盒壁的溶液还有利于烟尘的沉降。

3. 装置简约，材料易得，适宜推广。塑料盒、小喷雾器均为生活中常见的废弃物，易获得、易制作，其余均为实验室常见仪器，无需很多成本。整个装置小巧、轻便、易携带，可多次重复使用，易推广。

参考文献

[1] 李妍，王丹，王秋. 铝热反应实验的微型化设计 [J]. 化学教育，2017，38（05）：68-69.
[2] 张址欣，冉鸣. 铝热反应实验的微量化设计 [J]. 化学教学，2017（10）：64-66.
[3] 王云霞. 铝热反应实验装置的再改进 [J]. 化学教学，2016（02）：58-60.

实验 12 木炭还原氧化铜

【实验目的】

1. 通过实验认识木炭与氧化铜的反应，了解木炭的还原性，学习仪器的连接、药品的取用、加热等实验基本操作。

2. 通过实验进一步学会利用简单的比较方法进行实验探究，培养科学探究与创新意识。

【实验原理】

木炭还原氧化铜：$C + CuO \xrightarrow{\triangle} Cu + CO \uparrow$

【教材实验内容】

木炭还原氧化铜实验是初中化学中的一个重要实验，在 2012 年人教版义务教育教科书《化学九年级上册》第六单元课题 1 的实验 6-2 中，该实验操作如下所示：

1. 把刚烘干的木炭粉末和氧化铜粉末混合均匀，小心地铺放进试管，并将试管固定在铁架台上，试管口装有通入澄清石灰水的导管（如图 2-51 所示）。

2. 用酒精灯（可加网罩以使火焰集中并提高温度，最好使用酒精喷灯）加热混合物几分钟。

3. 先撤出导气管，待试管冷却后再把试管里的粉末倒在纸上，观察现象并分析。

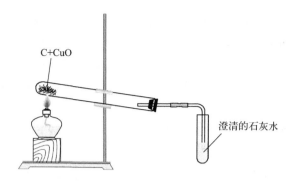

图 2-51 木炭还原氧化铜实验装置

【实验教学现状及存在的问题】

木炭还原氧化铜属于固相反应，两种反应物的质量比、研混程度、反应温度等多种因素都会导致实验现象不明显而影响实验效果，该实验的成功率一直很低，且该实验花费时间长，不适合学生实验。

【实验改进】

方案一 "一氧化碳还原氧化铜" 实验的一体化设计

一、实验仪器及药品

仪器：启普发生器、洗气瓶、导管、橡胶管、酒精灯（带网罩）、试管、试管夹、气球、毛笔

药品：大理石、稀盐酸、甲酸、浓硫酸、木炭粉、氧化铜

二、实验装置

创新实验装置如图 2-52 所示。

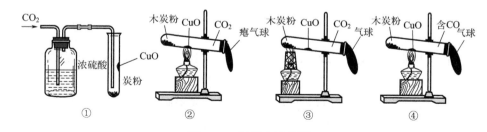

图 2-52 创新实验装置

三、实验操作及现象

1. 将氧化铜加水制成糊状，用毛笔刷在试管内壁，烘干即可附着（可进一步减少氧

化铜用量，并且增大氧化铜与一氧化碳的接触面积，使反应更快、更充分）；然后在试管底部加入 1.0g 炭粉，再向试管里通入干燥的二氧化碳气体（见图 2-53①），集满后立即用气球密封（为提高课堂教学效率，该步骤也可由教师课前统一准备）。

2. 用酒精灯先加热氧化铜部位，无明显现象，证明二氧化碳不能还原氧化铜（见图 2-53②）。

3. 再用加网罩的酒精灯提供高温加热木炭粉，利用高温下木炭和二氧化碳反应生成还原性气体一氧化碳（见图 2-53③）。

4. 加热氧化铜，1min 左右黑色固体变成紫红色（见图 2-53④）。研究表明，当加热温度达到 500℃时，一氧化碳能将氧化铜完全还原为铜单质。

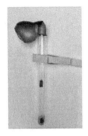
①加热前

②初次加热氧化铜

③加热木炭后

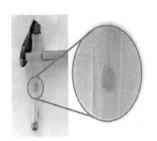
④再次加热氧化铜后

图 2-53　创新实验现象记录（见彩图）

四、创新优点

1. 只需 3min 左右，便可在试管内完成一氧化碳的制备和氧化铜的还原，且实验现象明显。

2. 本实验符合绿色化学的主题，且该实验方案适用于一氧化碳作还原剂的系列实验，提高实验教学质量。

方案二　巧用长柄 V 形石英玻璃管做高温化学实验

一、实验仪器及药品

仪器：石英材质的长柄 V 形玻璃管、酒精喷灯、铁架台、玻璃棒、剪成斜口的饮料吸管、研钵、小试管

药品：木炭、氧化铜、浸有石蕊试液的脱脂棉（或湿润的蓝色石蕊试纸）、稀硫酸

二、实验装置

实验装置如图 2-54 所示。

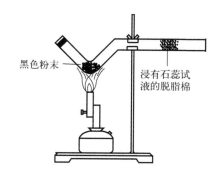

图 2-54 "木炭还原氧化铜"的改进实验装置

三、实验操作及现象

1. 分别取木炭与氧化铜适量,并使两者的质量比控制在 1∶6~1∶12 之间;将木炭、氧化铜一起放入研钵,充分研磨,确保固体粉碎、混合均匀。

2. 用剪成斜口的饮料吸管取上述黑色粉末足量,送入长柄 V 形玻璃管的弯管里,自然堆积;再借助于玻璃棒,将浸有石蕊试液的脱脂棉或湿润的蓝色石蕊试纸放到直管的中部。

3. 如图 2-54 所示,连接实验装置(附塞)。

4. 点燃酒精喷灯,先预热长柄 V 形玻璃管的弯管部分,然后对准黑色粉末加热。当加热到大约 1 分钟时,浸有石蕊试液的脱脂棉瞬间变为红色,说明氧化反应的产物是二氧化碳;加热到大约 2min 时,黑色粉末开始呈现红热状态,此时熄灭酒精喷灯,因为该反应放热,反应仍然继续进行。

5. 反应结束,待玻璃管冷却至室温,倒出红色固体于白纸上,观察到有少许细小的"铜珠"。再取少许粉末状的红色固体装入小试管,滴加足量的稀硫酸,若红色固体完全不溶,说明还原产物全部是铜;若红色固体部分溶解并得到蓝色溶液,说明还原产物既有铜又有氧化亚铜。

6. 实验结束后,清洗、整理实验用品。如果玻璃管内壁附着金属铜,可用热的饱和烧碱溶液浸泡 2min 再清洗(因为加热生成的金属铜渗到了玻璃表层,而烧碱对玻璃表面有弱腐蚀作用,能使渗入的铜自行脱落)。

四、实验结论

若氧化铜被彻底还原,则还原产物是铜,有关的化学方程式是

$C + CuO \xrightarrow{\triangle} Cu + CO \uparrow$;

若氧化铜还原不彻底,则还原产物有氧化亚铜,有关的化学方程式是:

$C + CuO \xrightarrow{\triangle} Cu_2O + CO \uparrow$。

五、创新优点

1. 对药品的要求不高,普通木炭即可,而且药品的用量少。

2. 反应物自然堆积在长柄 V 形玻璃管的弯管部位，有利于集中受热，因此反应速率较快，实验现象明显，实验成功率高。

3. 使用固化的石蕊试液（渗入试纸或棉球中）验证二氧化碳，方法新颖，有利于激发学生的兴趣。

4. 实验操作比较简便，加快实验进程。

参考文献

[1] 王权，陈宇，宁晓强."一氧化碳还原氧化铜"实验的一体化设计 [J]. 化学教育（中英文），2021，42（03）：92-95.

[2] 马逸群. 巧用长柄 V 型石英玻璃管做高温化学实验 [J]. 化学教学，2017，63（06）：05-07.

实验 13 氧气的实验室制备

【实验目的】

1. 通过实验掌握实验室制备氧气的方法原理，加深对氧气性质的理解；分析二氧化锰在氧气制备过程中作用，掌握催化剂的性质。

2. 通过实验了解实验室制取气体的过程与步骤，掌握气体制备的实验操作，初步体会实验探究的方法与过程。

【实验原理】

二氧化锰催化过氧化氢分解：$2H_2O_2 \xrightarrow{MnO_2} 2H_2O + O_2 \uparrow$

【教材实验内容】

氧气的制备是初中化学的重要内容。2012 年人教版义务教育教科书《化学九年级上册》第二单元课题 3《制取氧气》中，实验 2-5 与【探究】栏目均对氧气的制取实验进行了研究。其中在【探究】栏目研究了二氧化锰在制备氧气反应过程中的催化作用，同时初步了解简单的气体制备方法与装置。该实验操作如图 2-55 所示：

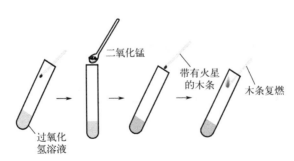

图 2-55 氧气的制备实验装置

1. 在试管中加入 5mL 5% 的过氧化氢溶液,把带火星的木条伸入试管,观察现象。

2. 向上述试管中加入少量二氧化锰,把带火星的木条伸入试管。观察发生的现象。

3. 待上述试管中没有现象发生时,重新加入过氧化氢溶液,并把带火星的木条伸入试管,观察现象。待试管中又没有现象发生时,再重复上述操作,观察现象。

【实验教学现状及存在的问题】

1. 粉末状的二氧化锰与过氧化氢接触面积广,反应速率快,教师难以及时收集到制备的氧气。

2. 过氧化氢与粉末状二氧化锰形成黑色的悬浊液在反应中不停翻滚,影响了实验现象的观察,且不能回收二氧化锰催化剂。

3. 随着反应的进行,生成的水越来越多,过氧化氢溶液的浓度不断下降,反应速率会越来越慢,而反应装置不能及时排出废液。

【实验改进】

方案一 二氧化锰形状改进

一、实验仪器及药品

仪器:锥形瓶、长颈漏斗、止气夹、玻璃导管、纱布

药品:5%过氧化氢溶液、颗粒状二氧化锰、蜡烛、堵漏剂、乳白胶

二、实验装置

实验装置如图 2-56 所示。

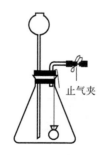

图 2-56 反应装置示意图

三、实验操作及现象

1. 点燃蜡烛,使熔化后的蜡滴入二氧化锰粉末中并不断搅拌,二氧化锰黏附在蜡滴上。冷却后用洗涤剂清洗颗粒外面附着不稳的粉末。使用 5% 的过氧化氢溶液置于烧杯中,将固化的二氧化锰投入其中。进一步除去表面附着力不够的粉末,即可得到颗粒状的催化剂。

2. 用二氧化锰粉末和堵漏剂分别按照 1∶1、1∶2 的质量比，加入适量水和乳白胶调和。将调和好的糊状混合物装入方形塑料袋中，压成约 0.5cm 厚的片状。用切口整齐光滑的刀将其切压成 1cm 左右的方格。待两三天完全硬化后，扒开即成为规则的小方块。

3. 检查好反应装置的气密性，将上面制成的块状固体或颗粒状催化剂用纱布包裹，用细线扎好吊于锥形瓶口，将 5% 的过氧化氢溶液 30mL 从长颈漏斗倒入，可以像实验室制备二氧化碳一样制备氧气，如图 2-56 所示。

4. 收集好一瓶氧气后，关闭止气夹，过氧化氢溶液被压入长颈漏斗，反应停止；打开止气夹反应继续进行。

四、实验成功的关键

制备块状二氧化锰催化剂时要把握好比例，否则不能得到成型的块状催化剂。

五、创新优点

1. 实验改进材料简单易得，制备方法简单，且改进后实验成功率增加。
2. 实验操作简单，且绿色环保，比较节约资源。

方案二　利用手持技术探究过氧化氢分解制取氧气实验

一、实验仪器及药品

仪器：六孔井穴板、具支玻璃套管（自制）、细乳胶管、药匙、铁架台、注射器、电子秤、氧气传感器、数据采集器、数据采集软件、计算机

药品：蒸馏水、30% 过氧化氢溶液、二氧化锰粉末

二、实验装置

反应装置如图 2-57 所示。

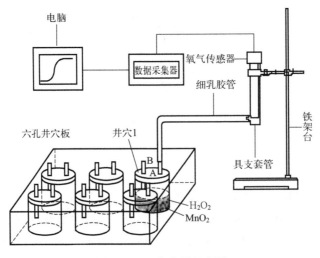

图 2-57　反应装置示意图

三、实验操作及现象

1. 在六孔井穴板的井穴 1 中放入二氧化锰，然后盖上井穴盖，将该井穴盖上的短导气管 A 通过细乳胶管与氧气传感器上的自制具支玻璃套管相连，组装好仪器。
2. 设置数据采集器的取样速度为 1 个样本每秒，采集样本总数为 50。
3. 待屏幕上的氧气含量数据趋于稳定后，用注射器通过长导气管 B 向井穴 1 中注入双氧水，然后立刻封住长导气管 B 的入口，按下计算机上分析软件的"开始采集"按钮，开始收集实验数据。

在六孔井穴板的井穴 1 中放入 10mg 二氧化锰，然后依次加入 0.2mL、0.3mL、0.4mL、0.5mL 和 0.6mL 的 3% 双氧水，得到如图 2-58 所示的实验结果。由实验结果可知，随着过氧化氢的用量增加，产生的氧气逐渐增多。当过氧化氢用量为 0.6mL 时，反应时间约为 21s，此时氧气传感器浓度达到最大值 33.2%，实验效果良好。

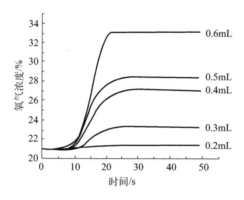

图 2-58 H_2O_2 分解实验结果

四、创新优点

1. 将手持技术应用到微型中学化学实验，可大大降低化学药品的使用量，减少环境污染。
2. 有利于实验数据可视化，加深学生对实验现象和结果的感知，进一步提高化学实验的安全性和成功率。

方案三　双氧水制氧气并验证氧气性质实验一体化装置的新设计

一、实验仪器及药品

仪器：废弃塑料水杯、硬塑料管、输液管、弹簧夹、玻璃胶、网兜、橡胶塞
药品：5% 过氧化氢溶液、二氧化锰粉末

二、实验装置

实验装置如图 2-59 所示。

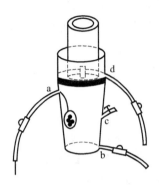

图 2-59　氧气制备与性质验证一体化实验装置

三、实验操作及现象

1. 自制氧气制备和性质验证装置如图 2-59 所示,并按照图 2-60、图 2-61 装置图组装。

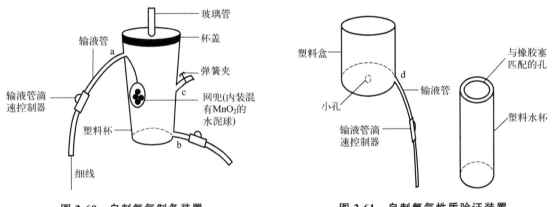

图 2-60　自制氧气制备装置　　　　图 2-61　自制氧气性质验证装置

2. 往氧气发生装置的水杯中加入一定量的 5% 过氧化氢溶液,松开系有网兜(内装混有二氧化锰的水泥球)的细绳,使两者充分接触。观察到水泥球表面产生大量气泡,罩上底部开孔的水杯,一段时间后用带火星的木条置于开孔上方,发现木条复燃。

3. 在盛液盘中倒入一定量澄清石灰水,用镊子夹取一块木炭于酒精灯上灼烧至发出微弱红光,然后伸入氧气流中发现木炭剧烈燃烧,发出白光,同时盛液盘中的石灰水变浑浊。打开输液管 d 的控制器,排出残液并用蒸馏水清洗盛液盘。

4. 往盛液盘中加少量澄清石灰水,点燃置于燃烧匙中的蜡烛并伸入氧气流中,可以看到蜡烛燃烧得更为剧烈,同时石灰水变浑浊,上面的水杯内壁有水珠生成。

5. 在盛液盘中再多加点水,在酒精灯上方点燃系于螺旋状铁丝底部的火柴梗,伸入氧气流中,可以看到铁丝剧烈燃烧,火星四射,生成的黑色固体掉落在盛液盘中。排出残液并清洗盛液盘。

6. 往盛液盘中倒入少量高锰酸钾溶液,用带橡胶塞的燃烧匙取少量硫粉在空气中点燃,产生淡蓝色火焰,伸入氧气流中并塞紧橡胶塞。淡蓝色火焰变为明亮的蓝紫色,高锰酸钾溶液由紫红色变为无色。排出残液,并快速往盛液盘中加入足量氢氧化钠溶液以吸收装置中残留的二氧化硫气体。最后排出残液并清洗盛液盘。

四、创新优点

1. 装置轻便,使用方便。利用一套装置完成了氧气的制取与氧气的性质系列实验,使实验变得更简便,更高效。

2. 反复利用,节约药品,且尾气处理绿色环保。反应过程中实现双氧水与二氧化锰的分离,混有二氧化锰的水泥球稍作清洗可以循环使用。

3. 产物检验,及时明显。在盛液盘中添加检验产物的试剂,可以在反应时直接看到明显现象,既避免了反应后再去检验产物的繁琐,又可以让学生直观地感受新物质的生成。

4. 该装置改进可以控制反应速率,随制随停。把二氧化锰与水泥制成球状固体颗粒装入网兜,通过拉动网兜上的细线,实现了随制随停的目的。

参考文献

[1] 王丽丽,吴暾艳,张艳华,等. 过氧化氢催化分解制备氧气的实验改进研究 [J]. 化学教学,2019 (06):73-75.

[2] 毕文杰,边贺东. 利用手持技术探究"过氧化氢分解制取氧气"实验 [J]. 化学教育,2017,38 (05):73-75.

[3] 周文荣,商兰芬. 双氧水制氧气并验证氧气性质实验一体化装置的新设计 [J]. 化学教学,2018 (10):65-68.

实验 14 二氧化碳的实验室制取与性质

【实验目的】

1. 通过实验学习实验室制备二氧化碳的方法原理,掌握二氧化碳的物理与化学性质。
2. 通过实验进一步巩固实验室制取气体的过程与步骤,培养实验设计与操作能力。

【实验原理】

二氧化碳的制备:$CaCO_3 + 2HCl =\!=\!= CaCl_2 + H_2O + CO_2 \uparrow$

【教材实验内容】

二氧化碳是初中化学"身边的化学物质"主题下的一个重要教学内容。2012 年人教版义务教育教科书《化学九年级上册》第六单元课题 3 "二氧化碳和一氧化碳"中,为制取二氧化碳并探究其性质,在实验 6-3、实验 6-4 和实验 6-5 中连续安排了三个相关实验,分别为制取二氧化碳、倾倒二氧化碳和二氧化碳的溶解性实验。其中制取二氧化碳的实验装置如图 2-62 所示:

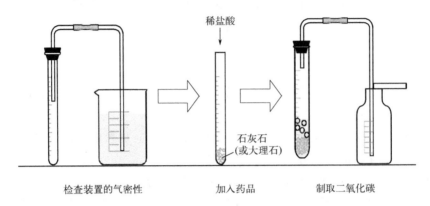

图 2-62 制备二氧化碳实验装置图

【实验教学现状及存在的问题】

1. 该系列实验各自独立,需要多次收集二氧化碳,且反应仪器多、药品用量大,操作繁琐。
2. 对二氧化碳性质的检验太单一,不利于学生全面系统地认识二氧化碳性质。
3. 原教材对二氧化碳与水的反应探究不足,没有探究二氧化碳本身的影响。

【实验改进】

方案一 实验室制取二氧化碳及其性质实验的一体化设计

一、实验仪器及药品

仪器:具支试管(15mm×150mm)、20mL 注射器、U 形管(15mm×150mm)、100mL 集气瓶、橡胶塞、铁架台

药品:大理石、1∶4 稀盐酸、澄清石灰水、蓝色石蕊试纸、水

二、实验装置

一体化实验装置如图 2-63 所示。

三、实验操作及现象

1. 用注射器针头穿过橡胶塞,然后按图 2-63 连接仪器,夹紧弹簧夹,将注射器活塞

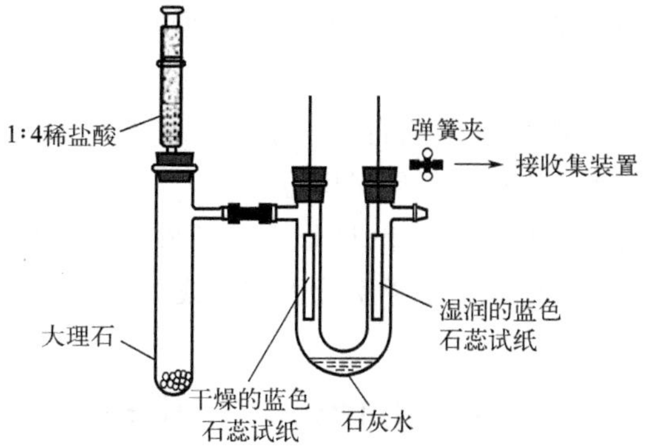

图 2-63 一体化实验装置示意图

往上拉一段距离后松手，活塞恢复原位，说明气密性良好。

2. 往具支试管中加入 2~3 粒大理石，注射器中吸取 20mL 稀盐酸，旋紧橡胶塞后用铁架台固定具支试管。完成左侧二氧化碳制备的装置组装。

3. 小心地从 U 形管右侧加入澄清石灰水，用铁架台固定 U 形管。石灰水占据 U 形管底部约一半，液面上方留有空间，方便气体通过。注意 U 形管左右两管都要干燥。

4. 用双面胶将两条蓝色石蕊试纸分别固定在两根细铜丝的一端，其中一条蓝色石蕊试纸事先用蒸馏水润湿。将两根细铜丝另一端分别插入两个橡胶塞中，橡胶塞塞住 U 形管左、右两管，这样干、湿两条试纸就分别悬挂在 U 形管左、右两管中。完成右侧二氧化碳性质检验的装置组装。

5. U 形管右侧与向上排空气法收集装置连接。

6. 推动注射器活塞加入约 10mL 稀盐酸，使之与大理石反应，观察实验现象。

7. 左侧具支试管内产生大量气泡，30s 左右，可以看到澄清石灰水变浑浊，说明二氧化碳能与石灰水反应；U 形管左侧干燥的蓝色石蕊试纸不变红，右侧湿润的蓝色石蕊试纸从下往上依次变红，说明二氧化碳本身不能使石蕊变色，是二氧化碳与水反应生成的新物质使石蕊变色；约 90s，用燃着的木条放在集气瓶口，火焰熄灭，说明二氧化碳不助燃，密度比空气大。

8. 加入注射器内剩余的全部盐酸，改用排水法收集气体。

9. 缓慢拉动左侧具支试管上的注射器活塞，收集约 10mL 二氧化碳气体。取下注射器吸取 10mL 水，用小橡胶塞封住注射器的嘴，用手抓住注射器，上下振荡数次。可以发现注射器的活塞往里移动一段距离，说明二氧化碳能溶于水。

10. 取下 U 形管右侧已经变红的湿润试纸，用吹风机吹干试纸，发现试纸红色褪去，说明二氧化碳与水反应生成的物质热稳定性差。

四、创新优点

1. 利用一套装置完成教材上二氧化碳的制备与收集、二氧化碳能与水反应、二氧化碳能与澄清石灰水反应、二氧化碳灭火等系列性质的检验，将制备和性质检验一体化，有利于学生对二氧化碳性质知识的系统化学习。

2. 增加了二氧化碳能溶于水，但溶解性不强的性质实验，在二氧化碳与石灰水反应实验中增加了干燥与润湿的两条试纸对比实验，即增加了对二氧化碳气体本身的影响探究。

3. 用蓝色石蕊试纸代替传统的紫色石蕊试液，U形管底部少量的澄清石灰水，减少了试剂的用量，节省了药品，体现绿色环保思想。

4. 本套装置用规格较小的具支试管和U形管，微量的药品便能看到比较明显的现象。因此既可用于教师课堂演示，也可用于学生分组实验或课外自主实验。

方案二　二氧化碳制取和性质检验一体化实验创新改进

一、实验仪器及药品

仪器：大理石、稀盐酸、紫色石蕊溶液（或紫色石蕊试纸）、澄清石灰水

药品：透明方盒、20mL注射器、玻璃瓶（医疗注射用小药瓶）、三通阀、塑料管、亚克力板、止水夹、橡胶垫圈、螺纹瓶盖、硬纸板、蜡烛

二、实验装置

实验装置如图2-64～图2-67所示。

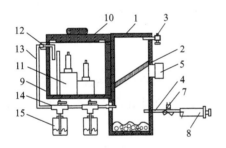

图2-64　装置组装后正剖结构示意图

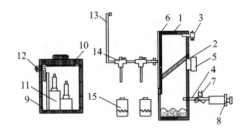

图2-65　装置组装前正剖结构示意图

1—透明盒体；2—亚克力隔板；3—塑料水龙头；4—注液管；5—密封盖；6—滑槽；7—止水夹；8—注射器；9—阶梯蜡烛实验装置；10—性质实验装置；11—阶梯；12—卡接管；13—玻璃管；14—三通阀；15—玻璃瓶

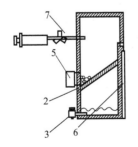

图2-66　透明合体倒置正剖结构示意图

2—亚克力隔板；3—塑料水龙头；
5—密封盖；6—滑槽；7—止水夹

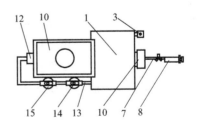

图2-67　装置俯视结构示意图

1—透明盒体；3—塑料水龙头；7—止水夹；
8—注射器；10—性质实验装置；12—卡接管；
13—玻璃管；14—三通阀；15—玻璃瓶

三、实验操作及现象

1. 按图 2-64 组装仪器,并检查装置气密性。旋紧瓶盖,关闭止水夹,打开三通阀其中一个出气口,将导气管伸入水中,双手紧贴容器外壁,观察到有气泡冒出,可以证明装置气密性良好。

2. 组装阶梯蜡烛实验装置及性质检验装置,填装药品。

3. 打开止水夹 7,由注射器 8 注入稀盐酸。

4. 打开三通阀,进行二氧化碳性质检验实验和阶梯蜡烛实验。

阶梯分设有 3 个导气槽,在二氧化碳不断堆积的过程中,燃烧的蜡烛由低至高依次熄灭,可以直观反映二氧化碳密度大于空气的性质,避免由于实验操作不当而造成蜡烛不易熄灭或者熄灭顺序不对的现象。引导学生联想,向水槽中倾倒水,导入的二氧化碳气体像倾倒水一样,进而理解二氧化碳密度比空气大的性质。可以利用熏香或木条辅助检验二氧化碳在盒中积累的高度。蜡烛插在阶梯孔洞处,方便更换。

四、创新优点

1. 简易可控。将制备与性质检验实验合为一体,耗时短,可以通过隔板控制反应的发生与停止,还可以通过注射器添加液体控制反应速率,可操控性强。

2. 微型轻量。所需药品量少,现象明显,尤其改进后的"阶梯蜡烛实验"现象更加明显,实验成功率高。

3. 衍生实验丰富。固液常温制取气体的实验均可使用,可根据实验要求组装、拆卸。

方案三　比较产生气体反应速率的实验装置设计——以实验室制取二氧化碳为例

一、实验仪器及药品

仪器:具支试管、滴管、单孔塞、Y 形管、U 形导管

药品:稀盐酸、稀硫酸、块状石灰石、红墨水

二、实验装置

实验装置如图 2-68 所示。

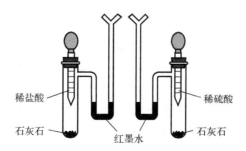

图 2-68　等质量、等浓度的稀盐酸、稀硫酸分别与石灰石反应的实验装置

三、实验操作及现象

1. 在两支具支试管中分别放入等质量的块状石灰石，在两支 Y 形导管中分别加入等量的红墨水使其流到 U 形导管底部并使两端液面保持平衡，在胶头滴管中分别吸取等量、等浓度的稀盐酸和稀硫酸（见图 2-68），实验时双手同时捏紧胶头，向具支试管中分别同时滴加等量的稀盐酸和稀硫酸。

2. 可以观察到石灰石分别与稀盐酸和稀硫酸发生反应，均有气泡产生。但石灰石和稀盐酸反应得比较剧烈，产生的气体推动 U 形导管中的红墨水水柱快速沿右侧导管上升，当水柱到达 Y 形管的叉口处时，水柱开始分流，此时导管中进入空气，使得红墨水水柱回流到 U 形导管的底部，然后水柱又在气流的推动下继续上升，到达 Y 形管的叉口处后，水柱分流，空气进入导管中后水柱又回流到 U 形导管的底部……循环往复，直至反应停止。

3. 而在滴加稀硫酸的具支试管中反应开始时也产生气泡，产生的气体也推动 U 形导管中的红墨水沿左侧导管上升，但由于稀硫酸与石灰石反应后生成的硫酸钙是微溶物质，当其覆盖在石灰石表面后阻隔了内部石灰石与稀硫酸的反应，从而使反应停止。故红墨水水柱上升很短一段就停止了（见图 2-69）。

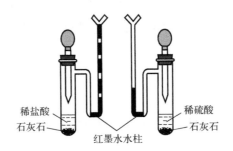

图 2-69　稀盐酸、稀硫酸分别与石灰石反应的现象

四、创新优点

1. 用此装置进行气体产生速率的不同比较实验，不仅操作简单、现象明显，而且对比性强。

2. 此实验装置可用于多种类型的有关气体反应速率不同的比较实验，如通过观察、对比二氧化锰、氯化钠、氧化铜、氯化铁等物质对过氧化氢分解速率的影响。

参考文献

[1] 徐丽华. 实验室制取二氧化碳及其性质实验的一体化设计 [J]. 中小学实验与装备，2021, 31 (05)：18-19.

[2] 乔琳. 二氧化碳制取和性质检验一体化实验创新改进 [J]. 实验教学与仪器，2021, 38 (21)：48-49.

[3] 张春媚. 比较产生气体反应速率的实验装置设计——以实验室制取二氧化碳为例 [J]. 中学化学教学参考，2021 (07)：50.

实验 15 氯气制备与性质检验实验

【实验目的】

1. 通过实验掌握氯气的实验室制备方法与基本化学性质，学习探究实验的设计方法与操作技巧。

2. 通过对氯气制备与性质探究过程中的尾气处理与吸收，培养环保意识，落实科学态度与社会责任核心素养。

【教材实验内容】

氯气的制备及其性质是高中化学中的重要元素化合物知识。2019 年人教版普通高中教科书《化学必修第一册》第二章第二节中提出用浓盐酸和二氧化锰反应制取氯气，装置如图 2-70 所示。苏教版和鲁教版教材中也选用此种方法和实验装置进行氯气的制取实验。

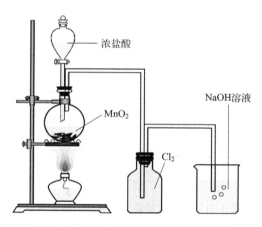

图 2-70 教材中制备氯气实验装置图

在氯气性质的检验实验方面，不同教材编写各有出入，但都是以演示或探究实验的形式出现，并设计单独实验逐步验证氯气的各项化学性质。如人教版教材中，用氯气与干燥或者湿润有色布条和花瓣的实验检验其漂白性；苏教版教材中利用铁丝在氯气中的燃烧验证氯气和金属的反应。

【实验教学现状及存在问题】

1. 浓盐酸易挥发，制取氯气的实验会自动停止，无法得到较多的氯气。

2. 氯气有毒，在实验过程中容易泄漏，造成环境污染和安全问题。

3. 氯气的性质检验实验分散，不能构成完整的实验体系。

4. 教材编写中实验装置复杂，步骤繁琐，反应时间过长，不利于课堂观察和学生掌握相关实验操作技能。

【实验改进】

方案一　次氯酸钙药丸在制备氯气中的应用

一、实验原理

氯气的制备：$Ca(ClO)_2 + 4HCl == CaCl_2 + H_2O + Cl_2\uparrow$

二、实验仪器及药品

仪器：长颈漏斗、烧杯、集气瓶、简易启普发生器、注射器、止水夹、橡胶管

药品：自制次氯酸钙药丸、饱和食盐水、浓硫酸、浓氢氧化钠溶液

三、实验装置

实验装置如图 2-71 所示。

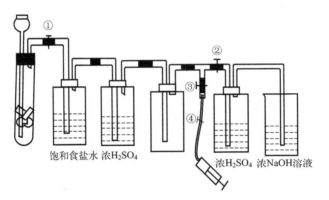

图 2-71　次氯酸钙药丸制备氯气实验装置

四、实验操作及现象

1. 制备次氯酸钙药丸：先用注射器针在喝奶茶用的塑料管子四周扎很多微孔，然后用剪刀把塑料管子剪成每段长 1~2cm 的短小管子。接着，用大小合适的橡皮堵住带小孔的短小管子一端管口，并装入次氯酸钙粉末，再用大小合适的橡皮堵住另一端管口。这样，一个次氯酸钙药丸就制作成功了，如图 2-72 所示。

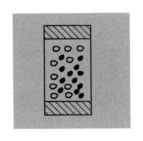 

图 2-72　塑料药丸模型图与实物图

2. 组装好实验装置，检查装置的气密性。

3. 往试管中加入次氯酸钙药丸，向洗气瓶及烧杯中加入相应的试剂，关闭止水夹①和③，打开止水夹②，往长颈漏斗中加入稀盐酸。

4. 打开止水夹①，让其反应物反应，若要使反应停止，则可关闭止水夹①，然后再关闭止水夹②。

5. 取用氯气时，打开止水夹①③④，关闭②，用注射器抽取即可。抽取完后，关闭①②③④，将与注射器相连的橡胶管从③与④之间的那段小玻璃管处拔掉。整个实验过程无氯气逸出。

打开止水夹①后，反应一段时间后可观测到集气瓶中有黄绿色气体生成。反应停止后关闭止水夹，取用氯气可用注射器抽取，无多余氯气逸出。

五、实验成功关键

1. 利用启普发生器作为反应装置，随时控制反应的发生与停止。
2. 次氯酸钙药丸填装适量，不宜过多或过少。

六、创新优点

1. 将易溶于水的粉末状药品次氯酸钙改装成药丸，提供了一种使易溶于水的物质适用于启普发生器的途径。
2. 利用简单启普发生器控制反应过程，使化学反应更灵活，便于观察。
3. 注射器的使用保证实验过程不会有多余氯气泄漏，实验具有绿色性和安全性。

方案二　使用 H 形试管改进氯气的制备及性质一体化实验

一、实验原理

1. 氯气的制取：$2KMnO_4 + 16HCl = 2KCl + 2MnCl_2 + 5Cl_2\uparrow + 8H_2O$

2. 氯气的性质检验

氧化性：可使淀粉碘化钾试纸变蓝

酸性：HCl 呈酸性可使紫色石蕊试纸变红

漂白性：HClO 具有漂白性可使品红试纸褪色

与碱溶液反应：$Cl_2 + 2OH^- = ClO^- + H_2O + Cl^-$

二、实验仪器及药品

仪器：H 型试管（试管规格 18mm×180mm，中间横管规格 18mm×50mm）、5mL 注射器、气球、玻璃尖嘴直导管、透明胶带、脱脂棉、1 号橡胶塞

药品：浓盐酸、高锰酸钾、无水氯化钙、干燥品红试纸、湿润品红试纸、湿润淀粉碘化钾试纸、湿润紫色石蕊试纸、10%氢氧化钠溶液、品红溶液

三、实验装置

实验装置如图 2-73 所示。

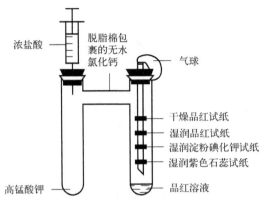

图 2-73　H 形试管改进实验装置

四、实验操作及现象

1. 将事先称取好的 0.13g 高锰酸钾固体加入 H 形试管左侧试管内，取 1 号橡胶塞一个，用注射器针头穿过橡胶塞，取下、留孔，塞在 H 形试管左侧，最后将装有 3mL 浓盐酸注射器针头插入左侧橡胶塞，完成对左边装置的组装。在图 2-73 左管中，高锰酸钾和浓盐酸反应制得氯气，右管中则完成氯气性质实验

2. 用透明胶带将气球固定在尖嘴玻璃直管（以下简称玻璃直管）的上端口，然后从玻璃直管下端穿过另一有孔的橡胶塞。

3. 用脱脂棉包裹适量无水氯化钙，然后放置于 H 形管横管中间处。

4. 将干燥品红试纸、湿润品红试纸、湿润淀粉碘化钾试纸、湿润紫色石蕊试纸依次分别用双面胶粘贴固定在直管的下面部位。

5. 在 H 形试管右侧试管内加入几滴品红溶液，然后将制作好的玻璃直管塞进 H 形试管右侧，完成对右侧装置组装。

6. 推动装有 3mL 浓盐酸注射器活塞使之与高锰酸钾反应，观察实验现象。

7. 反应结束后，挤压气球，使进入气球中的氯气进入装置中，取下左端浓盐酸注射器，迅速换上装有 10% 氢氧化钠溶液的注射器，将氢氧化钠注入 H 形试管左侧试管内，倾斜 H 形试管，使氢氧化钠通过横管到达 H 形试管右侧，使整个装置中剩余氯气被氢氧化钠溶液全部吸收。

推动活塞，气球慢慢鼓起，30s 左右，可以看到品红溶液红色开始逐渐褪去、干燥品红试纸不褪色、湿润品红试纸红色逐渐褪去、淀粉碘化钾试纸先变蓝后褪色、紫色石蕊试纸先变红后褪色。实验最后，加热品红溶液，红色不恢复。

五、实验成功关键

1. 确保装置的气密性。

2. 合理控制检测试纸的间距,不能距离过近,影响实验现象观察。

六、创新优点

1. 与传统的实验比较,用H形试管作反应器减少了仪器的连接,消除了因为连接仪器多,气密性差的缺陷。
2. 用试纸代替传统的氯气系列性质检验方法,减少了试剂的用量,节省了药品,体现绿色环保思想。
3. 反应装置中用气球减少了对师生和环境的危害,有利于教师开展课堂演示实验。
4. 一体化实验设置实验现象明显,有利于学生系统化学习。

方案三　氯气制备和性质检验一体化实验

一、实验原理

1. 氯气的制取:$2KMnO_4 + 16HCl = 2KCl + 2MnCl_2 + 5Cl_2\uparrow + 8H_2O$
2. 氯气的性质检验

氧化性:可使淀粉碘化钾试纸变蓝
酸性:HCl呈酸性可使紫色石蕊试纸变红
漂白性:HClO具有漂白性可使品红试纸褪色
与金属反应:在加热条件下氯气能与不活泼金属Cu反应,加入水后溶液呈现蓝色。

二、实验仪器及药品

仪器:单排管、10mL具支试管、恒压滴液漏斗、干燥管、烧杯、250mL抽滤瓶、三通阀、10mL注射器、透明橡胶管、玻璃导管、酒精灯、橡胶塞、止水夹

药品:高锰酸钾固体、浓盐酸、1mol/L氢氧化钠溶液、溴化钠溶液、淀粉碘化钾试纸、铜丝、蒸馏水、无水氯化钙、紫色石蕊试液、红色布条、气球、滤纸

三、实验装置

实验装置如图2-74所示。

四、实验操作及现象

1. 如图2-74所示安装好实验仪器,4支具支试管从左到右分别标号为1、2、3、4,检查装置气密性。打开K1、K2,关闭K3、K4、K5、K6。用洗耳球贴住开口并从恒压漏斗顶部鼓入气体,具支试管1处气球能够鼓起且不漏气。同理分别检测具支试管2、3、4处,若气球都能鼓起且不漏气则说明装置气密性良好。
2. 装上药品。其中恒压漏斗中加入12mL浓盐酸,抽滤瓶中加入3g高锰酸钾固体,具支试管2中的紫色石蕊溶液需浸没玻璃导管末端,具支试管4中放入6cm绕成螺旋状的细铜丝,尾气处理选择1mol/L的氢氧化钠溶液。

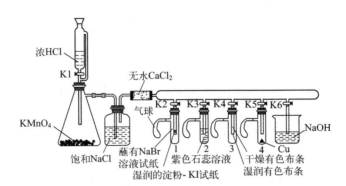

图 2-74　实验装置图

3. 氧化性的检验。关闭所有活塞，打开 K6，控制 K1 开关的大小使浓盐酸进入抽滤瓶。待单排管中明显能观察到黄绿色气体时打开 K2，关闭 K6，待气球鼓至有弹性时即可关闭 K2，打开 K6，观察实验现象，单排管中明显看到黄绿色气体。

4. 酸性的检验。关闭 K6，打开 K3，待气球鼓至有弹性时关闭 K3，打开 K6。具支试管 1 中蘸溴化钠溶液的试纸变为橙黄色、淀粉碘化钾试纸变蓝。2 中紫色石蕊试液变红。

5. 漂白性的检验。打开 K4，关闭 K6，待气球鼓至有弹性时即可关闭 K4，打开 K6。观察实验现象。湿润的有色布条褪色，而干燥的有色布条不褪色。

6. 与金属反应。打开 K5，关闭 K6。待气球微微鼓起即可关闭 K5、K1，打开 K6。用止水夹夹住橡胶管，取下具支试管 4，用试管夹固定并用酒精灯加热，铜丝燃烧且放出棕黄色的烟。用 10mL 注射器注入 5mL 的蒸馏水，观察实验现象。铜丝燃烧且放出棕黄色的烟。加入蒸馏水后，可以观察到棕黄色的烟逐渐消失，溶液呈蓝色。

7. 尾气吸收。打开 K1、K6，关闭 K2、K3、K4、K5，待少量残余的浓盐酸进入抽滤瓶后关闭 K1。恒压漏斗连接三通阀，旋转控制阀，使三通阀的 2 和 3 连通。在 1 处套上一个充满气的气球，接通 1 和 3，再打开 K1，使气球内的气体进入装置。重复上述操作 2~3 次使装置内气体充分被 1mol/L 的氢氧化钠溶液吸收。用 10mL 注射器往 4 支具支试管中各注入 2mL 的 1mol/L 氢氧化钠溶液吸收尾气。

五、实验成功关键

1. 使用恒压滴液漏斗作为反应发生器。为了使氯气能够进入具支试管，在支管口上套一个气球以平衡气压。

2. 气体收集装置和性质检验装置使用橡胶管和玻璃导管连接，方便拆卸。

六、创新优点

1. 单排管的使用增大了反应装置的灵活性，可以做到氯气的收集和检验实验分步进行，提高了教学实验的演示效果。

2. 恒压滴液漏斗确保密闭环境下反应的控制性，并防止氯化氢气体外泄，使课堂实验演示与性质知识讲解有序进行。

3. 该气体制备及性质检验的装置完善，具有普适性。

参考文献

[1] 肖华，吴酝. 药丸在制备氯气中的创新应用 [J]. 中学化学教学参考，2019（14）：58.
[2] 李茂柯，盛林娟，伍晓春. 巧用 H 型试管改进中学化学实验两则 [J]. 化学教学，2019（12）：58-60.
[3] 阎润鸿，冯高峰. 氯气制备和性质检验一体化实验的新设计 [J]. 化学教学，2021（11）：68-71.

实验 16 次氯酸漂白作用实验

【实验目的】

1. 通过实验了解次氯酸的漂白性，掌握次氯酸的漂白原理。
2. 通过实验现象归纳总结反应原理，培养实验探究与分析能力，促进科学探究核心素养的落实。

【实验原理】

氯气的制备：$2KMnO_4 + 16HCl = 2KCl + 2MnCl_2 + 5Cl_2\uparrow + 8H_2O$

次氯酸的形成：$Cl_2 + H_2O = HCl + HClO$

尾气处理：$Cl_2 + 2OH^- = ClO^- + H_2O + Cl^-$

【教材实验内容】

次氯酸的漂白作用是氯及其化合物重要的知识内容。2019 年人教版高中教科书《化学必修第一册》第二章第二节实验 2-8 中以有色纸条（布条）和有色鲜花检验次氯酸的漂白性。该实验操作步骤与现象如下：

1. 取干燥和湿润的有色布条或纸条各一条，分别放入两个盛有干燥氯气的集气瓶中，盖上玻璃盖，观察现象。
2. 将有色鲜花放入盛有干燥氯气的集气瓶中，盖上玻璃片，观察现象，如图 2-75 所示。

图 2-75 实验现象图（见彩图）

【实验教学现状及存在问题】

1. 实验需要事先准备干燥的氯气，而氯气的制备需要在通风橱内进行，该实验对通风要求较高，使学生的分组实验受到一定的限制。

2. 仪器组装时间过长，导致实验课时紧张。

3. 教材中明确用氢氧化钠溶液吸收多余的氯气，但实验结束后残留在装置和集气瓶中的氯气无法被氢氧化钠溶液完全吸收。

4. 对照实验在两个集气瓶中进行，是两个独立的体系，不能保证氯气浓度完全相同，忽视了对照实验中氯气浓度对反应的影响。

【实验改进】

方案一　次氯酸漂白作用实验的新设计

一、实验仪器及药品

仪器：长 160mm 双翼试管、10mL 注射器、长 180mm 胶头滴管、长 180mm 弯头滴管、橡胶塞、100mL 烧杯、长 1.5cm，宽 0.5cm 红色皱纹纸、弯头镊子、棉花。

药品：化学纯 99% 高锰酸钾固体、36% 浓盐酸、分析纯>96% 无水氯化钙、1mol/L 氢氧化钠溶液。

二、实验装置

实验装置如图 2-76 所示。

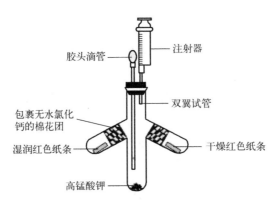

图 2-76　利用双翼试管设计的实验装置

三、实验操作及现象

1. 检查装置气密性。

2. 在干燥的双翼试管左右两侧小试管中分别加入大小合适的干燥红色皱纹纸条，将其中一个红色皱纹纸条用水润湿。

3. 两侧小试管上部各塞一小团包裹有质量相同的无水氯化钙的疏松棉花团。

4. 用药匙取少量高锰酸钾晶体加入中间的试管中，将双翼试管固定在铁架台上，用胶头滴管吸取少量（约 0.5mL）浓盐酸，塞紧橡胶塞，连接好注射器，从胶头滴管中滴入浓盐酸。

5. 尾气处理反应结束后，用注射器抽取容器内残留氯气，拔下注射器，迅速接上装有 5mL 1mol/L 的氢氧化钠溶液的注射器，将碱液全推入反应容器中，轻轻振荡，直至完全吸收残留氯气。拔下有氯气的注射器放入盛有 1mol/L 氢氧化钠溶液的烧杯中，慢慢吸进碱液除去氯气。最后拆除装置，双翼试管中残留药品倒入指定容器中。

四、创新优点

1. 一体化。将氯气的制取、干燥、次氯酸漂白尾气处理在同一装置中进行，一气呵成，反应连续性好。

2. 简便化。操作简单，无需收集氯气，现象明显，灵活简便，操作省时，从制备氯气开始到实验结束不到 1min，适合学生开展探究实验和课堂演示实验。

3. 同步化。氯气与干燥有色纸条和潮湿有色纸条的反应同时进行，次氯酸漂白作用对比现象明显，可操作性强。

4. 试剂微量化。装置小巧便携，整个实验仅消耗少量的各种试剂（高锰酸钾和浓盐酸为几粒或几滴），节约了成本。

5. 装置全封闭。密闭可控，余氯吸收完全，不污染教室空气，较安全环保。

6. 仪器成本低。只需加工一个双翼试管和一把弯头镊子，就可完成探究次氯酸漂白作用的实验，适宜在学生分组实验中推广。

方案二　实现单一变量的次氯酸漂白作用实验改进

一、实验仪器及药品

仪器：U 形管（直径 30mm）、20mL 一次性注射器小试管、彩带纸、海绵垫层、玻璃导管、带铁夹的铁架台

药品：37%浓盐酸、高锰酸钾固体、20%氢氧化钠溶液、饱和食盐水、无水氯化钙固体

二、实验装置

实验装置如图 2-77 所示。

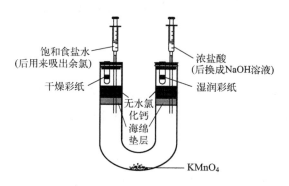

图 2-77　实现单一变量的次氯酸漂白性实验装置

三、实验操作及现象

1. 在两个橡胶塞上分别打 1 个孔，分别插 1 个小试管，左侧小试管外壁贴 1 张干燥彩纸带，右侧小试管外壁贴 1 张湿润的彩纸带。

2. 在左右两侧橡胶塞的另 1 个孔分别插 1 根玻璃导管，再在 2 根玻璃导管上分别插 1 个相同的海绵垫层，然后在两边的海绵垫层上方放置相同质量（1.5g）的无水氯化钙固体。

3. 在 U 形管中加入 1.0g 高锰酸钾固体，然后塞上插有海绵垫层的 2 个橡胶塞，接着在左方玻璃管上方插 1 支装有 5.0mL 饱和食盐水的注射器；右侧玻璃管上方插 1 支装有 4.0mL 浓盐酸（37%）的注射器。

4. 将 U 形管右侧注射器中 4.0mL 浓盐酸（37%）和左侧注射器中 5.0mL 饱和食盐水注入 U 形管中与高锰酸钾固体接触，立刻产生黄绿色气体。约 45s 后观察到湿润的红色彩纸带褪色，而左侧干燥彩纸带无变化。

5. 将右侧注射器换成装有 10.0mL 氢氧化钠溶液（20%）的注射器，注入氢氧化钠溶液吸收余氯，用左侧空注射器（因为饱和食盐水已被注入 U 形管中）可吸出部分余氯。

四、创新优点

1. 仪器用品简单易得，不需定制，实验成本低。另外，将注射器应用于化学实验还能实现物质的二次利用，变废为宝，符合绿色化学理念。

2. 实现对照组和实验组的其他变量相同。排除了由于氯气浓度不同造成湿润彩纸带褪色的可能性，实现了单一变量。

3. 增强了实验的严谨性。用饱和食盐水除去浓盐酸挥发出来的氯化氢气体，排除氯化氢气体导致彩纸带褪色的可能性，增强实验的严谨性。

4. 装置密闭性好，本实验装置对余氯处理更为彻底，操作更为简单方便。

5. 一体化设计。将氯气的制备、干燥及次氯酸的漂白作用融合在一个实验装置中，实验连续性好。

方案三 氯气制备与性质实验的一体化创新设计

一、实验仪器及药品

仪器：干燥管、单孔橡胶塞、胶头滴管、试管、棉花、玻璃管、红纸条
药品：蒸馏水、氯酸钾晶体、浓盐酸、无水氯化钙固体、氢氧化钠溶液

二、实验装置

实验装置如图 2-78 所示。

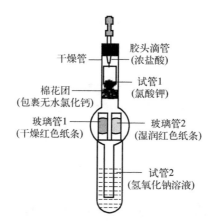

图 2-78 新设计的次氯酸漂白作用实验装置

三、实验操作及现象

1. 将分别装有干燥红色纸条的玻璃管 1 和装有湿润红色纸条的玻璃管 2 置入干燥管的圆肚内,将包裹有无水氯化钙的棉花团置于干燥管的圆肚上方管内,将装有氯酸钾固体的试管 1 置于棉花团的上方,将胶头滴管吸入浓盐酸后插入单孔橡胶塞中,将带有胶头滴管的橡胶塞塞紧干燥管的管口。

2. 将上述装好药品的干燥管竖直放入装有氢氧化钠溶液的试管 2 中。

3. 用手挤压滴管的胶头,将浓盐酸滴入试管 1 内的氯酸钾晶体上,反应立即开始,产生的黄绿色氯气从试管中逸出,并从上往下充满整个干燥管。

4. 玻璃管 2 内湿润的红纸条很快褪色,而玻璃管 1 内干燥的红纸条无明显变化。得出结论:干燥的氯气不能漂白干燥的有机色质,氯气可使湿润的有机色质漂白,实质上是氯气跟水反应产生的次氯酸的作用,次氯酸能使染料和有机色质氧化而褪色。

5. 实验结束后,多余的氯气部分被氢氧化钠溶液吸收,被封存在干燥管内的剩余氯气,可通过多次挤压滴管的胶头搅动气体,最后被氢氧化钠溶液完全吸收。

四、创新优点

1. 实验装置一体化。当各部分仪器、药品组装完成后,实验时不用拆卸装置,即可实现氯气的制备、干燥、次氯酸的漂白和尾气的处理,整个反应一气呵成,连续性好。

2. 实验操作简捷化。实验操作方便,实验现象明显,实验用时短,大大提高了课堂实验教学效率。

3. 实验对照同步化。氯气的制备位于最上端,由于氯气的密度大,可使氯气由上往下充入玻璃管 1 和玻璃管 2 内,从而可让氯气与干燥红色纸条和湿润红色纸条的反应同步进行,颜色变化对比明显,学生印象深刻。

4. 实验装置微型化。实验装置小巧,组装容易,试剂用量少,演示时可手持让学生近距离观察,可操作性较强。

5. 实验绿色化。实验装置安全可控,实验结束可通过反复挤捏滴管的胶头鼓气,让多余氯气被氢氧化钠溶液完全吸收,解决了氯气容易泄漏造成环境污染的问题。

6. 实验成本低。实验所用的仪器都是实验室常备仪器，容易加工制作，不仅适合教师演示，也适合学生实验。

参考文献

[1] 袁君亚．次氯酸漂白作用实验的新设计［J］．化学教学，2020（05）：65-68＋72．
[2] 张婷，黎泓波，姜建文．实现单一变量的次氯酸漂白作用实验改进［J］．中小学实验与装备，2021，31（02）：50-52．
[3] 谭文生．次氯酸漂白作用实验的创新设计［J］．实验教学与仪器，2022，39（01）：42-43．

实验 17　氨气的制取

【实验目的】

1. 掌握氨气的实验室制法，初步掌握氨气的性质及有关实验现象。
2. 通过实验探究进一步巩固制备气体的操作方法，培养自主研究精神与创新能力。

【实验原理】

在实验室中，常利用铵盐与强碱反应产生氨这一性质来检验铵根离子和制取氨：

$$NH_4^+ + OH^- = NH_3 + H_2O$$

【教材实验内容】

"氨气的制取"是高中化学含氮化合物的重要实验。2019 年人教版普通高中教科书《化学必修第二册》第五章第二节实验 5-7 中该实验的装置如图 2-79 所示。

向盛有少量 NH_4Cl 溶液、NH_4NO_3 溶液和 $(NH_4)_2SO_4$ 溶液的三支试管中分别加入 NaOH 溶液并加热（注意通风），用镊子夹住一片温润的红色石蕊试纸放在试管口，观察实验现象，分析现象产生的原因，写出反应的离子方程式。

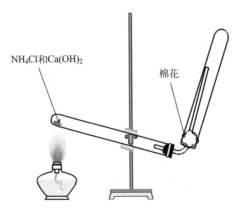

图 2-79　实验室制取氨的简易装置

【实验教学现状及存在问题】

1. 采用固体氯化铵与固体氢氧化钙加热制取氨气，在强碱性、高温条件下，玻璃中的二氧化硅会发生反应，同时，在制取过程中产生水分，在高温条件下试管很容易炸裂，造成仪器的破损和对周围环境的污染。

2. 用加热铵盐和固体碱的方法来制取氨，量小且难以收集，满足不了实验所需。因此，在实际教学中多采用浓氨水加固体碱的方法获取氨，即便是这样，仍然存在着浓氨水和固体碱的量不易掌控的不足，使得多余的氨外逸，造成了环境污染。

3. 按照传统的实验室制法，一般采用氯化铵和消石灰固体混合加热制备氨气。该实验结果表明，教材中的装置制得的氨气湿度较大，不利于氨的喷泉实验，而且多余的氨气容易逸散到大气中污染环境，氨气具有强烈的刺激性气味，师生深受其害，甚至导致学生排斥做氨气相关实验。

【实验改进】

方案一　氨气制取实验的微量化设计

一、实验仪器及药品

仪器：铁架台、双联试管（18mm×160mm）、注射器（1mL）、酒精灯

药品：红色石蕊试纸、棉花、5% NaOH 溶液、$(NH_4)_2SO_4$ 固体

二、实验装置

实验装置如图 2-80 所示。

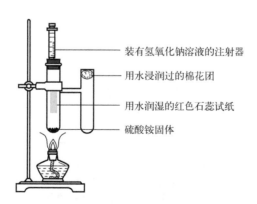

图 2-80　铵态氮肥与碱共热生成氨气实验的微量化设计

三、实验操作及现象

1. 用药匙小头的一端取 0.2g 左右的 $(NH_4)_2SO_4$ 固体装入双联试管中，将其竖直固定在铁架台上。用 1mL 注射器吸取 0.25mL 5% 的 NaOH 溶液。

2. 在装有（NH₄）₂SO₄ 固体的试管壁的中上部并排粘贴两张用水润湿的红色石蕊试纸，将带注射器的软胶塞塞紧试管，在另一边的空试管口放一团用水浸润过的棉花团。

3. 轻推注射器，使注射器中的 NaOH 溶液滴入试管中，点燃酒精灯，先对装有（NH₄）₂SO₄ 固体的试管进行预热，然后再加热。

4. 当观察到试管底部有气泡产生，试管壁上润湿的红色石蕊试纸变蓝色后及时移走酒精灯。说明（NH₄）₂SO₄ 固体与 NaOH 溶液混合共热后放出氨气，从另一端试管中逸出的多余氨气被试管口湿润棉花团的水吸收，避免了对环境的污染。

四、实验成功关键

用水润湿的红色石蕊试纸，以刚好润湿为宜，防止水太多造成试纸下滑。

五、创新优点

该装置采用微量化环保型设计，操作简便，现象明显，能有效防止氨气的逸散，减少空气污染，实用性强，既适合课堂演示也可以用作学生分组实验。

方案二 氨气喷泉实验的一体化设计

一、实验仪器及药品

仪器：250mL 烧杯、大试管、铁架台、250mL 圆底烧瓶、10mL 针管、直导管、橡胶管、止水夹

药品：氯化铵（固）、氢氧化钠（固）、酚酞溶液

二、实验装置

实验装置如图 2-81 所示。

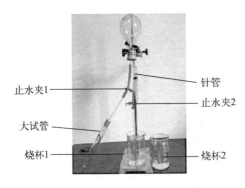

图 2-81 氨气喷泉实验的实验装置

三、实验操作及现象

1. 检查装置气密性：按照图 2-81 装置图组装实验仪器，针管中加入 5mL 的蒸馏水，

保证针管中无气体,打开止水夹1,2,在烧杯中装入一定量的水(没过玻璃管的下端),用双手紧握大试管,若烧杯内有气泡产生则证明气密性良好。

2. 在烧杯1中滴入1滴无色酚酞溶液。在烧杯2中加满水,滴入1～2滴无色酚酞溶液,待用。称取1.8g颗粒状氯化铵固体、1.6g片状氢氧化钠固体。先将一半氯化铵固体加入大试管中,再倒入片状氢氧化钠固体,最后加入另一半氯化铵固体(便于试剂混合),盖上橡胶塞微微振荡,约3s后烧杯1中会有气泡产生。1.5分钟后烧杯1中溶液变红,证明圆底烧瓶中氨气已收集满。关闭止水夹2,将烧杯1换位烧杯2,关闭止水夹1,将针管中的蒸馏水全部注入圆底烧瓶,打开止水夹2,烧杯2中的水会进入圆底烧瓶,形成红色喷泉,见图2-82。

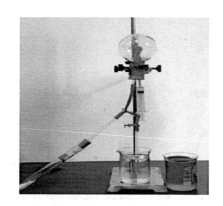

图 2-82　氨气喷泉的实验现象(见彩图)

四、实验成功关键

1. 针管内的蒸馏水不要低于4mL,否则在注入圆底烧瓶后,形成的压强差不明显,达不到理想的喷泉效果。

2. 向试管中添加药品时,先将一半氯化铵固体加入大试管中,再倒入片状氢氧化钠固体,最后加入另一半氯化铵固体,药品易混合均匀。由于氢氧化钠在空气中易吸潮变质不宜先加入。

3. 若教师在实验过程中关闭止水夹1后因氨气制备装置产生氨气较多,压强过大将制备装置的橡胶塞鼓开,可再次将橡胶塞塞紧。因为鼓开后制备装置中压强已减小,药品已经反应掉很多,短时间内不会再次鼓开,且此时已经开始喷泉实验,可在喷泉实验后打开止水夹1,以免再次鼓开。

五、创新优点

1. 用氢氧化钠与氯化铵混合室温下即可制取足量的氨气,省去加热的步骤,操作简单。

2. 将制取与喷泉装置连为一体,减少事先收集氨气的步骤。

3. 为实现课堂演示的目的,找到了试剂的准确用量且用量较少,反应时间短,效果明显。

4. 实验仪器简单易得。

方案三　利用新型具支试管改进化学实验

一、实验仪器及药品

仪器：锥形瓶、分液漏斗、烧杯、橡胶管

药品：氧化钙、氢氧化钠（固体）、浓氨水、$FeCl_3$ 溶液、$CuSO_4$ 溶液、$MgCl_2$ 溶液和 $FeSO_4$ 溶液

二、实验装置

实验装置如图 2-83 所示。

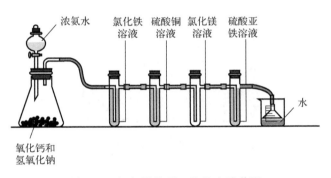

图 2-83　氨气的性质一体化实验装置

三、实验操作及现象

1. 锥形瓶中为 CaO 和 NaOH 固体，分液漏斗中装有浓氨水，新型具支试管中分别加入 2mL $FeCl_3$ 溶液、2mL $CuSO_4$ 溶液、2mL $MgCl_2$ 溶液和 2mL $FeSO_4$ 溶液。

2. 装置组装完毕后打开活塞，反应开始后可依次观察到有红褐色沉淀、蓝色沉淀、白色沉淀和灰绿色沉淀生成，反应较快，短时间（约 10s）便可看到实验效果。

四、实验成功关键

由于氨气极易溶于水，反应生成的氨气会溶解于溶液中形成负压，所以在反应停止即无氨气产生时极易出现倒吸现象。利用新型具支试管作为防倒吸装置（见图 2-84b），将其连接在制备装置（见图 2-84a）与验证性质实验装置（见图 2-84c）之间，作为安全瓶，可起到防倒吸作用。

五、创新优点

1. 该新型具支试管将直角导管与具支试管相结合，简化了装置的组装，使实验的操作更加简便。

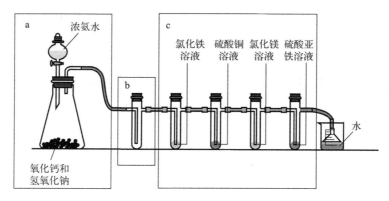

图 2-84 防倒吸装置示意图

2. 新型具支试管考虑到药品用量及实验现象观察问题，将试管设计为瘦高型，且导管接近试管口底部，减少了药品的用量且实验现象明显，容易观察。

3. 该新型具支试管可作为任何气体与液体的反应装置，适用于气体性质的探究实验，也可作为少量气体的洗气装置。

参考文献

[1] 姚亮发，林师龙，郑柳萍等．例谈中学化学教材实验的微量化设计［J］．化学教学，2020，405（12）：64-66.

[2] 王晓瑜，冉鸣．氨气喷泉实验的一体化设计［J］．化学教育（中英文），2018，39（19）：52-53.

[3] 林文宁，田英．利用新型具支试管改进化学实验［J］．化学教育（中英文），2019，40（13）：40.

实验 18 不同价态含硫物质的转化

【实验目的】

1. 通过探究不同价态含硫物质的转化过程，加深对硫及其化合物性质以及氧化还原知识的理解与掌握。

2. 通过实验探究培养观察、分析与解决问题以及实验设计的能力，渗透严谨的科学态度与合作精神。

【教材实验内容】

不同价态含硫化合物的转换是高中非金属元素知识的重要内容。2019 年人教版普通高中教科书《化学必修第二册》第五章第一节在【探究】栏目中对该实验的描述如下所示：

1. 下图是人们总结的不同价态硫元素的转化关系，请尽可能多地列举每种价态硫元素所对应的物质，并根据硫元素化合价的变化，分析各种物质在氧化还原反应中表现氧化性还是还原性。

$$\overset{-2}{S} \rightleftharpoons \overset{0}{S} \rightleftharpoons \overset{+4}{S} \rightleftharpoons \overset{+6}{S}$$

2. 从上述转化关系中选择你感兴趣的一种或几种，设计实验实现其转化，并绘制表格关于转化目标（价态变化）、转化前的含硫物质、选择试剂（氧化剂或还原剂）、转化后的含硫物质、预期现象等。

3. 综合考虑实验安全和环境保护，选择一种实验方案进行实验。实验过程中及时观察和记录实验现象，并对其进行分析，通过推理得出结论，就你的结论和发现的问题与同学交流。

【实验教学现状及存在问题】

1. 由于二氧化硫、硫化氢、二氧化氮是有毒有害的气体，有些教师难以展开实际实验，采用多媒体进行教学，学生无法真实感知各实验现象。

2. 学生设计实验无法完整地设计综合性的转换实验，有一定的难度。

【实验改进】

方案一　不同价态含硫物质的转化的一体化实验设计

一、实验原理

1. 硫和浓硫酸在加热条件下反应：$S+2H_2SO_4 \xrightarrow{\triangle} 3SO_2\uparrow +2H_2O$

2. 二氧化硫与酸性高锰酸钾反应：$5SO_2+2KMnO_4+2H_2O == 2H_2SO_4+K_2SO_4+2MnSO_4$

3. 硫化钠与二氧化硫反应：$2Na_2S+3SO_2 == 3S\downarrow +2Na_2SO_3$

4. 尾气处理：$SO_2+2NaOH == Na_2SO_3+H_2O$

二、实验仪器及药品

仪器：试管、W形导管、橡胶管、酒精灯、锥形瓶、铁架台

药品：浓硫酸、硫粉、酸性高锰酸钾、饱和硫化钠溶液、饱和氢氧化钠溶液

三、实验装置

实验装置如图 2-85 所示。

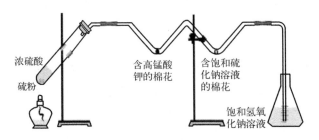

图 2-85　实验装置图

四、实验操作及现象

按照图 2-85 实验装置图在对应仪器中加入实验药品，点燃酒精灯，观察实验现象。

实验过程中，硫粉溶解，有大量气泡产生。高锰酸钾溶液褪色，含硫化钠的棉花出现淡黄色固体。

五、创新优点

1. 成功串联了多个含硫物质的转化实验，整合了含硫物质的转化实验，使得含硫物质的相互转化的实验更具有直观性，利于学生构建硫及含硫化合物转化的知识体系，能够激发学生探究热情和学习兴趣，激发学生思维，培养学生学科素养。

2. 通过合理选择实验药品和改进实验装置，减少了对实验资源的浪费，避免了对教学环境的污染，实现了实验绿色化。

方案二 不同价态含硫物质转化的一体化综合实验

一、实验原理

1. H_2S 的制取与性质检验

$$FeS + H_2SO_4 \xrightarrow{\triangle} FeSO_4 + H_2S \uparrow$$

$$2FeCl_3 + H_2S =\!=\!= 2FeCl_2 + 2HCl + S \downarrow$$

$$H_2S + CuSO_4 =\!=\!= CuS \downarrow + H_2SO_4$$

2. H_2S 与 SO_2 的反应

$$2H_2S + SO_2 =\!=\!= 3S \downarrow + 2H_2O$$

3. SO_2 的制取及性质检验

$$Na_2SO_3 + H_2SO_4 =\!=\!= Na_2SO_4 + SO_2 \uparrow + H_2O$$

$$SO_2 + Br_2 + 2H_2O =\!=\!= H_2SO_4 + 2HBr$$

4. SO_2 与 NO_2 的反应

$$NO_2 + SO_2 =\!=\!= NO + SO_3$$

5. NO_2 的制取

$$Cu + 4HNO_3(浓) =\!=\!= Cu(NO_3)_2 + 2NO_2 \uparrow + 2H_2O$$

二、实验仪器及药品

仪器：圆底烧瓶 4 个、分液漏斗 3 个、具支试管 10 根、量筒（50mL）、量筒（10mL）、烧杯 3 个、漏斗 3 个、锥形瓶 1 个、带铁圈的铁架台、酒精灯、橡胶管、止水夹

药品：硫化亚铁固体、亚硫酸钠固体、3mol/L 硫酸、3mol/L 硝酸、0.1mol/L 氢氧化钠、3mol/L 氢氧化钠、1mol/L 三氯化铁、0.1mol/L 硫酸铜、铜片、品红溶液、溴水、酚酞、石蕊

三、实验装置

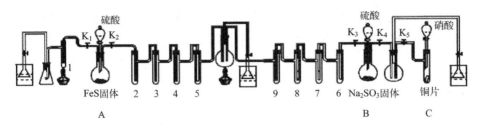

图 2-86　实验装置示意图

向装置 A 的圆底烧瓶和分液漏斗中分别加入 5.3g FeS 和 30mL 3mol/L H_2SO_4 溶液，2～5 号具支试管中分别盛装适量石蕊试液、加入几滴酚酞的 0.1mol/L NaOH 溶液、0.1mol/L $FeCl_3$ 溶液和 0.1mol/L $CuSO_4$ 溶液。向装置 B 的圆底烧瓶和分液漏斗中分别加入 7.6g Na_2SO_4 固体和 30mL 3mol/L H_2SO_4，6～9 号具支试管中分别盛装适量石蕊试液、加入几滴酚酞的 0.1mol/L NaOH 溶液、品红溶液和溴水。向装置 C 的具支试管和分液漏斗中分别加入 0.6g 铜片和 3mL 3mol/L HNO_3 溶液。

四、实验操作及现象

1. H_2S 的制取及性质检验（A 装置）

关闭 K2，打开 K1 和分液漏斗活塞，使分液漏斗中的 H_2SO_4 溶液缓慢流入盛放 FeS 固体的圆底烧瓶中。用酒精灯外焰对试管 1 进行加热。点燃玻璃导管内的气体，然后迅速插入锥形瓶内。火焰熄灭后关闭 K1，打开 K2，气体依次通过 2～5 号具支试管。

圆底烧瓶内有气体生成，试管中出现淡黄色固体，锥形瓶中火焰熄灭，有水珠生成，2～5 号具支试管内的现象依次为：紫色石蕊试液变红；滴有酚酞的 NaOH 溶液由红色变为无色；黄色逐渐褪去，溶液变浑浊；有蓝色沉淀生成。

2. H_2S 与 SO_2 的反应（A-B 装置）

当 9 号具支试管中的溴水开始褪色时，用酒精灯微热 H_2S 与 SO_2 反应的反应器。实验结束，用玻璃棒在圆底烧瓶瓶壁上蘸取少许淡黄色固体，在通风橱中用酒精灯点燃。

圆底烧瓶瓶壁有淡黄色的硫单质沉淀生成，观察到有淡蓝色火焰生成，放出热量，生成带有刺激性气味的气体。

3. SO_2 的制取及性质检验（B 装置）

关闭 K1，打开 K2 的同时，关闭 K4，打开 K3 和分液漏斗活塞，使分液漏斗中的 H_2SO_4 溶液缓慢流入盛放 Na_2SO_4 固体的圆底烧瓶中。产生的气体依次通过 6～9 号具支试管。

圆底烧瓶内有气体生成，6～9 号具支试管内的现象依次为：紫色石蕊试液变红；滴有酚酞的 NaOH 溶液由红色变为无色；品红溶液褪色；溴水褪色。

4. SO_2 与 NO_2 的反应（B-C 装置）

当 Cu 与浓 HNO_3 反应结束后，将制取 SO_3 的反应器取下，相连的导气管插入尾气吸收装置，将反应器分别放在温水浴中加热或酒精灯上慢慢加热。待反应器冷却后向其中滴加适量蒸馏水，用手触摸反应器。向反应器中滴入几滴紫色石蕊溶液。

反应器中的物质仍然是无色透明状液体，说明 SO_3 在常温下为无色透明状液体，有热量生成，证明 SO_3 溶于水是放热反应，溶液变为红色，说明 SO_3 溶于水生成的亚硫酸溶液显酸性。

5. NO_2 的制取（C 装置）

打开 K5 和分液漏斗活塞，使分液漏斗中的浓硝酸缓慢流入盛放铜片的具支试管中，当与生成 NO_2 装置相连的圆底烧瓶中充满红棕色气体时，打开 K4，关闭 K3。

SO_2 与 NO_2 反应的反应器中有无色透明状的 SO_3 液体生成。

五、创新优点

1. 一体化

整个实验体现了一体化的设计理念，现象明显，目的明确。同一实验体系内有 H_2S、SO_2 的制备与性质检验；H_2S 与 SO_2 反应制备 S 单质；NO_2 与 SO_2 反应制备 SO_3。通过对以上硫及其重要化合物之间相互转化的一体化实验进行探究，促进学生建立 H_2S、S、SO_2、SO_3、H_2SO_4 的不同价态含硫物质的转化的知识体系。

2. 绿色化

在进行一体化实验的过程中，采用倒置漏斗的尾气吸收装置，能够充分吸收未完全反应的 H_2S、SO_2、NO_2，保护环境，保障师生安全，符合绿色化学的实验教学理念，培养学生环境保护的意识。

方案三 不同价态硫元素间的转化实验设计

一、实验原理

1. 二氧化锰催化过氧化氢分解：$H_2O_2 =\!=\!= 2H_2O + O_2 \uparrow$

2. 硫燃烧：$S + O_2 \xrightarrow{\triangle} SO_2 \uparrow$

3. 湿润的蓝色石蕊试纸变红：

$$SO_2 + H_2O =\!=\!= H^+ + HSO_3^-$$
$$H_2SO_3 =\!=\!= H^+ + HSO_3^-$$
$$HSO_3^- =\!=\!= H^+ + SO_3^{2-}$$

4. 高锰酸钾溶液变无色：

$$5SO_2 + 2MnO_4^- + 2H_2O =\!=\!= 5SO_4^{2-} + 2Mn^{2+} + 4H^+$$

5. 硫化钠溶液变黄：

$$3SO_2 + 2Na_2S =\!=\!= 3S \downarrow + 2Na_2SO_3$$

二、实验仪器及药品

仪器：250mL 集气瓶、双孔橡胶塞、长颈滴管、燃烧匙、青霉素小瓶、滤纸

药品：30% 双氧水、二氧化锰、硫粉、酚酞、10% 氢氧化钠溶液、品红溶液、石蕊试纸

三、实验装置

实验装置如图 2-87 所示。

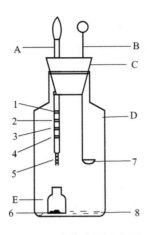

图 2-87 实验装置示意图

A—长颈滴管；B—燃烧匙；C—双孔橡胶塞；D—250mL集气瓶；
E—青霉素小瓶；1～4—滴有各种特定试剂的滤纸环或试纸；5—30%的双氧水；6—二氧化锰；
7—硫粉；8—滴有酚酞溶液的10%氢氧化钠溶液

四、实验操作及现象

1. 将燃烧匙柄端用砂轮磨尖后，从双孔橡胶塞 C 的下端插入并从上端穿出用钳子将尖端做成如图 2-87 所示的圆形铁环，以便于燃烧匙的上下移动。

2. 用剪刀将滤纸剪成长约 3cm×0.5cm 的滤纸条若干备用（另外，可根据检验气体的不同性质而准备一些试纸如 pH 试纸、蓝色石蕊试纸等）；实验时将几条滤纸条或试纸用中性胶水环绕均匀地粘贴在长颈滴管 A 的中部，从上到下依次编号为 1、2、3、4，再用滴管将预先配制好的特定试剂 2～3 滴均匀小心地滴在相应的滤纸环上（以免弄混影响实验效果）。特定试剂因检验气体的不同性质而不同（详见表 2-7）。

表 2-7 特定试剂、实验现象、验证性质对应表

序号	1	2	3	4
特定试剂	湿润的蓝石蕊试纸	饱和高锰酸钾溶液	酸性品红溶液	饱和硫化钠溶液
实验现象	蓝色→红色	紫色→白色	红色→白色	白色→黄色
体现性质	酸性	还原性	漂白性	氧化性

3. 在长颈滴管 A 中吸入 1～2mL 30%的双氧水，燃烧匙 B 中加入约 0.5g 硫粉，集气瓶 D 中加入约 10mL 10%氢氧化钠溶液，青霉素小瓶 E 中加入少量二氧化锰。在酒精灯火焰上点燃硫并迅速塞紧双孔橡胶塞 C，慢慢挤压长颈滴管 A 的胶头，观察实验现象。

4. 可见青霉素小瓶 E 中有大量白色雾气生成（因气体中混有大量水蒸气而致），燃烧

匙 B 中立刻发出明亮的蓝紫色火焰，此时用手轻按燃烧匙 B 上面的圆形铁环让其徐徐下移，明亮的蓝紫色火焰可持续 1～2min（因集气瓶中的湿度比较大，硫燃烧时产生的火焰颜色更加绚丽），此时集气瓶 D 中的白色雾气更加浓厚（反应中产生的气体遇水生成酸雾所致）。

5. 待硫燃烧结束后，轻轻摇晃集气瓶 D，可见 D 内的白色雾气逐渐减少，继续摇晃集气瓶 D 直至白色气体完全消失，此时可见 D 底部的红色液体已变为无色。

6. 打开双孔橡胶塞 C，可见长颈滴管 A 上的滤纸环或试纸分别发生颜色变化从而体现了二氧化硫的各种典型性质（详见表 2-9）。

7. 用长颈滴管取少量集气瓶 D 底部的无色液体注入洁净的试管中，向试管中滴加氯化钡溶液，可见有大量白色沉淀生成，再向试管中滴加稀盐酸，白色沉淀部分消失，并伴有刺激性气味的气体生成，继续滴加稀盐酸，白色沉淀不再消失，这说明有部分 SO_3^{2-} 被氧化成为 SO_4^{2-}。

五、实验成功关键

1. 事先应调整好青霉素小瓶的位置，以便于双氧水能准确加入。

2. 在酒精灯火焰上点燃硫并迅速塞紧双孔橡胶塞 C，注意观察滴加双氧水前后硫燃烧火焰的大小和颜色。

六、创新优点

1. "不同价态硫元素间的转化"实验装置，创新融合多个实验于一个实验中，实现了实验药品和实验装置的微型化。

2. 该装置不仅简单、便于操作，而且有利于观察和比较不同价态硫元素相互转化时的实验现象和各自的典型性质，现象明显且不污染环境。

参考文献

[1] 陈菲，刘晓玲. 不同价态含硫物质的转化的一体化实验设计 [J]. 江西化工，2021，37（01）：113-115.

[2] 王晶，倪刚，陈伟. 不同价态含硫物质转化的一体化综合实验 [J]. 实验教学与仪器，2021，38（01）：42-43.

[3] 刘宝国. 不同价态硫元素间的转化实验设计 [J]. 化学教育，2010，31（03）：87.

实验 19 蔗糖与浓硫酸反应

【实验目的】

通过探究蔗糖与浓硫酸的反应实验和产物检验，理解浓硫酸的脱水性和强氧化性，认识放热反应，在实验操作和实验设计改进的过程中发展科学探究与创新意识素养。

【实验原理】

浓硫酸具有脱水性，当蔗糖遇浓硫酸时，浓硫酸将糖中所含的氢、氧两种元素按水的组成比脱去，糖经"脱水"后，炭游离出来，其化学方程式为：

$$C_{12}H_{22}O_{11} = 12C + 11H_2O$$

又由于浓硫酸吸水会放热且有强氧化性，浓硫酸将与游离出的一部分炭反应，生成二氧化硫和二氧化碳等气体，使混合物的体积膨胀，其中生成的 SO_2 气体使鲜花褪色。其有关的化学方程式为：

$$2H_2SO_4(浓) + C = CO_2\uparrow + 2H_2O\uparrow + 2SO_2\uparrow$$

【教材实验内容】

"蔗糖与浓硫酸的反应"是高中化学含硫化合物的重要实验。2019 年人教版普通高中教科书《化学必修第二册》第五章第一节"硫及其化合物"中对该实验的描述如下所示：

在 200mL 烧杯中放入 20g 蔗糖，加入几滴水，搅拌均匀。然后再加入 15mL 质量分数为 98% 的浓硫酸，迅速搅拌，如图 2-88 所示。观察实验现象。

图 2-88 浓硫酸与蔗糖反应

【实验教学现状及存在问题】

1. 浓硫酸与蔗糖的反应，使用的药品量大，且反应产生的副产物二氧化硫和酸雾会污染教学环境，不符合环保要求。
2. 未对其反应产物进行检验。
3. 不能让观察者感知反应为放热反应。

【实验改进】

方案一　蔗糖与浓硫酸反应实验装置的新设计

一、实验仪器及药品

仪器：玻璃水槽、分液漏斗、小烧杯（100mL）、3 号单孔橡胶塞、胶头滴管、空可

乐瓶（盛放可口可乐的塑料瓶，2L）、剪刀、玻璃棒、玻璃胶

药品：蔗糖、浓硫酸（98%）、蒸馏水、10%氢氧化钠溶液、酚酞试液、品红试纸

二、实验装置

取一个洁净的玻璃水槽，在其中央的位置用玻璃胶粘上一个小烧杯［如图2-89（a）所示］。取一个可乐瓶，用剪刀剪掉下部［如图2-89（b）所示］，制成可移动的钟罩。组装好的实验装置如图2-90所示。

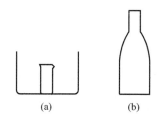

图2-89 小烧杯粘在水槽中央（a）及塑料钟罩（b）

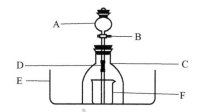

图2-90 蔗糖与浓硫酸反应实验装置图

A—分液漏斗；B—活塞；C—可乐瓶（钟罩）；D—润湿的品红试纸；E—玻璃水槽；F—小烧杯

三、实验操作及现象

1. 在玻璃水槽内注入1000mL 10%氢氧化钠溶液后，滴入4～5滴无色酚酞试液。搅动溶液，溶液变红（酚酞遇碱变红）。取出扣在小烧杯上方用可乐瓶制成的钟罩，在小烧杯内装入10g蔗糖，用胶头滴管滴加10滴蒸馏水，用玻璃棒搅拌均匀后，轻轻拨动玻璃棒将蔗糖与水的混合物移至小烧杯的四周，保证小烧杯的底部中央没有蔗糖与水的混合物。

2. 在分液漏斗内注入8mL 98%的浓硫酸，分液漏斗的下端缠绕上用蒸馏水润湿的品红试纸后，将胶塞（带有分液漏斗）紧紧塞在可乐瓶钟罩的上口上，用手调整分液漏斗的高度，使分液漏斗的下端与小烧杯的底部相差2mm左右为宜。

3. 打开分液漏斗上的活塞，当浓硫酸全部注入小烧杯后，关闭活塞。

4. 用手顺时针或逆时针摇动可乐瓶钟罩，观察实验现象。观察分液漏斗下端的实验现象，随之搅拌小烧杯内的蔗糖、水和浓硫酸的混合物，片刻可观察到品红试纸逐渐褪色（说明蔗糖与浓硫酸反应生成了二氧化硫气体，品红遇二氧化硫褪色），水槽内的溶液逐渐变浅（说明实验产生的二氧化硫气体和酸雾被水槽内的氢氧化钠溶液迅速吸收，小烧杯内产生大量的黑色泡沫，并溢出杯外（如图2-91所示）。

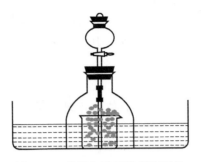

图 2-91　蔗糖与浓硫酸反应现象

四、实验成功关键

1. 用玻璃胶将玻璃水槽与小烧杯粘在一起，有两个作用：一是防止小烧杯受到碱液浮力而倾倒使实验失败；二是防止搅拌蔗糖、水和浓硫酸的混合物时小烧杯游动或倾倒，影响搅拌速度和效果。

2. 分液漏斗下端与小烧杯的底部既不要接触太近，又不要离得太远。接触太近搅拌阻力大，离得太远影响搅拌效率。

3. 搅拌烧杯内蔗糖、水和浓硫酸的混合物时，不要让可乐瓶（钟罩）的底部脱离液面，以防二氧化硫、酸雾从空隙中外逸，造成空气污染。

4. 实验完毕，不要急于将钟罩取下，防止氧化硫、酸雾吸收不完全而泄漏。

五、创新优点

1. 实验设计一举两得。在整个实验过程中，利用稀碱溶液、可乐瓶钟罩密封反应器的方法，既能搅拌小烧杯内蔗糖、水和浓硫酸的混合物，又可以将反应产生的二氧化硫气体及硫酸酸雾全部吸收。

2. 简化了实验装置。利用分液漏斗的下端搅拌蔗糖、水和浓硫酸的混合物，充分发挥了分液漏斗的作用，既可操控添加浓硫酸，又可代替玻璃棒（由于反应物较少，搅拌阻力较小，经验证完全切实可行）。

3. 巧用易寻找、易加工、特殊的形状、透明性好的可乐瓶作为钟罩。

4. 实验装置具有取材方便、制作简单、易于操作、现象明显、无空气污染诸多特点。制成以后可以长期存放在实验室备用。

方案二　蔗糖与浓硫酸反应实验的新设计

一、实验仪器及药品

仪器：小烧杯（100mL）、微型电动吸气泵（24V）、灌肠注射器注射管（100mL）、红外测温仪、单孔5号橡胶塞、3号单孔橡胶塞、玻璃棒、滴管、铁架台、铁夹、十字夹、研钵、钵杵、木板（15cm×3cm×1.5cm）、木螺丝、滤纸条、细线、脱脂棉若干

药品：绵白糖、浓硫酸、蒸馏水、2%高锰酸钾溶液、10%氢氧化钠溶液

二、实验装置

实验装置如图 2-92 所示。

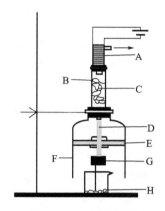

图 2-92　实验装置图

A—微型电动吸气泵；B—灌肠注射器注射管；C—蘸有 10%氢氧化钠溶液的脱脂棉；D—固定在钟罩上的玻璃棒；E—固定玻璃棒的木板；F—透明塑料钟罩；G—蘸有 2%高锰酸钾溶液的滤纸条；H—绵白糖、水和硫酸的混合物

三、实验操作及现象

1. 装置制作

（1）取 10 g 绵白糖固体颗粒，放在研钵里将其研磨成粉末状（越细越好）。

（2）取一个透明塑料空油桶（容积 5L），用水洗净，然后用剪刀将桶底剪掉，见图 2-93（a）。

（3）取一块长等于油桶直径、宽 3 cm、厚 1.5 cm 的木板，用木钻在木板中央钻一个孔，见图 2-93（b）。

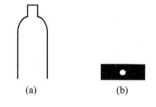

图 2-93　去底的透明塑料桶（a）及带孔的木板（b）

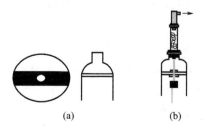

图 2-94　带孔木板的固定（a）及组合仪器（b）

（4）用螺丝将带孔的木板固定在无底油桶的内侧壁上，见图2-94（a）。

（5）将带胶塞的玻璃棒、灌肠注射器的针管以及微型电动吸气泵固定在无底油桶上，并在注射器针管内装入蘸有10%氢氧化钠溶液的脱脂棉，在玻璃棒上裹上两层蘸有高锰酸钾溶液的滤纸条，然后用细线扎紧，见图2-94（b）。

（6）将（5）组合好的仪器用铁夹、十字夹等固定在铁架台上。

2. 操作过程

（1）在烧杯内加入10g绵白糖粉末后，用胶头滴管向绵白糖粉末上滴加10滴蒸馏水，用另一根玻璃棒搅拌均匀后放在钟罩下部，调节钟罩的高度，使钟罩内玻璃棒下端与烧杯底部相隔1～2mm。

（2）接通微型电动吸气泵的电源，徐徐抽取钟罩内的气体。

（3）将10mL浓硫酸沿小烧杯内壁加入其中。

（4）用红外测温仪测量反应前烧杯外壁的温度为20℃。

（5）用手握住小烧杯的外壁，顺时针或逆时针慢慢摇动小烧杯，使玻璃棒轻轻搅动烧杯底部的绵白糖、水及浓硫酸的混合物，反应立即进行，观察实验现象。瓶内混合物从白色迅速变成黑色物质并不断膨胀，反应产生大量气体。玻璃棒上蘸有高锰酸钾溶液的滤纸由红色逐渐褪为无色，片刻黑色物质充满整个烧杯，此时用红外测温仪测出烧杯外壁的温度为105℃，由此说明蔗糖与浓硫酸的反应是放热反应。

（6）反应结束，待有毒气体及其酸雾吸收完毕后，关闭气泵开关，将烧杯内的生成物倒入指定的容器内。

四、实验成功关键

1. 掌握好蔗糖、水、浓硫酸的用量，保证浓硫酸具有较高的浓度（最好用新开封的浓硫酸）。

2. 为了使实验效果更好，增大糖与浓硫酸的接触面积，应将绵白糖研磨成粉末状。

3. 为使反应物混合均匀，反应迅速，反应开始前要用玻璃棒不断搅拌绵白糖、水和浓硫酸的混合物。

4. 倘若二氧化硫、硫酸酸雾吸收仍不完全，可在吸气泵出气口处连接一根塑料软管，将排出的气体通入盛有氢氧化钠溶液的烧杯内，进行二次吸收。

5. 摇动烧杯时，为防止烧杯外壁温度过高而烫手，可戴线手套加以保护。

五、创新优点

1. 在透明的钟罩内进行实验操作，并利用红外测温仪测得反应前后的温度变化，直观感受热量变化。

2. 通过高锰酸钾稀溶液褪色来检验二氧化硫的生成，利用微型电动吸气泵抽出反应生成的二氧化硫气体及酸雾，并用氢氧化钠溶液来吸收这些废气。

3. 实验装置具有取材方便、制作简单、易于操作、现象明显、无空气污染、能检测有毒气体的成分、可测温度变化等诸多优点。

4. 装置制成后贴好标签，存放于实验室备用。

方案三 浓硫酸与蔗糖的反应及产物性质检验

一、实验仪器及药品

仪器：铁架台、250mL 蒸馏烧瓶、玻璃管、脱脂棉、橡胶塞、玻璃导管、橡胶管、注射器、水银温度计等

药品：品红溶液、酸性高锰酸钾溶液、无水硫酸铜、浓硫酸、玫瑰花瓣、蔗糖、氢氧化钠溶液等

二、实验装置

实验发生装置如图 2-95 所示，检验装置如图 2-96 所示。

图 2-95　发生装置图

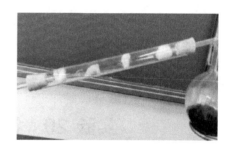

图 2-96　检验装置

三、实验操作及现象

1. 按顺序连接实验装置，并检查装置的气密性。
2. 将事先称量好的大约 20g 蔗糖用 V 形纸槽装入蒸馏烧瓶中，加入大约 5mL 的蒸馏水，使蔗糖溶解变成糊状。用带有温度计的橡胶塞塞好。
3. 用 35mL 的注射器吸取大约 15mL 浓硫酸，并小心地将注射器插入蒸馏烧瓶的橡胶塞中。
4. 在玻璃管中依次放入包裹了无水硫酸铜的脱脂棉、玫瑰花瓣，蘸了品红溶液的脱脂棉、蘸了酸性高锰酸钾溶液的脱脂棉。
5. 连接蒸馏烧瓶与玻璃管，并在玻璃管的右端连接装有氢氧化钠溶液的烧杯，进行尾气处理。
6. 将注射器中的浓硫酸慢慢加入蒸馏烧瓶中，观察实验现象，并记录现象。观察到蔗糖开始变黄，再变黑，稍等片刻后体积膨胀充满整个蒸馏烧瓶，同时产生大量气体。气体通过导管依次经过脱脂棉的现象：无水硫酸铜变蓝、玫瑰花瓣颜色变浅、品红褪色、高锰酸钾溶液褪色。
7. 实验结束，用空注射器向蒸馏烧瓶中推入空气，使残余的二氧化硫全部进入氢氧化钠溶液中，待装置冷却后，清洗装置即可。

四、实验成功关键

1. 浓硫酸对皮肤有强烈的腐蚀性，在实验操作时一定要戴上橡胶手套小心操作。
2. 实验过程中水银温度计插入不能过深，否则温度上升太快容易导致温度计水银球炸裂。

五、创新优点

1. 实验现象明显，不仅看到"黑面包"，还用氢氧化钠溶液吸收有毒尾气，增强环保意识。
2. 实验简约化，实验装置简单、操作方便、节约药品、缩短实验时间。将两个独立的实验合并，不仅验证了浓硫酸的脱水性和强氧化性，证明放热，还检验了二氧化硫的性质。

参考文献

[1] 王建芬，齐俊林. 蔗糖与浓硫酸反应实验的新设计 [J]. 化学教学，2018（02）：73-75.
[2] 张丽敏. 蔗糖与浓硫酸反应实验的新设计 [J]. 化学教学，2021（12）：75-77.
[3] 王娟娟. 浓硫酸与蔗糖的反应及产物性质检验 [J]. 中学化学教学参考，2021（18）：77-78.

实验 20　铜与硝酸的反应

【实验目的】

通过探究铜与硝酸的反应实验，了解浓硝酸具有强氧化性及其本质，会分辨浓硝酸与稀硝酸产物不同，能从元素组成及氧化还原角度预测产物并进行验证，会正确书写化学方程式和离子方程式，发展宏观辨识与微观探析、科学探究与创新意识素养。

【实验原理】

铜与浓硝酸反应，用氢氧化钠吸收尾气：

$$Cu + 4HNO_3（浓） = Cu(NO_3)_2 + 2NO_2\uparrow + 2H_2O$$

$$2NO_2 + 2NaOH = NaNO_2 + NaNO_3 + H_2O$$

$$HNO_3 + NaOH = NaNO_3 + H_2O$$

$$Cu(NO_3)_2 + 2NaOH = Cu(OH)_2\downarrow + 2NaNO_3$$

铜与稀硝酸反应，用氢氧化钠吸收尾气：

$$3Cu + 8HNO_3（稀） = 3Cu(NO_3)_2 + 2NO\uparrow + 4H_2O$$

$$2NO + O_2 = 2NO_2$$

$$HNO_3 + NaOH = NaNO_3 + H_2O$$

$$Cu(NO_3)_2 + 2NaOH = Cu(OH)_2\downarrow + 2NaNO_3$$

$$2NO_2 + 2NaOH = NaNO_2 + NaNO_3 + H_2O$$

【教材实验内容】

"铜与硝酸的反应"实验是高中化学中含氮化合物的重要内容。2019 年人教版普通高中教科书《化学必修第二册》第五章第二节"氮及其化合物"中该实验的描述如下所示：

在橡胶塞侧面挖一个凹槽，并嵌入下端卷成螺旋状的铜丝。向两支具支试管中分别加入 2mL 浓硝酸与稀硝酸，用橡胶塞塞住试管口，使铜丝与硝酸接触，观察并比较实验现象。向上拉铜丝，终止反应。实验现象为产生红棕色气体，溶液颜色由无色变为绿色，烧杯中有气泡产生。实验装置如图 2-97 所示。

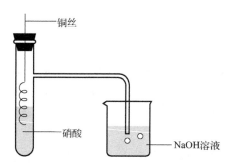

图 2-97 硝酸与铜反应实验装置图

【实验教学现状及存在问题】

1. 在铜与稀硝酸的实验中，室温下反应缓慢，过很久都不能观察到溶液颜色变化。

2. 若按教材实验装置进行实验，加热后，观察到试管内出现红棕色气体。预期实验现象不明显。因为试管上部空间起初有空气，生成的 NO 立即与 O_2 发生反应，生成红棕色的 NO_2 气体。

3. 该实验不能控制反应的停止，这不但浪费药品，产生的 NO 和 NO_2 向空气中逸散，污染环境。

【实验改进】

方案一 铜与浓硝酸反应实验的微量化设计

一、实验仪器及药品

仪器：50mL 广口瓶、3mL 塑料杯

药品：浓硝酸、1% NaOH 溶液、粗铜丝

二、实验装置

实验装置如图 2-98 所示。

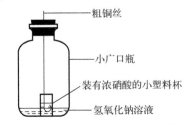

图 2-98　铜与浓硝酸反应实验的微量化设计

三、实验操作及现象

1. 先在小广口瓶中加入 4mL 1% NaOH 溶液，用滴管取 1mL 浓硝酸加入小塑料杯中，用镊子将小塑料杯小心放进装有 1% NaOH 溶液的小广口瓶中。

2. 将带有粗铜丝的软胶塞塞紧小广口瓶，粗铜丝下端伸到小塑料杯口，先不要与浓硝酸接触。

3. 往下推动粗铜丝，使粗铜丝下端浸入小塑料杯浓硝酸里，可观察到铜丝表面有气泡产生，红棕色气体从小塑料杯口向外扩散，小塑料杯中的浓硝酸变为绿色。

4. 红棕色气体产生后，立即往上提粗铜丝，使粗铜丝与小塑料杯的浓硝酸脱离，反应立即停止进行。

5. 静置，可观察到小广口瓶中红棕色气体逐渐变淡，一段时间后红棕色气体全部消失。

四、实验成功关键

粗铜丝下端绕成 1 圈螺旋状，不要多绕，防止反应太剧烈。

五、创新优点

该装置采用微量化、一体化设计，反应和尾气处理都在密闭容器中进行，有效防止 NO_2 气体的逸散，减少空气污染；药品用量少，操作简便，实验现象明显，可随时控制反应的发生和停止；因反应生成的 NO_2 气体会较快被小广口瓶中的 NaOH 溶液吸收，不用再设计气球收集尾气等装置。

方案二　绿色简易法制备纯二氧化氮气体

一、实验仪器及药品

仪器：5mL 针筒、医用三通阀、5mL 医用采血真空管

药品：浓硝酸、铜丝、浓氢氧化钠溶液、水

二、实验装置

实验装置如图 2-99 所示。

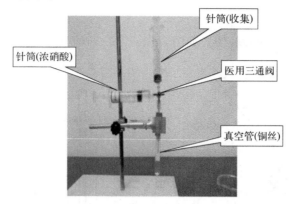

图 2-99　铜与浓硝酸反应实验的改进装置

三、实验操作及现象

1. 用 1 支针筒吸取适量的浓硝酸，并把里面的气体排净；然后取 1 小段铜丝插入真空管，再取 1 支排空的针筒，最后取 1 个三通阀按照图 2-99 所示进行连接。

2. 旋转三通阀仅使装有浓硝酸的针筒与装有铜丝的真空管进行连通，把浓硝酸挤压进真空管。

3. 迅速旋转三通阀，使真空管与用于收集气体的针管连通。很快就可以看到上方的针筒中出现了红棕色的气体。

4. 用排净浓硝酸的针筒再吸取适量的浓氢氧化钠溶液，旋转三通阀仅使其与下方的真空管连通，用于尾气的处理。

5. 迅速取下收集了二氧化氮的针筒吸取少量的水，用针管套堵住针筒。观察到针筒内红棕色逐渐变淡，注射器自动向内推进，这是由于二氧化氮溶于水，生成硝酸和无色的一氧化氮，压强减小所致。然后拉动注射器吸入空气，注射器内颜色又变为红棕色，证明二氧化氮与水反应后的气体是一氧化氮。最后吸入氢氧化钠溶液，处理注射器内的气体。

四、创新优点

1. 实验器材简单且较容易实现，无须通风设备。
2. 实验在密闭的环境中进行，对环境及人体没有危害。
3. 实验微型化，节约药品，现象明显。
4. 还可用于无氧环境下其他物质的制备，如一氧化氮、氧化亚铁等。

方案三　铜与浓、稀硝酸反应的改进实验

一、实验仪器及药品

仪器：大试管、双孔塞、胶头滴管、Y 形导气管、小气球、注射器、具支试管、单孔

塞、尖嘴玻璃管、短玻璃管、止水夹、洗耳球

药品：铜片、浓硝酸、氢氧化钠溶液、4mol/L 稀硝酸、细铜丝

二、实验装置

铜与浓、稀硝酸反应的实验装置如图 2-100、图 2-101 所示。

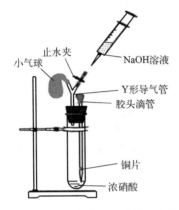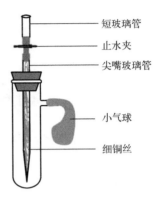

图 2-100　铜与浓硝酸反应的实验装置　　　图 2-101　铜与稀硝酸反应

三、实验操作及现象

1. 铜与浓硝酸反应

（1）取下胶头，往玻璃管中加入一小块铜片，盖上胶头，再往大试管中加入适量浓硝酸，使尖嘴导管下端伸入液面以下一点，塞上双孔塞。

（2）挤压胶头滴管，吸入浓硝酸，观察实验现象。

（3）可以反复多次操作，直到铜片反应完全。

（4）实验完毕，将盛有 NaOH 溶液的注射器与橡胶管连接，打开止水夹，将 NaOH 溶液注入试管；关闭止水夹，移开注射器。振荡大试管，观察实验现象。

胶头滴管内，铜片与浓硝酸接触后，反应非常剧烈，产生大量红棕色气体，生成的绿色溶液被喷出。大试管内充满红棕色气体，溶液呈绿色，气球稍微膨胀（见图 2-102）。往大试管中慢慢注入 NaOH 溶液后，有蓝色沉淀产生，试管内形成白雾，试管壁发热，小气球鼓起（见图 2-103），继续慢慢注入 NaOH 溶液，蓝色沉淀越来越多。冷却后，小气球稍微凹下去（见图 2-104）。

2. 铜与稀硝酸反应

（1）将装有铜丝的尖嘴玻璃管尖嘴端伸入稀硝酸液面以下，将洗耳球连接短玻璃管，吸入稀硝酸，使溶液液面到达橡胶管处，使尖嘴玻璃管充满稀硝酸，捏住橡胶管，关闭止水夹。

（2）将此单孔塞塞入具支试管，组装好仪器。观察实验现象。

（3）待玻璃管里面的液体全部排尽后，用洗耳球与上面玻璃管相连，打开止水夹，挤压洗耳球，使尖嘴玻璃管里面的气体进入试管，关闭止水夹。（注意观察试管中气体的颜色变化）

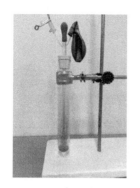 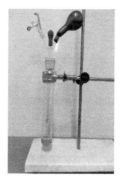 

图 2-102　铜与浓硝酸反应（见彩图）　　图 2-103　铜与浓硝酸反应（注入 NaOH 溶液后）（见彩图）　　图 2-104　尾气处理（见彩图）

（4）取下短玻璃管，将装有浓 NaOH 溶液的注射器与橡胶管相连，打开止水夹，将浓 NaOH 溶液注入试管。关闭止水夹，移开注射器，振荡试管，观察实验现象。

尖嘴玻璃管内铜丝与稀硝酸反应刚开始很缓慢，慢慢观察到铜丝表面产生的气泡越来越多，产生的无色气体将尖嘴玻璃管内溶液排出。铜与稀硝酸反应结束后，尖嘴玻璃管及具支试管内气体呈无色，溶液呈蓝色（见图 2-105）。用洗耳球将尖嘴玻璃管内气体吹入试管中，观察到：具支试管内气体瞬间变红棕色，小气球鼓起（见图 2-106）。往具支试管内注入 NaOH 溶液后，有蓝色沉淀产生，振荡试管后，红棕色气体消失（见图 2-107）。

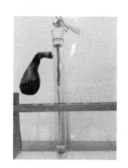  

图 2-105　铜与稀硝酸反应　　图 2-106　NO 与 O_2 反应　　图 2-107　尾气处理

四、实验成功关键

1. 由于铜与稀硝酸反应比较缓慢，为了增大反应速率，此实验选用细铜丝，绕成螺旋状，尽量充满尖嘴玻璃管。

2. 尖嘴玻璃管充满稀硝酸，排尽了空气，能观察到生成的 NO 为无色气体。反应结束后，通过洗耳球鼓入空气，将尖嘴玻璃管中的气体赶入试管中。

3. 整个实验都在密闭环境中进行，有效防止有毒气体 NO、NO_2 逸出污染环境。

五、创新优点

1. 该改进实验在完全密闭条件下进行，操作简单，反应可控，试剂用量少，现象明显。

2. 将铜与浓、稀硝酸反应进行有效对比，能观察到 NO 转化为 NO_2 的实验现象，便于学生理解铜与浓、稀硝酸反应的本质。

3. 在实验结束清洗仪器之前，先处理尾气，有效防止有毒气体逸出。

参考文献

[1] 姚亮发，林师龙，郑柳萍，等. 例谈中学化学教材实验的微量化设计 [J]. 化学教学，2020，No.405 (12)：64-66.

[2] 李冬梅，曹金星，童阳. 绿色简易法制备纯二氧化氮气体 [J]. 化学教育（中英文），2018，39 (03)：63-64.

[3] 李润. 铜与浓、稀硝酸反应的改进实验 [J]. 化学教育（中英文），2018，39 (07)：63-65.

实验 21　海带提碘

【实验目的】

通过海带提碘的实验熟悉称重、灼烧、溶解、过滤和萃取等一系列操作，了解化学方法在实现物质间转化中的作用，认识化学在自然资源综合利用方面的重要价值，发展科学态度与社会责任、科学探究与创新意识素养。

【实验原理】

海带主要成分有蛋白质、糖类、有机碘化物等有机物，另外，还含有少量的氯化钠、碳酸钠和碘化钠等无机盐。实验将海带灼烧灰化使有机碘转化为碘化物，用氧化剂将碘化物氧化为单质碘，再用有机溶剂萃取单质碘。

【教材实验内容】

"海带提碘"是 2019 年鲁科版高中教科书《化学必修第二册》第一章原子结构元素周期律中微项目"海带提碘与海水提溴"的内容。该实验的描述如下所示：

1. 将海带灼烧成灰，浸泡溶解得到海带灰悬浊液。通过过滤，得到不溶的残渣。
2. 加入氧化剂，将碘离子氧化成碘单质，利用有机溶剂萃取出碘单质。再通过蒸馏提取出碘单质。

【实验教学现状及存在问题】

海带成分复杂，提取步骤繁多，实验成功率较低，往往没有现象或现象不明显。

【实验改进】

方案一　海产品中碘的提取与测定探究实验

一、实验仪器及药品

仪器：剪刀、电子天平、酒精灯、玻璃棒、蒸发皿、三脚架、烧杯、移液枪、漏斗、

滤纸、胶头滴管、锥形瓶、分液漏斗、容量瓶、石英比色皿、擦镜纸、威尼尔色度计、威尼尔数据采集器、计算机

药品：干海带、紫菜、海苔、H_2O_2、3mol/L H_2SO_4、酒精、CCl_4、蒸馏水

二、实验流程

实验流程如图 2-108 所示。

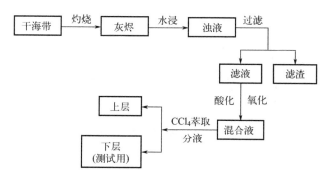

图 2-108 提取碘的实验流程示意图

三、实验操作及现象

1. 预处理

将干海带用刷子刷净，剪成 1~2cm 的方块，准确称量 3g 置于蒸发皿中。

2. 灰化

采用酒精灯加热蒸发皿中的干海带，灰化 40 min，停止加热，冷却。在通风橱进行加热，除去白烟和难闻的气味；加热过程中不断搅拌，使海带受热均匀，灰化速度加快。加热结束后将蒸发皿放在石棉网上自然冷却，不能直接放在试验台上，防止蒸发皿骤冷导致破裂。

3. 过滤

将冷却后的海带灰转移到 50mL 小烧杯中，分两次加入共 15mL 的蒸馏水，静置后过滤。

4. 氧化

向滤液中加入 300μL 3mol/L H_2SO_4、1mL H_2O_2 溶液进行氧化还原反应。充分反应后将所得滤液转移到分液漏斗中。

5. 萃取

萃取剂 CCl_4 用量为 15mL，向分液漏斗中少量多次加入 CCl_4，振荡，静置。待溶液完全分层后，打开活塞，将碘的四氯化碳溶液从下口流出，其余溶液从上口倒出。

6. 含量测定

观察下层滤液颜色，采用色度计进行测量，选择 470nm 即更为接近碘在 CCl_4 中的最大吸收波长进行测定。把含碘的有机溶剂放入蒸馏烧瓶中，实验结束后进行回收处理。

7. 绘制标准曲线

准确称取 0.01072g 单质碘，定容至 10mL 容量瓶中，移取 0.01、0.2、0.4、0.6 和

0.8mL 的碘标准液分别加入 2.99、2.8、2.6、2.4 和 2.2mL 的 CCl_4 中，分别得到浓度不同的碘标准液，在 470nm 波长进行测定，绘制浓度和吸光度标准曲线图，结果见图 2-109。

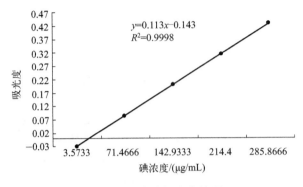

图 2-109 碘的标准曲线图

四、实验成功关键

1. 干海带预处理过程中不可用水清洗。
2. 萃取时，少量多次加入 CCl_4，振荡，静置完全后再进行分液。

五、创新优点

不仅设计碘的提取工艺流程，而且利用操作简单、便于携带的色度计和数字化实验技术，通过屏幕直观地测量碘的含量。

方案二 对"验证提取海带中的碘元素"实验的改进与创新

一、实验仪器及药品

仪器：饮料瓶、纱布、滤纸或纸巾、矿泉水瓶（剪下瓶底）、眼药水瓶、矿泉水瓶瓶盖、废旧药品铝箔包装、医用棉签

药品：市售干海带、"84"消毒液、白醋、淀粉、婴儿油、蒸馏水（所有液体均用眼药水瓶盛放）

二、实验流程

实验流程如图 2-110 所示。

三、实验操作及现象

1. 海带灰的制作

略去除海带表面的泥土，将海带剪成合适大小的片状，用坩埚钳夹住，在火焰上灼烧

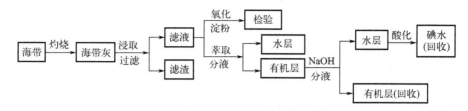

图 2-110　提取碘改进后的实验流程

即可。烧成黑色炭化片状,把其放在蒸发皿上冷却后用研钵捣碎即可得到海带灰。

2. 海带灰的浸泡

向 20mL 蒸馏水中加入 4 药匙海带灰,蒸馏水常温浸泡 30 分钟,所得滤液进行后续实验。

3. 海带灰悬浊液的过滤

(1) 瓶盖的预处理:将废弃饮料瓶瓶盖取下后洗净,稍用力用筷子(或者笔芯)从瓶盖尖嘴处将其圆形十字孔硅胶控制垫取下,这样瓶盖处就有一个约 0.8 cm 的圆孔。

(2) 滤纸的制作:纱布和滤纸剪成约 3.5 cm 直径的圆,按照由下到上 2 层纱布-一层滤纸-2 层纱布重叠在一起,放进处理后的瓶盖里,倒过来看就是一个小布氏漏斗。

(3) 将需要过滤的液体倒入瓶身,拧回盖子,需要过滤时倒转瓶身轻轻挤压,滤液便可快速流出。

4. 碘离子的验证

用废旧眼药水瓶盛放试剂,用废旧药品铝箔包装或是瓶盖做点滴板,取生活中的白醋、"84 消毒液"(1∶20 稀释)、淀粉溶液各 2~3 滴进行实验。用棉签依次蘸取各试剂,白色的棉花可以很清楚地衬托碘遇淀粉后的蓝色,一白一蓝效果十分明显。

5. 碘单质的提取

使用在超市可以买到的以矿物油为主要成分的婴儿油作为萃取剂,将 5mL 滤液、1mL 白醋、2mL "84 消毒液"(1∶20 稀释液)、3mL 婴儿油加入眼药水瓶中,充分振荡,观察现象,放气后分液。将分液出来的碘的有机溶液收集在废旧饮料瓶中,向其中加入浓氢氧化钠溶液,充分振荡后观察到有机层颜色褪去,放气后倒转静置,打卡瓶盖进行分液操作,将上册的婴儿油回收,向水层中加入盐酸至溶液呈酸性便可得到含碘的水溶液。

四、创新优点

1. 实验中所需仪器和药品几乎全部来自于生活,利用废旧物品自制的加压过滤装置能够简化过滤操作所需的仪器,提高过滤效率,使得化学实验家庭化。

2. 使用棉签验证碘单质、使用眼药水瓶进行分液操作的微型实验所需药品量极少,实验现象十分明显,使化学实验微型化。

方案三　过氧化氢提取海带中碘的实验条件优化

一、实验仪器及药品

仪器:电子天平、坩埚、酒精灯(或酒精喷灯或电炉)、玻璃棒、漏斗、滴管、分液

漏斗

药品：干海带、酒精、蒸馏水、HAc、CCl_4（或$CHCl_3$）、10% H_2O_2

二、实验操作及现象

1. 用刷子把干海带表面的附着物刷净，称取 3g 干海带小块或粉于坩埚中，用酒精润湿，在通风橱中用酒精灯或酒精喷灯或电炉灰化；冷却后将灰分全部转入小烧杯中，加入 10~15mL 蒸馏水，搅拌，微沸 2~3 分钟，冷却后过滤。

2. 用冰醋酸稀释为 1∶1 HAc，量取 6~10mL 1∶1 HAc，用滴管缓慢滴入滤液中，当产生气泡较少时将 HAc 全部转入，经 HAc 处理后滤液全部转入分液漏斗中，加入CCl_4或$CHCl_3$ 2~5mL，10% H_2O_2 3~5mL，振荡，静置。观察现象。观察到CCl_4或$CHCl_3$层出现紫红色。

3. 弃去上层水相，回收下层含碘的CCl_4或$CHCl_3$溶液。

三、实验成功关键

1. 进行 2 次返洗萃取CCl_4或$CHCl_3$层。
2. 灼烧温度选择 600~700℃之间。

四、创新优点

用 HAc 调节酸度 pH 3~4 较H_2SO_4调节酸度的稳定性好，可操作性更强。

参考文献

[1] 张琦，卢凤琴，陈雷，孙艳涛. 海产品中碘的提取与测定探究实验［J］. 化学教学，2021（11）：80-84.

[2] 马薇，陈亚争. 对"验证提取海带中的碘元素"实验的改进与创新［J］. 化学教育，2017，38（03）：55-58.

[3] 杨孝容，熊俊如，张桃. 过氧化氢提取海带中碘的实验条件优化［J］. 化学教学，2015（08）：48-51.

第三章

有机化学基础实验

实验 22　乙烯的制备及性质实验

【实验目的】

通过探究乙烯的制备与性质的相关实验，学会书写相关反应的化学方程式，并能利用其主要性质进行常见有机化合物的鉴别，发展宏观辨识与微观辨析核心素养，培养"结构决定性质"的化学基本观念。

【实验原理】

乙醇可在浓硫酸的作用下，加热到170℃时生成乙烯：

$$C_2H_5OH \xrightarrow{170℃、浓硫酸} C_2H_4\uparrow + H_2O$$

【教材实验内容】

为了解决如何在实验室中制备乙烯的问题，2019年人教版高中化学选择性必修3《有机化学基础》在第三章第二节中设计了该实验（装置如图3-1所示）。主要内容是：在圆

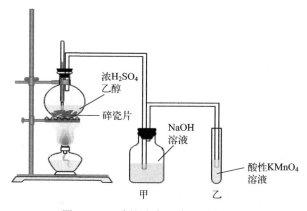

图 3-1　乙醇的消去反应实验装置图

底烧瓶中加入乙醇和浓硫酸（体积比约为 1∶3）的混合液 20mL，放入几片碎瓷片，以避免混合液在受热时暴沸。加热混合液，使液体温度迅速升到170℃，先将生成的气体通过氢氧化钠溶液除去杂质，再通入酸性高锰酸钾溶液和溴的四氯化碳溶液中，观察实验现象。

【实验教学现状及存在的问题】

1. 该实验存在的问题是炭化比较严重，温度不容易升高到170℃，装置比较复杂，制取的乙烯杂质过多，使乙烯的产率较低以及对性质实验造成一些不利影响。

2. 在乙烯的性质检验实验中，乙烯通过高锰酸钾溶液后没有尾气的处理，直接排放到空气中，易造成环境污染，不符合绿色化学理念。

【实验改进】

方案一　乙烯性质的演示实验

一、实验原理

2-氯乙基膦酸（植物生长调节剂乙烯利）在 pH＜3 的溶液中稳定，在 pH＞3 的溶液中会分解产生乙烯。乙烯利在氢氧化钠溶液中发生的反应为：

$$ClCH_2CH_2P(OH)_2O + 4NaOH \longrightarrow NaCl + C_2H_4\uparrow + Na_3PO_4 + 3H_2O$$

二、实验仪器及药品

仪器：分液漏斗、具支试管、气球、酒精灯、玻璃管（内径分别为 6mm 和 10mm）、橡胶管、橡皮筋、保鲜袋、火柴。

药品：40%乙烯利溶液、氢氧化钠浓溶液（1g 氢氧化钠溶于 5mL 水）、溴水、高锰酸钾溶液、稀硫酸、青香蕉。

三、实验装置

改进实验的装置如图 3-2 所示。

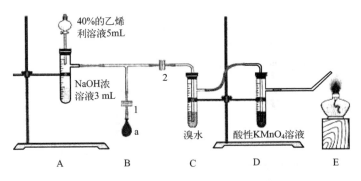

图 3-2　实验室快速制备乙烯的演示实验装置图

四、实验操作及现象

1. 打开止水夹 2，关闭止水夹 1，打开分液漏斗的旋塞滴入乙烯利溶液，观察 C、D 中的现象。待溴水、酸性高锰酸钾溶液褪色后，用连较粗玻璃管的气球从装置 C 的导管收集少量气体，用拇指堵住玻璃管口靠近火焰，松开拇指听见"噗"的一声说明氢气纯净。

2. 打开止水夹 1，关闭止水夹 2，用连较细玻璃管的气球从 C 的导管收集气体，气体收集完毕，打开止水夹 2，关闭止水夹 1，点燃 E 处的酒精灯烧掉实验过程中逸出的乙烯。将收集的乙烯点燃，火焰明亮伴有黑烟，开始时气球膨胀较大，可以通过手捏玻璃管与气球连接处控制乙烯不要流出太快，随着燃烧气球内压强变小，可以通过捏气球加快乙烯流速，保证整个燃烧过程中现象明显。

3. 打开止水夹 1，关闭止水夹 2，用保鲜袋收集一定量的乙烯，用橡皮筋扎好保鲜袋，橡皮筋不要扎太紧，让乙烯可以自然泄漏，放入盛有青香蕉的塑料袋中，1 天后开始观察乙烯的催熟效果。

4. 打开止水夹 2，关闭止水夹 1，用点燃的酒精灯将尾气烧掉。

五、创新优点

1. 改进乙烯的制备方法后，能迅速制得性质实验所需要的乙烯，为教师上课赢得了时间。

2. 该方法制得的乙烯除少量的水蒸气、空气外不含其他杂质，进行性质实验时现象明显，不会对学生的认知产生误导（乙醇与浓硫酸反应制乙烯，140℃时会生成乙醚，乙醇被浓硫酸炭化生成炭，会继续和浓硫酸反应生成二氧化碳和二氧化硫气体），也不会污染教学环境。

3. 实验用的 40% 的乙烯利溶液本身就是市售用于催熟的农药，本实验又添加了催熟实验，不仅阐述了农业上果实催熟的原理，还为整个实验创设了情境，贴近生活，大大提高了该实验的趣味性，激发了学生学习化学的兴趣及探究生活中一些化学原理的欲望。

4. 演示实验中的 a 部分为自制的验纯、气体收集及点燃装置，用连接较粗玻璃管的气球做验纯实验，便于收集乙烯气体，操作安全；用连接较细玻璃管的气球做气体收集装置，不仅便于点燃，而且可以通过捏气球加快出气量，使燃烧实验的现象非常明显。

方案二　乙烯制备及性质检验的微型实验

一、实验仪器及药品

仪器：5mL 注射器、青霉素瓶、输液管、针头、保鲜袋、火柴

药品：40% 乙烯利溶液、氢氧化钠浓溶液（1g 氢氧化钠溶于 5mL 水）、溴水、高锰酸钾溶液、稀硫酸、青香蕉

二、实验装置

改进实验的装置如图 3-3 所示。

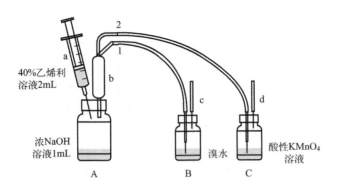

图 3-3　实验室快速制备乙烯的微型实验装置图

三、实验操作及现象

1. 将注射器的乙烯利溶液注入 A 的青霉素瓶中，观察 B、C 中的现象。待溴水、酸性高锰酸钾溶液褪色后，将 1 拔开，用输液管上原有的橡胶帽盖好，将 2 从 C 中拔出，用气球收集少量气体验纯（方法同上）。若气体纯净，用连较细玻璃管的气球收集气体，并点燃（方法同上），火焰明亮伴有黑烟。

2. 用保鲜袋收集一定量的乙烯，用橡皮筋扎好保鲜袋，橡皮筋不要扎太紧让乙烯可以自然泄漏，放入盛有青香蕉的塑料袋中，1 天后开始观察乙烯的催熟效果。

四、创新优点

1. 改进后，实验装置所需仪器简单，特别是专为学生设计的微型实验装置，有利于学生进行实验探究。

2. 微型实验装置中的 b 部分是针对微型实验的创新设计。微型实验中反应容器体积较小，一旦反应比较剧烈就容易发生反应液冲进导管的现象，b 部分可以起到缓冲及反应液回流的作用，而且 b 部分材料易得，因而可以推广到其他反应较剧烈的微型实验装置中。

方案三　乙烯制备及性质实验装置改进

一、实验仪器及药品

仪器：磁力加热搅拌器、威尼尔温度传感器、磁子、磁力加热搅拌器、威尼尔温度传感器、磁子、水夹、铁夹、胶头滴管、橡胶管、尖嘴导管、酒精灯、火柴、纱布条、剪刀

药品：浓硫酸、无水乙醇、液体石蜡、品红试液、酸性 $KMnO_4$ 溶液、NaOH 溶液、溴水

二、实验装置

改进实验的装置如图 3-4 所示。

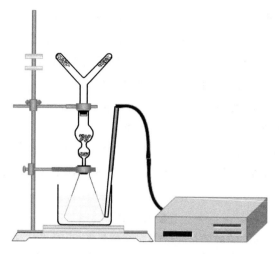

图 3-4 乙烯制备实验改进装置图

实验装置说明：实验装置如图 3-4 所示，磁力加热搅拌器用于加热，通过加热旋钮控制加热的快慢。烧杯内放液体石蜡，对反应液进行油浴加热，温度传感器测液体石蜡的温度。锥形瓶作反应器受热面积较大。双球干燥管的下球放蘸有品红溶液的纱布条，用于检验是否有 SO_2 气体产生，上球放蘸有 NaOH 溶液的纱布条，用于吸收可能产生的 SO_2 气体和挥发出的乙醇蒸气。Y 形管的一侧放蘸有酸性 $KMnO_4$ 溶液的纱布条，另一侧放蘸有溴水的纱布条，用于检验反应产生的乙烯气体。锥形瓶处的双孔塞连接一尖嘴导管，用于点燃乙烯气体。

三、实验操作及实验现象

1. 向烧杯中加 120mL 液体石蜡，放在磁力加热搅拌器上并放入磁子，固定好温度传感器，连接数据采集器，开启磁力加热搅拌器进行加热。

2. 检查装置的气密性后，双球干燥管的下球放蘸有品红溶液的纱布条，上球放蘸有 NaOH 溶液的纱布条，锥形瓶中加入体积比 1∶3 的乙醇和浓硫酸的混合液 12mL，放入几片碎瓷片，连接好后，关闭尖嘴导管处的止水夹。

3. 当液体石蜡的温度升高至 170℃以上时，将锥形瓶慢慢放入石蜡油中，用铁夹固定好后，继续加热，使液体石蜡的温度始终保持在 170℃左右。

4. 当有大量气体产生时，在 Y 形管的一侧滴入高锰酸钾溶液，另一侧滴入溴水，发现皆能使两者迅速褪色，且在双球干燥管下球的品红试液没有褪色。

5. 关闭 Y 形管上的两个止水夹，打开尖嘴导管处的止水夹，将尖嘴处的气体点燃，有明亮的火焰。

6. 待温度降低后，拆下装置，品红试液颜色几乎未变，锥形瓶内混合液呈棕黄色，没有明显变黑。

四、创新优点

1. 用液体石蜡进行油浴加热，可以使温度快速升高并且保持在 170℃左右，温度变化不大。由于温度可以迅速地突破140℃而又未达到180℃可以更好地减少副反应的发生。

2. 在磁力加热搅拌器加热，并且磁子不停地搅拌的情况下，可以通过调节加热旋钮控制加热的速度，通过温度传感器实时准确地监控反应液的温度。磁力加热搅拌器的使用克服了酒精灯加热温度不好控制的缺点，受热比较均匀。

3. 装置简单容易操作，能验证乙烯的多种性质，满足中学实验教学的要求，实验现象非常明显，可用于教师的中学实验教学的要求。

4. 可根据实验的需要来控制药品的用量，如果只需要制备少量的乙烯气体，可以把锥形瓶改成小的具支试管作反应器，反应液的用量减少到1/3的实验现象。

参考文献

[1] 杨金美. 实验室快速制备乙烯并检验其性质 [J]. 化学教育（中英文），2017，38（19）：61-63.
[2] 于美爱，王福中，张浩，董华泽，王方阔. 乙烯的制取与性质一体化微型实验设计 [J]. 中学化学教学参考，2021（02）：65-66.
[3] 邓伟，王丽霞，徐兰芳. 乙烯制备及性质实验装置改进 [J]. 中学化学教学参考，2017（07）：57.

实验 23　乙炔的制取及性质实验

【实验目的】

通过乙炔的制取及性质实验探究并观察乙炔的主要化学性质及相应性质实验的现象，体会有机化学反应与无机化学反应在反应条件、反应试剂及反应产物等方面的差异，深化"结构决定性质，性质反映结构""性质决定用途"等学科观念，培养学生宏观辨识与微观探析、科学探究与创新意识、证据推理与模型认知素养。

【实验原理】

1. 乙炔制备原理：$CaC_2 + 2H_2O = Ca(OH)_2 + C_2H_2\uparrow$
2. 硫酸铜溶液除杂原理：$PH_3 + 4CuSO_4 + 4H_2O = H_3PO_4 + 4H_2SO_4 + 4Cu$
3. 酸性高锰酸钾氧化乙炔：$C_2H_2 + 2KMnO_4 + 3H_2SO_4 = 2MnSO_4 + K_2SO_4 + 2CO_2 + 4H_2O$
4. 乙炔与溴的四氯化碳溶液的加成反应：$C_2H_2 + Br_2 \longrightarrow BrCHBrCH$
5. 乙炔燃烧：$2C_2H_2 + 5O_2 \longrightarrow 4CO_2 + 2H_2O$

【教材实验内容】

该部分内容在2019年人教版高中化学选择性必修3《有机化学基础》第二章第二节"探究"栏目中出现，主要内容为：在圆底烧瓶中放入几小块电石。打开分液漏斗的活塞，逐滴加入适量饱和氯化钠溶液，将产生的气体通入硫酸铜溶液后，再分别通入酸性高锰酸钾溶液和溴的四氯化碳溶液。最后换上尖嘴导管，先检验气体纯度，再点燃乙炔，观察现象。实验装置如图3-5所示。

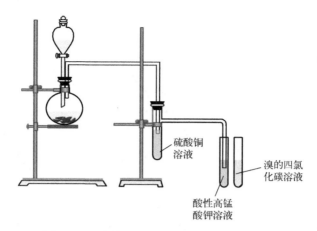

图 3-5　乙炔的实验室制取及性质检验装置图

【实验教学现状及存在的问题】

1. 反应装置庞大，组装操作繁琐；试剂用量大，造成浪费。
2. 反应剧烈，大量放热并产生泡沫，阻塞导管。
3. 制取的乙炔气体含有硫化氢、砷化氢等有毒杂质，污染环境，影响师生身心健康。

【实验改进】

方案一　乙炔制备及性质微型实验

一、实验仪器及药品

仪器：10mL 针筒（附针头）、药片板、塑料滴管、橡胶导管、试管、单孔橡胶塞、10mL 青霉素瓶（附胶塞）、酒精灯、滤纸、细线、棉花等

药品：电石、饱和硫酸铜和无水乙醇的混合液（体积比 2∶1）、0.1mol/L 酸性高锰酸钾溶液、溴的四氯化碳溶液

二、实验装置

该改进实验的装置如图 3-6～图 3-8 所示。

三、实验操作及现象

1. 实验操作

（1）在一次性塑料滴管吸泡的底部剪开一个小口，塞入 2～3 粒用棉花包裹的电石，在试管内装入约 2mL 饱和硫酸铜和无水乙醇的混合液，针筒活塞先用水润湿以增强润滑性。

（2）实验开始后，将滴管吸泡部分浸入溶液中，反应开始。

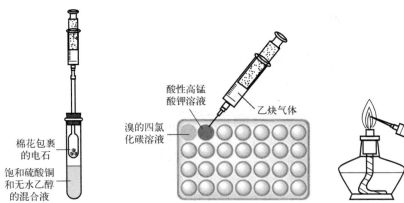

图 3-6　乙炔制备实验装置图　　图 3-7　乙炔性质实验装置图　　图 3-8　乙炔气体点燃装置图

（3）从橡胶管上取下针筒，用气夹夹住橡胶管。针筒装上针头，然后扎入橡皮塞中以防止乙炔泄漏。

（4）在药片板的两个孔穴上分别滴入 8 滴酸性高锰酸钾溶液和溴的四氯化碳溶液。依次把集有乙炔气体的针筒针头插入酸性高锰酸钾溶液和溴的四氯化碳溶液，推动活塞，使气体通入溶液，观察现象。

（5）点燃酒精灯，将针筒的针头置于火焰上，推动活塞，点燃乙炔气体，观察实验现象。

2. 实验现象

吸泡部分浸入溶液后，吸泡内部开始产生气泡。针筒中集满气泡后停止反应，将气体通入盛有待测溶液的孔穴，发现高锰酸钾溶液和溴的四氯化碳溶液褪色。点燃气体，可以观察到针头处产生明亮的火焰，并看到有少量黑烟生成，可通过推动活塞控制火焰的大小。

四、创新优点

1. 实验装置操作简便，生活化且趣味化；反应所需试剂微量，成功率高，降低了实验成本。

2. 该反应装置可以做到"随用随取"，控制反应速率，便于学生分组实验和课堂演示。

方案二　乙炔的制备与性质检验的一体化实验

一、实验仪器及药品

仪器：液封集气瓶、针管（带针头）、滤纸、双面胶

药品：电石、饱和硫酸铜溶液、酸性高锰酸钾溶液、溴的四氯化碳溶液、5％氢氧化钠溶液

二、实验装置

改进实验的装置如图 3-9 所示。

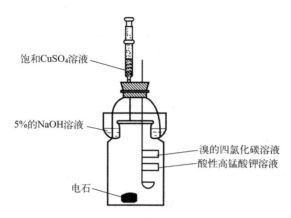

图 3-9　乙炔的制备与性质检验的一体化实验装置图

三、实验操作及现象

1. 实验操作

（1）将带针头的注射器中装入 5mL 的饱和硫酸铜溶液，并插入液封集气瓶的橡胶塞。在液封集气瓶内放入小块电石。

（2）在玻璃燃烧匙的长柄上用双面胶固定 2 张滤纸，并分别用酸性高锰酸钾溶液和溴的四氯化碳溶液润湿滤纸，装入集气瓶中。向组装好的液封集气瓶的玻璃罩中加入 5％氢氧化钠溶液。

（3）使用注射器缓慢将饱和硫酸铜溶液滴加到电石上，观察实验现象。

2. 实验现象

电石逐渐溶解并产生黑色粉末。一段时间后，滤纸上紫红色的酸性高锰酸钾溶液和黄色的溴的四氯化碳溶液颜色逐渐变浅至无色，说明产生乙炔气体。

四、实验成功关键

1. 液封集气瓶须检查气密性。
2. 改用饱和硫酸铜溶液参与反应，降低反应发生的速度，便于教学观察。

五、创新优点

1. 改进实验仅使用少量试剂完成乙炔气体的制备和性质验证实验，试剂微量化，有利于节约成本。

2. 该实验对反应进行液封，防止有毒气体污染空气，符合反应绿色化的理念。

3. 制备实验和性质验证实验一体化设计，装置简单，操作简便，且实验现象明显，符合课堂教学的实际需求。

方案三 乙炔制备和性质实验的改进

一、实验仪器及药品

仪器：广口试剂瓶、小号试管、特制短体试管、玻璃三通管、医用头皮针、医用三通管、输液塑料软管（带轮式夹）、注射器（2mL、5mL）、特制双向玻璃尖嘴、AB胶适量

药品：电石、1mol/L硫酸铜溶液、棉花团、酸性高锰酸钾溶液、溴的乙酸乙酯溶液

二、实验装置

改进实验的装置如图 3-10 所示。

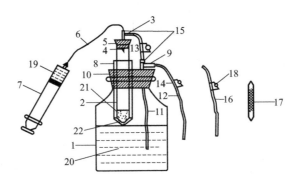

图 3-10 乙炔制备和性质实验的改进实验装置图

1—广口试剂瓶；2—小号试管（15mm×150mm）；3—医用三通管；4—头皮针头；5—0#橡胶塞；6—头皮针塑料细管；7—塑料注射器（2.5mL）；8—特制短体试管（18mm×100mm）；9—尖嘴玻璃三通管；10—9#橡胶塞；11—改良塑料软管A；12—塑料软管；13—轮式夹A；14—轮式夹B；15—AB胶；16—改良塑料软管B；17—特制双向玻璃尖嘴；18—轮式夹C；19—水；20—硫酸铜溶液；21—电石；22—棉花团

三、实验操作及现象

1. 实验操作

（1）如图 3-10 组装好实验装置。

（2）检查装置气密性：打开轮式夹A和B，并将注射器7活塞拉出至最大刻度处。然后向广口试剂瓶1中注入约50mL蒸馏水，并塞紧胶塞5和10。慢慢地推进注射器活塞，若能看到有均匀小气泡从广口试剂瓶内的水面下冒出，说明乙炔的发生器部分不漏气，气密性良好；再将塑料软管12插入一只盛水的小烧杯中，继续推进注射器活塞，若能看到有气泡从烧杯内的水面下冒出，说明乙炔的净化装置部分不漏气，气密性良好。二者均不漏气后，即可进行下述实验。

（3）倒掉广口试剂瓶1中的蒸馏水，注入150mL的硫酸铜溶液；向小号试管2中加入2~3g电石；向注射器7中注入少量蒸馏水，排尽空气。

（4）缓慢推进注射器7中，观察实验现象。

(5) 乙炔的燃烧实验：将特制双向玻璃尖嘴 17 直接套入到塑料软管 12 上，在尖嘴口处点燃，观察实验现象。

(6) 乙炔与高锰酸钾的酸性溶液或溴的乙酸乙酯溶液的反应：将塑料软管 12 换成改良塑料软管 B，直接通入到上述溶液中，观察现象。

2. 实验现象

推进注射器 7 后，2 号小试管中出现气泡，电石逐渐溶解。点燃乙炔气体后，产生明亮火焰，有少量黑烟。将气体通入高锰酸钾酸性溶液，溶液褪色。

四、实验成功关键

合理控制电石用量并严格限制水的用量。实验中根据电石的用量，严格地限制水的用量，是做好该实验、提高实验效果的重要保证。根据实验结论可知，水的实际用量以反应的理论需求量的 1.5~2 倍为宜。

五、创新优点

1. 使用注射器有效地控制了反应的速率，提高了乙炔气流的均匀性、平稳性，从而达到便于现象观察和气体收集的目的；采用较小容积的小号试管做乙炔的发生器，并将玻璃套管置于洗气的广口试剂瓶内，减小了气体的发生和洗涤空间，缩短了乙炔气的排空时间，从而缩短了实验时间，提高了实验效率。

2. 该装置装配简单，操作简便，便于在实际教学中重复使用。

3. 采用该装置完成乙炔的课堂演示或学生实验时，有试剂用量少（硫酸铜洗液可回收、重复利用）、实验现象明显、降低成本且绿色无污染的优点。

参考文献

[1] 韦新平，钱扬义. 乙炔制备及性质微型实验创新设计两例 [J]. 化学教学，2014（01）：61-62.

[2] 李雪萍，伍晓春. 乙炔的制备与性质检验的一体化实验 [J]. 化学教育（中英文），2018，39（09）：40.

[3] 任有良，曹宝月，孙楠，田邦. 乙炔制备和性质实验的再改进 [J]. 化学教学，2017（11）：59-62.

实验 24　苯的溴代反应

【实验目的】

通过苯的溴代反应的实验探究和改进，学会列举苯在生产、生活中的重要应用，并能够结合这些物质的主要性质进行简单说明，初步认识有机化合物结构、性质和用途之间的关系，发展学生变化观念和平衡思想、科学探究与创新意识的学科核心素养。

【实验原理】

$$C_6H_6 + Br_2 \xrightarrow{\triangle} C_6H_5Br + HBr$$

【教材实验内容】

2019 年人教版高中化学选择性必修 3《有机化学基础》第二章第三节"芳香烃 苯的化学性质"中提到苯的溴代反应（装置如图 3-11 所示）。

主要内容为：将苯和少量溴放在烧瓶里，同时加入少量铁屑做催化剂。用带导管的瓶塞塞紧瓶口，跟瓶口垂直的一段导管可以兼起冷凝器的作用。在常温时，很快就会看到，在导管口附近出现白雾（由溴化氢遇水蒸气所形成）。反应完毕后，向锥形瓶的液体里滴入 $AgNO_3$ 溶液，有浅黄色溴化银沉淀生成。将烧瓶里的液体倒在盛有冷水的烧杯里，烧杯底部有褐色不溶于水的溴苯。

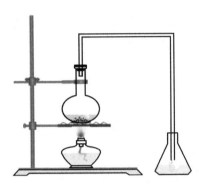

图 3-11 苯的溴代反应实验装置图

【实验教学现状及存在的问题】

1. 由于苯的溴代反应是放热反应，蒸发产生的溴蒸气对溴化氢气体的鉴定干扰很大，不利于溴化氢气体的检验。
2. 在向盛有冷水的烧杯内倾倒液体或向锥形瓶内通入气体时，生成溴化氢气体以及溴的蒸气造成室内空气污染也是不争的事实。
3. 涉及仪器种类多、体积大，携带和使用不便，药品用量较多。
4. 反应剧烈难以控制，导致了苯、溴挥发较多和副反应发生，降低了溴苯产量。
5. 教室中没有自来水无法使用冷凝管。
6. 从三颈烧瓶中挥发出的溴蒸气被锥形瓶内的蒸馏水吸收，干扰溴化氢的检验。
7. 反应完成后向三颈烧瓶中加入氢氧化钠溶液会产生红褐色胶状的氢氧化铁沉淀，难以清晰分层，不利于观察产物溴苯的颜色。

【实验改进】

方案一 苯的溴代反应实验的新设计

一、实验仪器及药品

仪器：100mL 玻璃注射器 1 支、10mL 一次性注射器 2 支、大号针头 1 支、125mL 集

气瓶 2 个、100mL 小烧杯 3 只、5 号橡胶塞 2 个、1 号橡胶塞 1 个

药品：液溴、苯、粗铁屑（铁刨花）、0.1mol/L 硝酸银溶液、10％氢氧化钠溶液、蒸馏水（冷）、四氯化碳

二、实验装置

该改进实验的装置如图 3-12、图 3-13 所示。

 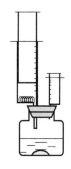

图 3-12　苯的溴代反应实验装置图　　图 3-13　向集气瓶注入生成物

三、实验操作及现象

1. 取 1 支 100mL 的玻璃注射器，抽出注射栓后，在注射管内加入一块无锈的粗铁刨花，然后将注射栓推到刻度最小的位置。

2. 将注射针头安装在注射管上，针头插入盛有 1mL 液溴的小烧杯中，上提注射栓，针管内吸入 1mL 的液溴。

3. 将针头插入盛有 4mL 苯的小烧杯中，上提注射栓，当针管吸入 4mL 的液溴后，在针头上插上一个小胶塞，用来封闭针眼，防止针管内的液体外流（如图 3-12 所示）。

4. 上下翻转玻璃注射器几次，针管内反应立即进行。用手触摸针管壁可感到发热，说明反应是放热的，产生的气体将注射栓向上顶出（待反应结束后自动停止）。

5. 取下针头上的小胶塞，迅速将玻璃注射器内的生成物注入到盛有 100mL 冷水的集气瓶内（如图 3-13 所示），可观察到右边的一次性注射器的注射栓向上移动，在水的下方可观察到有红褐色油状物产生，说明反应生成了溴苯。

6. 从集气瓶胶塞上取下玻璃注射器，迅速将针头插入到盛有 3mL 四氯化碳的小烧杯中，上提注射栓，吸入 3mL 的四氯化碳后，向针头上再插上小胶塞。

7. 上下翻转玻璃注射器几次，使注射管内的溴蒸气全部被四氯化碳溶解并除掉。取下针头上的小胶塞，迅速将注射器内的四氯化碳溶液全部推到小烧杯内。

8. 迅速将玻璃注射器的针头插入盛有 10mL 0.1mol/L 硝酸银溶液的集气瓶口处的橡胶塞内，将气体全部推入集气瓶后，稍稍振荡集气瓶，可观察到立即有淡黄色沉淀产生，由此说明苯与溴反应还生成了溴化氢气体。

四、创新优点

1. 实验过程分步进行，目的明确，操作简单，节约药品，现象明显，无空气污染。

2. 该实验方法可用于演示实验，也可用于分组实验。

3. 实验完毕后，可将集气瓶、烧杯内的废液倒在指定的废液桶里，以防造成污染。

方案二　苯的溴代反应演示实验的改进

一、实验仪器及药品

仪器：Y形试管、橡胶塞、玻璃管、气球

药品：苯、液溴、氢氧化钠溶液、KI-淀粉试纸、pH试纸、细铁丝、棉花

二、实验装置

该改进实验的装置如图3-14所示。

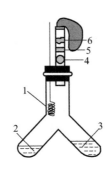

图 3-14　改进实验装置图

1—可上下移动的螺旋状铁丝；2—苯与液溴的反应混合物；3—氢氧化钠溶液；
4—蘸有苯的棉花团；5—湿润KI-淀粉试纸；6—湿润pH试纸

三、实验操作及现象

1. 实验操作

（1）按图3-14连接好装置（玻璃管末端连接气球），检查装置的气密性。

（2）先将适量图3-14中4~6依次放入玻璃管中适当位置。

（3）再将足量氢氧化钠溶液加入到Y形试管远离铁丝的一端。

（4）最后，取大约1.5mL苯和1.0mL液溴组成的混合物加入到Y形试管接近螺旋状铁丝的一端，迅速盖紧橡胶塞。然后将螺旋状铁丝浸没到反应混合物中引发反应，可以通过调节螺旋状铁丝的位置来控制铁丝与反应混合物的接触面积，使苯的溴代反应适当快慢（反应混合液处于微沸状态），直到反应完成，上提铁丝至Y形试管上部。实验过程中可以观察到湿润KI-淀粉试纸不变蓝，湿润pH试纸变成红色，气球膨胀鼓起。

（5）反应结束后将Y形试管一端的反应混合液倒入另一端的氢氧化钠溶液中，充分振荡，静置，观测实验现象。

2. 实验现象

可以清楚地观察到反应生成的无色油状的液体溴苯，同时发现气球变瘪。

四、创新优点

1. 仪器装置简化，药品布局合理，药品用量减少，节约原料。

2. 通过上下移动铁丝，及时调节反应快慢，防止因反应混合物温度过高导致苯、溴剧烈挥发和过多的副反应发生。

3. 使用铁丝还可以避免用铁粉做催化剂时生成的溴化铁滞留在反应后的混合液中，导致碱洗除溴时生成红褐色氢氧化铁絮状沉淀，进而影响观察溴苯的颜色。

4. 用苯吸收挥发出的溴蒸气，通过观察湿润KI-淀粉试纸不变蓝的实验现象，排除了溴蒸气对溴化氢气体检验的干扰。

5. 因玻璃管末端连接气球使整套实验装置处于全封闭状态，反应完成后图3-14中3处的氢氧化钠溶液起到2个作用，不但可以除掉粗溴苯中的溴，而且可以吸收装置内的溴化氢气体，有效地防止了空气污染。

6. 实验现象明显，防止了空气污染，因此可以将此演示实验改为边讲边做实验或学生的分组实验。

参考文献

[1] 齐俊林. 苯的溴代反应实验的新设计 [J]. 教育与装备研究，2018，34（08）：55-57.
[2] 尚广斗，温志东. 苯的溴代反应演示实验的改进 [J]. 中小学实验与装备，2020，30（03）：35-36.

实验25　甲苯与酸性高锰酸钾溶液的反应

【实验目的】

通过甲苯与酸性高锰酸钾溶液的实验探究和改进，了解甲苯的化学性质及苯的同系物的化学性质，发展学生的科学探究与创新意识、宏观辨识与微观探析素养。

【实验原理】

$$5C_7H_8 + 6MnO_4^- + 18H^+ \longrightarrow 5C_7H_6O_2 + 6Mn^{2+} + 14H_2O$$

【教材实验内容】

"甲苯与高锰酸钾"反应实验是2019年人教版高中化学选择性必修3《有机化学基础》第二章第三节中一个重要的实验，也是2019年苏教版高中化学选择性必修3专题三第二单元芳香烃中探究苯的同系物化学性质的实验。该实验操作如下所示：

（1）向两支分别盛有2mL苯和甲苯的试管中各加入几滴酸性高锰酸钾溶液，静置观察实验现象。

（2）将上述试管用力振荡，静置观察实验现象。

观察到苯的试管中溶液无明显变化，而甲苯的试管中溶液褪色。

【实验教学现状及存在的问题】

1. 无论在常温下还是加热条件下，甲苯被酸性高锰酸钾氧化的反应速率实在太慢，导致在短时间内观察不到酸性高锰酸钾溶液褪色现象。

2. 在实验中，苯往往也能使高锰酸钾溶液褪色，实验现象会对学生产生误导作用。

【实验改进】

方案一　甲苯使酸性高锰酸钾溶液褪色实验的改进

一、实验原理

一种固体无机化合物或它的水溶液与另一溶于非极性溶剂的物质混在一起，因两者分别处于互不相溶的两相（固-液两相或液-液两相），难以发生化学反应。要使它们发生反应的新的办法是应用相转移催化剂，即在两相体系中加入少量在有机相和水相中都能溶的试剂（称相转移催化剂），它可穿过两相之间的界面把反应实体（如MnO_4^-）从水相转移到有机相中，使它与底物（有机溶剂中的溶质或纯有机溶剂）反应，并把反应中生成的另一种阴离子带回水相中，而相转移催化剂没有损耗，只是重复地起"运送"阴离子的作用。

二、实验仪器及药品

仪器：温度计、试管、烧杯、量筒、电子天平、药匙、玻璃棒、胶头滴管、热水

药品：0.05mol/L 高锰酸钾溶液、甲苯、二甲苯（以上 3 种药品均为分析纯试剂）、蒸馏水、18-冠醚-6 晶体

三、实验操作及现象

1. 先配制浓度为 0.05mol/L 的高锰酸钾溶液 50mL，再取部分配制好的该溶液用蒸馏水稀释成 0.02mol/L、0.01mol/L、0.005mol/L 3 种不同浓度的高锰酸钾溶液。用量筒取 30mL 甲苯于 50mL 小烧杯中，加入 0.9g 18-冠醚-6 晶体，搅拌，使其充分溶解，得到冠醚的甲苯溶液（A 溶液）。再分别取 30mL 甲苯，用同样方法配制含有 1.8g 和 3.6g 18-冠醚-6 的两种甲苯溶液——B 溶液和 C 溶液。

2. 取 4 支试管，向其中分别加入 2mL 上述冠醚的甲苯溶液（A 溶液），再分别滴加 3 滴上述 4 种浓度的高锰酸钾溶液，振荡，观察现象。分别用 B 溶液、C 溶液重复上述实验操作，观察现象。

3. 50℃水浴加热下，每次实验取冠醚的甲苯溶液 2mL，高锰酸钾溶液 3 滴。

4. 80℃水浴加热，不同浓度冠醚的甲苯溶液与不同浓度高锰酸钾溶液反应。实验结果（如表 3-1 所示）。0.005mol/L、0.01mol/L、0.02mol/L 高锰酸钾溶液 0.5min 左右完全褪色，0.05mol/L 高锰酸钾溶液 1 分钟左右完全褪色，溶液褪色的同时下层（水层）均出现棕色浑浊。

表 3-1 常温下不同浓度冠醚的甲苯溶液与四种浓度高锰酸钾溶液反应现象

高锰酸钾溶液	0.05mol/L	0.02mol/L	0.01mol/L	0.005mol/L
A 溶液	5 分钟无变化	3 分钟略微褪色 5 分钟明显褪色	2 分钟略微褪色 5 分钟明显褪色	1.5 分钟明显褪色 4 分钟几乎完全褪色
B 溶液	5 分钟较明显褪色	2 分钟略微褪色 5 分钟几乎完全褪色	1.5 分钟略微褪色 5 分钟完全褪色	1 分钟明显褪色 3 分钟几乎完全褪色
C 溶液	4.5 分钟明显褪色	1 分钟略微褪色 4.5 分钟几乎完全褪色	1 分钟略微褪色 4 分钟完全褪色	1 分钟明显褪色 3 分钟几乎完全褪色

5. 取一支试管，向其中加入 1~2 粒绿豆大小的 18-冠醚-6 晶体，再向试管中加入 2mL 甲苯，振荡，使其全部溶解，得到冠醚的甲苯溶液（冠醚浓度相当于上述实验 B 溶液或 C 溶液浓度）。在所得溶液中滴加 3 滴高锰酸钾溶液（中性），振荡试管，观察实验现象。必要时把试管放入 50℃以上的水浴中加热，观察实验现象。

四、实验成功关键

高锰酸钾溶液浓度应控制在 0.02mol/L 及以下的浓度为宜。

五、创新优点

1. 实验时间短，现象明显。

2. 本实验涉及超分子化学领域，18-冠醚-6 是主体，钾离子是客体，主客体通过配位键形成了超分子，18-冠醚-6 在反应中起相转移催化作用。

方案二 关于酸性高锰酸钾溶液氧化甲苯的探究

一、实验仪器及药品

仪器：试管、滴管
药品：0.2%~0.5%高锰酸钾、甲苯、苯

二、实验操作及现象

1. 高锰酸钾溶液的酸化：取 1mL 稀硫酸倒入试管中，然后滴加 5 滴 0.2%~0.5%的高锰酸钾溶液，即配成酸性高锰酸钾溶液。

2. 另取两支试管，分别加入 1mL 苯和甲苯，然后用滴管各滴加两滴酸性高锰酸钾溶液，振荡或微微加热，一分钟后观察现象。

3. 不同条件对实验的影响

（1）酸化高锰酸钾溶液时硫酸浓度对实验的影响（如表 3-2 所示）

表 3-2　酸化高锰酸钾溶液时硫酸浓度对实验的影响

硫酸的浓度	苯中现象	甲苯中现象
1∶1	褪色	褪色
1∶2	褪色	褪色
1∶4	浅紫色	褪色
1∶5	紫色	褪色
1∶8	紫色	褪色

（2）1∶5 的硫酸对高锰酸钾溶液实验前酸化和实验后酸化对实验的影响（如表 3-3 所示）

表 3-3　1∶5 的硫酸对高锰酸钾溶液实验前酸化和实验后酸化对实验的影响

项目	苯中现象	甲苯中现象
实验前酸化	紫色	褪色
实验后酸化	褪色	褪色

（3）1∶5 的硫酸酸化高锰酸钾溶液，加热时间对实验的影响（如表 3-4 所示）

表 3-4　1∶5 的硫酸酸化高锰酸钾溶液，加热时间对实验的影响

项目	30s	1min	2min	5min
苯中现象	紫色	紫色	浅紫色	褪色
甲苯中现象	浅紫色	褪色	褪色	褪色

三、实验成功关键

1. 酸化高锰酸钾溶液时，硫酸浓度要适宜，硫酸浓度太大，会出现苯和甲苯同时使高锰酸钾溶液褪色，硫酸浓度太稀，甲苯不易被氧化，难使高锰酸钾溶液褪色，硫酸浓度以 1∶5 为宜。

2. 酸化高锰酸钾溶液时，必须在实验前酸化，不可将高锰酸钾溶液与苯或甲苯混合后再加硫酸酸化，这样苯也能使高锰酸钾溶液褪色。

3. 振荡或微微加热会加快反应速率，但不能加热时间太久，否则苯也能使高锰酸钾溶液褪色。

四、创新优点

改进后能得到较好的实验效果，甲苯可使高锰酸钾褪色，而苯不可使高锰酸钾褪色。

方案三　甲苯、二甲苯使高锰酸钾酸性溶液褪色的实验研究

一、实验仪器及药品

仪器：试管（15mm×150mm 规格）

药品：蒸馏水、0.001mol/L $KMnO_4$、1∶1 H_2SO_4、苯、甲苯、二甲苯

二、实验操作及现象

先将适量的苯和甲苯、二甲苯分别加入三支试管，再分别加入相同体积的 0.001mol/L 高锰酸钾溶液和 1∶1 硫酸溶液，然后用力振荡，观察并对比实验现象。

一段时间后，溶液褪为无色。

三、实验成功关键

1. 加入顺序依次是 $C_6H_5CH_3$ 和 $CH_3C_6H_4CH_3$、0.001mol/L $KMnO_4$ 和 1∶1 H_2SO_4。如果不是在上述试管中进行，则应以实际所用试管的大小将试剂的用量等幅度调整。

2. 要注意减少试管内残液中有机物挥发对环境的污染，实验结束时，应及时将试管加塞密封，课后进行适当处理。

四、创新优点

实验设计符合科学性、可行性、简约性、安全性等原则。

参考文献

[1] 沈坤华. 甲苯使酸性高锰酸钾溶液褪色实验的改进 [J]. 化学教学，2019（01）：56-58.
[2] 刘天凤. 关于酸性高锰酸钾溶液氧化甲苯的探究 [J]. 化学教学，2008（03）：7-8.
[3] 沈宏柱. 甲苯、二甲苯使高锰酸钾酸性溶液褪色的实验研究 [J]. 中学化学教学参考，2007（10）：37-38.

实验 26　苯酚与溴水的反应

【实验目的】

通过实验定性感知苯酚的性质，对教材中苯酚与溴水的定性反应实验有基本的模型建构，并尝试研究该反应在检测苯酚的量中的应用，建立定量研究模型，发展学生的宏观辨识与微观探析、证据推理与模型认知素养。

【实验原理】

苯酚分子中，羟基和苯环相互影响，使苯环在羟基的邻、对位上的氢原子比较容易被取代。

苯酚容易与溴水发生取代反应，生成白色晶状 2,4,6-三溴苯酚：

$$C_6H_5OH + 3Br_2 \longrightarrow C_6H_2Br_3OH + 3HBr$$

【教材实验内容】

"苯酚与溴水反应"实验意在探究苯酚的取代反应机理,是人教版高中化学选择性必修3《有机化学基础》第三章第二节"醇酚"的重要演示实验,也是2019年苏教版选择性选修3专题四第一单元中基础实验。其中人教版实验操作如下:

(1) 向试管中加入0.1g苯酚和3mL水,振荡,得到苯酚溶液。
(2) 再向其中逐滴滴加饱和溴水,边加边振荡,观察实验现象。

另在苏教版教材中,该实验操作为:向稀苯酚溶液中滴加少量浓溴水,观察实验现象。

【实验教学现状及存在的问题】

在不同教材中都表述为向苯酚溶液中加入饱和/浓溴水。在实际的演示实验中,教师对溴水浓度的把控不同,会导致出现不同的现象,例如白色沉淀过少或出现黄色沉淀,对实验现象的观察造成干扰,并且影响苯酚的定量检验。

【实验改进】

方案一 巧用混合溶剂改进苯酚与溴反应的实验

一、实验仪器及药品

仪器:磁力搅拌器、恒压滴液漏斗、100mL烧杯、玻璃棒、漏斗、滤纸、铁架台(带铁圈)

药品:溴的乙醇溶液(体积比1∶1)、苯酚、5%Na_2SO_3溶液、蒸馏水

二、实验装置

该改进实验的装置如图3-15所示。

图3-15 用混合溶剂改进后的反应装置

三、实验操作及现象

1. 称量0.5g苯酚于小烧杯中,加入约20mL水搅拌溶解,得到无色溶液,转移到圆底烧瓶中,加入磁子,安装于磁力搅拌器上,如图3-15所示。

2. 将溴的乙醇溶液转移到恒压滴液漏斗中,装在圆底烧瓶上,启动磁力搅拌器并调节转速。打开恒压滴液漏斗旋塞,使溴溶液逐滴滴下,边搅拌边反应。溴一滴入立即产生白色固体,很快又溶解(三溴苯酚溶于苯酚),不断滴加后逐渐析出较多白色固体。

3. 将Na_2SO_3溶液加入恒压滴液漏斗中,然后滴加到反

应液中除去残余的溴（漏斗中和反应液中）。将反应液倒出，静置，有大量白色固体沉积在底部。

4. 过滤并用蒸馏水洗涤两三次，称重。

四、创新优点

1. 试剂采用现配溴的乙醇溶液（体积比 1∶1），溴溶解性好，操作中没有溴蒸气冒出。

2. 实验用时短，现象明显，便于学生实验观察。

3. 采用混合溶剂使整个体系互溶，溴的用量充足（物质的量之比为 1∶3∶1），反应进行充分，减少一溴苯酚副产物的生成，产物纯度高。

4. 用 Na_2SO_3 除去未反应的溴，同时可以将由溴包裹或氧化形成的副产物还原，得到纯白色产物，提高纯度。

5. 利用溶解度差异，采用乙醇-水混合溶剂使可能残留的苯酚、副产物一溴苯酚等溶解，产物三溴苯酚大量析出，从而与少量残余苯酚分离，提纯效果好，操作简单，试剂环保。

方案二　利用数字化实验探究苯酚的性质

一、实验仪器及药品

仪器：电脑、GQY 数字实验室平台、数据采集器、电导率传感器、烧杯若干、量筒、电子天平、磁力搅拌器

药品：0.1mol/L 盐酸、0.1mol/L 醋酸、0.1mol/L 苯酚溶液、0.1mol/L 乙醇溶液、蒸馏水、苯酚固体、乙醚、无水乙醇、浓溴水

二、实验装置

该改进实验的装置如图 3-16 所示。

图 3-16　数字化实验改进后的反应装置

三、实验操作及现象

向两个烧杯中分别加入 30mL 的蒸馏水和稀苯酚,按照实验装置并联两组溶液,均放于磁力搅拌器上。连接电导率传感器、数据采集器以及电脑,开启磁力搅拌器,同时分别滴入同滴数的浓溴水,测定两组溶液的电导率变化。

前者溶液橙黄色,后者溶液中有白色沉淀生成,电导率变化如图 3-17 所示:

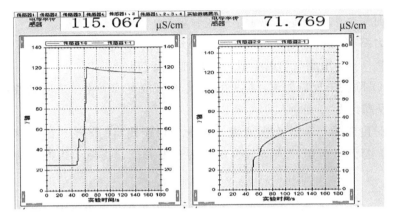

图 3-17 电导率变化图

蒸馏水和苯酚溶液分别滴加相同滴数浓溴水。蒸馏水溶液的电导率从 0 变化到 72μS/cm 左右,而苯酚溶液电导率从 20μS/cm 左右变化到 115μS/cm 左右,说明后者导电性增加幅度大一些。从而排除了浓溴水中自带有 H^+ 干扰,说明苯酚和溴水之间发生的化学反应中生成可溶性的电解质。得出结论:苯酚和浓溴水发生化学反应的原理是取代反应,而不是加成反应。

四、创新优点

数字化实验有着检测手段的灵敏化、测量呈现实时化、现象规律可视化、操作测量简单化等诸多优点,能够为中学化学实验教学和研究提供强有力的技术支持。本实验改进方案将电导率传感器等数字化仪器与传统实验相结合,探究苯酚中羟基和苯环的活泼性,实验方法更为方便、快捷、高效,实验结果更为精确、可靠,运用于课堂教学中有助于提高学生的信息素养和科学探究能力。

方案三 使用不同浓度的苯酚溶液探究其性质

一、实验仪器及药品

仪器:250mL 锥形瓶、电子天平、玻璃棒、试管、试管架
药品:液溴、苯酚晶体、蒸馏水

二、实验操作及现象

1. 在有磨口玻璃塞的 250mL 锥形瓶内，将 2mL 液溴溶解于 98mL 水中，配制成 100mL 的溶液，剧烈振荡，每次振荡之后，微开瓶塞，使积聚的溴蒸气放出。待全部溶解，制成体积分数 2% 的浓溴水。

2. 使用电子天平称取一定量的苯酚晶体，用蒸馏水溶解，分别配制 20mg/mL、15mg/mL、10mg/mL、5mg/mL 的苯酚水溶液。

3. 10 支试管分别标记 1～10，都加入 2mL 10mg/mL 苯酚稀溶液，静置于试管架，分别用滴管向 1～10 号试管中依次滴加 1～10 滴上述配好的浓溴水，振荡并观察反应现象。

1～3 号试管滴加溴水后出现少量白色沉淀，稍加振荡后，白色沉淀迅速溶解，反应现象不明显；4～7 号试管中，随着溴水滴入量的增加，白色沉淀的含量逐渐增加，振荡后白色沉淀不溶解，现象十分明显；8～10 号试管中，白色沉淀中出现黄色物质（2,4,4,6-四溴-2,5-环己二烯酮），10 号试管中黄色十分明显，溶液颜色也变成了橙黄色，现象出现明显偏差。由此可知，该实验所用苯酚溶液的浓度不宜过稀，以 5～10mg/mL 为最佳。

三、创新优点

本实验方案对苯酚的定性鉴定方法作了改进，通过实验探究优化了苯酚溴代反应的最佳配方和实验操作条件，最大可能避免异常现象的产生，有利于课堂演示实验的进行。

参考文献

[1] 宋靳红. 巧用混合溶剂改进苯酚与溴反应的实验 [J]. 中学化学教学参考，2020（07）：50-51.
[2] 徐文菊，李发顺，陈秀兰. 利用数字化实验探究苯酚的性质 [J]. 化学教与学，2018（04）：89-91.
[3] 邵川华，景崤壁，丁伟. 苯酚和溴水反应的实验探究 [J]. 化学教学，2020（09）：75-79.

实验 27　乙醇的催化氧化

【实验目的】

通过乙醇的催化氧化实验探究及改进，加深对乙醇催化氧化乙醛重要性质的认识，发展宏观辨识与微观探析、科学探究与创新意识素养。

【实验原理】

乙醇在铜作催化剂的条件下被氧气氧化为乙醛，其反应原理为：

$$2Cu+O_2 \xrightarrow{\triangle} 2CuO$$

$$CH_3CH_2OH+CuO \xrightarrow{\triangle} CH_3CHO+Cu+H_2O$$

【教材实验内容】

"乙醇的催化氧化"实验是 2019 年人教版普通高中教科书《化学必修第二册》中一个重要的演示实验。该实验操作如图 3-18 所示。

向试管中加入少量乙醇,取一根铜丝,下端绕成螺旋状,在酒精灯上灼烧后插入乙醇溶液中,反复几次。注意观察反应现象,并小心地闻试管中液体产生的气味。

图 3-18 乙醇的催化氧化实验

【实验教学现状及存在的问题】

1. 实验安全性不好且乙醇的利用率低。另外,实验操作较为繁琐,一旦不小心打翻盛放乙醇的试管,乙醇很容易被点燃,发生火灾。

2. 采用闻气味的办法鉴定乙醛的生成不具有可行性。作为演示实验,在试管中产生少量的乙醛要使整个教室的学生都能闻到,在实际的课堂中没有实现的可能。并且乙醇和乙醛同时挥发,乙醇的气味会掩盖掉乙醛的气味,从而很难区分是乙醛还是乙醇。

3. 如果向反应后的试管中加托伦试剂再进行加热也很难观察到银镜的出现,因为实验产生的乙醛量很少。

【实验改进】

方案一 "乙醇的催化氧化" 实验改进

一、实验原理

在室温条件下,对含 0.5mg 乙醛以上的有机试样中加入 1% $Na_2Fe(CN)_5NO$ 溶液 0.2~0.7mL 和 2mol/L NaOH 溶液,pH 大于 14 反应呈现血红色。

二、实验仪器及药品

仪器:酒精灯、试管、烧杯、小量筒、纸巾、胶头滴管

药品:直径约 1mm 铜丝、酒精、硝普钠(亚硝基铁氰化钠)、2mol/L NaOH 溶液

三、实验装置

该创新实验的装置如图 3-19 所示。

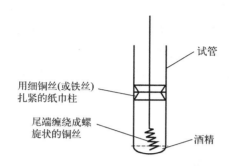

图 3-19 改进后的乙醇催化氧化反应装置

四、实验操作及现象

1. 取一支注射用硝普钠（规格：50 mg），加 5mL 水溶解，制得 1‰ $Na_2Fe(CN)_5NO$ 溶液。

2. 取一段直径约 1mm 铜丝，将其尾端缠绕成螺旋状。用剪刀剪取约 2 cm 宽的纸巾条，缠绕在铜丝上，呈圆柱状（以下简称纸巾柱），使其略粗于试管内径，用细铜丝（或铁丝）扎紧，如图 3-19 所示。

3. 向纸巾柱侧面均匀滴加 1‰ $Na_2Fe(CN)_5NO$ 溶液 10～20 滴，使其润湿。

4. 在试管中加入 1mL 酒精。将铜丝螺旋状部分在酒精灯上加热至红热后，缓缓插入试管中，如图 3-19 所示。观察到酒精逐渐受热汽化，铜丝表面自下而上由黑变红。

5. 取出铜丝和纸巾柱，向纸巾柱侧面均匀滴加 10～20 滴 2mol/L NaOH 溶液。观察到纸巾柱表面出现血红色斑块，说明乙醇催化氧化生成乙醛蒸气。

五、实验成功关键

$Na_2Fe(CN)_5NO$ 溶液对光敏感，其保存和应用不应超过 24h。

六、创新优点

1. $Na_2Fe(CN)_5NO$ 与乙醛显色法检验乙醛，方法新颖，干扰少，选择性高。

2. 使用硝普钠、纸巾等生活中常见物品完成实验，趣味性强，体现化学和生活的融合。

3. 利用纸巾完成乙醛的收集、检验一体化操作，大大简化了实验装置和操作。该方案不论是作为课堂演示实验还是学生分组实验，都是非常合适的。

4. 乙醇的使用量小、利用率高，符合"绿色化学"的理念。

方案二 乙醇催化氧化实验的改进

一、实验仪器及药品

仪器：电子天平、铁架台（带铁夹）、后具支试管、酒精灯、火柴、注射器（1mL）、乳胶塞、棉花球、镊子、玻璃棒、烧杯、胶头滴管

药品：无水乙醇、稀盐酸、蒸馏水、0.1mol/L 酸性高锰酸钾稀溶液、碱性品红、无水亚硫酸钠、铜片、pH 试纸

二、实验装置

该创新实验装置如图 3-20 所示。

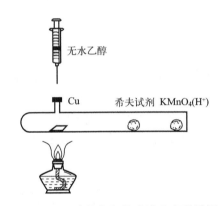

图 3-20　乙醇催化氧化改进方案装置图

三、实验操作及现象

1. 配制盐酸酸化的希夫试剂：取 0.1g 碱性品红，溶于 50mL 蒸馏水中充分溶解。待其沉降后，取上层清液加入约 0.2g 无水亚硫酸钠振荡至溶液颜色褪去。向溶液中滴加稀盐酸，酸化至 pH 约为 2。
2. 用 1mL 注射器吸取 0.5mL 无水乙醇。
3. 取棉花球分别蘸取少量希夫试剂和 0.1mol/L 酸性高锰酸钾稀溶液。
4. 在后具支试管中依次放入铜片、蘸有希夫试剂的棉花球、蘸有 0.1mol/L 酸性高锰酸钾稀溶液的棉花球，在支管口塞上乳胶塞，如图 3-20 所示。
5. 将后具支试管用铁夹固定在铁架台上。
6. 点燃酒精灯，缓慢预热具支试管，然后集中加热铜片，待铜片变黑时停止加热，熄灭酒精灯。
7. 将注射器针头插入乳胶塞，逐滴注入乙醇。观察到铜片变红，蘸有希夫试剂的棉花球变为紫红色，蘸有 0.1mol/L 酸性高锰酸钾稀溶液的棉花球褪色。
8. 再取一个蘸有希夫试剂的棉花球，滴加无水乙醇，观察到没有颜色变化。

四、实验成功关键

1. 希夫试剂配制完成后呈无色，应保存在棕色瓶中，在配完两天内使用。如果使用前发现溶液已经变成粉红色，则不能使用，需要重新配制。

2. 希夫试剂检验醛时，溶液里不能存在碱性物质和氧化剂，也不能加热。加热铜片时应小心操作，防止蘸有希夫试剂的棉花球因受热而恢复品红的颜色，产生假阳性反应。

五、创新优点

1. 实验方案科学安全，现象明显，产物检测直观，易于操作，课堂演示效果好，也方便学生动手实验，可以推广。

2. 避免了药品间的距离过近而产生的干扰，铜片与蘸有希夫试剂的棉花球的距离较远，加热铜片不会对希夫试剂产生影响，避免出现假阳性反应，况且乙醇是在铜片变黑后再加入的。

3. 无水乙醇的用量较少，符合实验设计的简约性原则。

4. 用蘸有酸性高锰酸钾稀溶液的棉花球吸收尾气，符合实验设计的绿色化原则。

方案三 氯化钙在乙醇氧化制乙醛实验中的应用

一、实验仪器及药品

仪器：酒精灯、具支试管、单孔橡胶塞、烧杯、温度计、铁架台、洗耳球

药品：2% $AgNO_3$ 溶液、2%氨水、无水乙醇、带绝缘漆的粗铜丝、无水氯化钙

二、实验装置

该创新实验装置如图 3-21 所示。

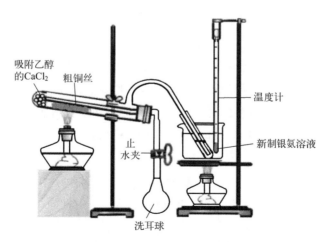

图 3-21 改进的实验装置

三、实验操作及现象

1. 按图 3-23 组装好仪器。

2. 取约 3g 颗粒状的无水 $CaCl_2$ 装入试管中，向试管中加入适量的无水乙醇，浸泡 3min，$CaCl_2$ 吸附足量的乙醇后从试管中取出，3g $CaCl_2$ 约吸附无水乙醇 10mL，将其装入具支试管底部。

3. 将长 12cm 带绝缘漆的粗铜丝绕成螺旋状，用镊子夹住，放在酒精灯的火焰上灼烧，直到铜丝表面的油漆脱落干净为止，冷却后将其装入距离 $CaCl_2$ 结晶醇 1～2cm 的具支试管中。

4. 配制银氨溶液。取 4mL 2% $AgNO_3$ 溶液，装入干净的试管中，向试管中逐滴加入 2%的氨水，边加边振荡，开始出现沉淀，继续滴加 2%氨水直到沉淀恰好溶解完全为止，并将试管放入水浴烧杯中，导气管伸入试管底部。

5. 先点燃大烧杯下的酒精灯，待温度上升到 70℃左右时，点燃具支试管处的酒精灯，观察铜丝的颜色变化，当铜丝变成亮红色时，打开止水夹，用洗耳球鼓入空气直到铜丝变成黑色为止，然后关闭止水夹；当铜丝再次变成亮红色时，打开止水夹鼓入空气，如此反复进行 8 次左右，观察装有银氨溶液的试管，试管下部出现银镜，停止通气静止 12min 左右，试管的底部也被银镜覆盖，整个实验过程用时约 12min。

四、实验成功关键

在用洗耳球向具支试管中鼓入空气的时候，一定要小心操作，以防鼓入完空气未能及时关闭止水夹，导致洗耳球吸气将试管中的银氨溶液倒吸回具支试管中炸裂试管。

五、创新优点

1. 结晶醇内是靠化学键进行作用的，较采用棉花吸附乙醇相比，醇蒸气的供给时间长，速度适中，醇的利用率高，现象明显。

2. 形成结晶醇，乙醇的使用量少，节省了药品，同时乙醇是易燃试剂，使用该结晶醇，减少了乙醇的使用量，实验安全也得到了保障。

3. 原实验所具有的催化剂概念建构、乙醇还原性等功能都能很好地实现，同时增加了 $CaCl_2$ 与乙醇形成结晶醇的知识建构以及乙醛的检验方法。

4. 实验装置简单，时间较短（大约 12min），$CaCl_2$ 可以反复使用，将乙醛的生成和检验同时进行，有利于教师课堂演示，也有利于学生分组实验。

参考文献

[1] 周如磊．"乙醇的催化氧化"实验改进[J]．化学教育（中英文），2021，42（03）：54.

[2] 张婧，牛晨，韩秋霞，李明雪．乙醇催化氧化实验的改进[J]．化学教学，2019（10）：58-61.

[3] 伏劲松，李胜，秦丽丽，王丽丽．氯化钙在乙醇氧化制乙醛实验中的应用[J]．化学教育（中英文），2018，39（17）：76-77.

实验 28 乙醇和钠反应

【实验目的】

通过乙醇与钠的反应,认识乙醇中 H 的活泼性不如水中的 H 的活泼性强,从而培养学生在学习有机化学时建构官能团影响物质性质的模型。

【实验原理】

乙醇和钠发生置换反应生成乙醇钠和氢气:
$$2C_2H_5OH + 2Na \longrightarrow 2C_2H_5ONa + H_2\uparrow$$

【教材实验内容】

"乙醇与钠反应"实验是 2019 年人教版普通高中教科书《化学必修第二册》第七章第三节"乙醇与乙酸"中的重要演示实验(装置如图 3-22 所示)。该实验操作与实验现象如下:

1. 在盛有少量无水乙醇的试管中,加入一小块新切的钠,用滤纸吸干钠表面的煤油,在试管口迅速塞上带尖嘴导管的橡胶塞,用小试管收集气体并检验其纯度,然后点燃,再将干燥的小烧杯罩在火焰上。

2. 待烧杯壁上出现液滴后,迅速倒转烧杯,向其中加入少量澄清石灰水。观察现象,并与前面做过的水与钠反应的实验现象进行比较。

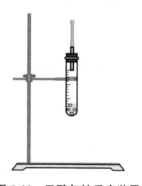

图 3-22 乙醇与钠反应装置

【实验教学现状及存在问题】

1. 验证产生气体的成分,就显得不尽如人意,通常的做法是用大拇指长时间按住试管口,然后用燃着的火柴进行点燃,用这种检验方法,倘若为一氧化碳或甲烷等可燃性气体,点燃后也可能会出现上述类似的实验现象。

2. 实验中产生气体的量不多,较难维持稍长时间持续燃烧。即便燃烧,火焰也很微弱,分别用干燥的小烧杯和蘸有澄清石灰水的小烧杯罩其上方观察现象,通过检验燃烧的产物来判断气体的成分根本无法操作。

3. 教材中的实验实物图显示几乎整个火焰为黄色，误导学生。
4. 淡蓝色的火焰在可见光下不易被观察。

【实验改进】

方案一　乙醇中碳、氢元素的检测探究实验

一、实验仪器及药品

仪器：威尼尔手持设备 Labquest2、CO_2 传感器、湿度传感器、燃烧匙、酒精灯、火柴

药品：无水乙醇（分析纯）

二、实验装置

该创新实验的装置如图 3-23 所示。

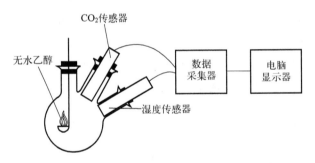

图 3-23　检测乙醇中 C、H 元素的实验装置示意图

三、实验操作

1. 按照图 3-23 安装好实验装置，点燃燃烧匙中的无水乙醇。
2. 利用二氧化碳传感器和湿度传感器收集三颈烧瓶内二氧化碳和水的含量，并导出数据图。

四、实验数据和结果分析

在乙醇燃烧后，手持技术数字化实验设备检测到三颈烧瓶内二氧化碳和水的含量迅速上升，如图 3-24、图 3-25 所示。

如图 3-23 和图 3-24 所示：二氧化碳含量由原空气中含量约 1000μL/L 最终上升到约 10000μL/L，相对湿度由原空气的 55% 上升到 83%。通过直接推理，即可推出乙醇的元素组成中含有碳、氢元素。

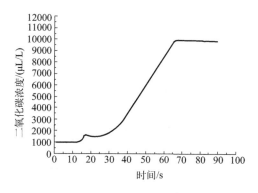
图 3-24 二氧化碳含量变化图

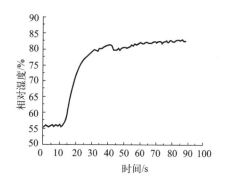
图 3-25 相对湿度变化图

五、实验成功关键

1. 改工业酒精为无水乙醇，排除水的干扰。
2. 要在密闭体系里进行实验，防止气体生成物逸出导致检测现象不明显的情况。
3. 实验的方案务必排除无关因素的干扰，注重证据推理的严谨性。

六、创新优点

1. 手持技术数字化实验应用于产物的检测具有操作简单、现象明显、推理严谨等特点。
2. 使实验由定性检验上升为定量检测，具有更多的学科价值。

方案二 "钠与乙醇反应" 实验的改进

一、实验仪器及药品

仪器：无色滴管、镊子、50mL 烧杯、火柴
药品：金属钠、无水乙醇、澄清石灰水

二、实验装置

该创新实验步骤如图 3-26 所示。

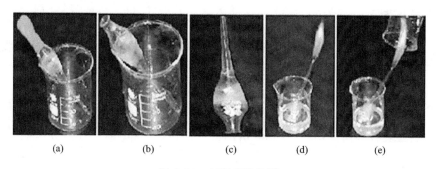

图 3-26 创新实验步骤

三、实验操作及现象

1. 取一支普通滴瓶上的无色滴管，摘去橡胶头。如图 3-26（a）、图 3-26（b）所示。

2. 将一小块黄豆大小的金属钠（约 0.2g）用小刀切成粒状的小钠块，用镊子将这些小钠块沿口径稍大的一端慢慢地放进滴管的"大肚子"中，如图 3-26（c）所示。

3. 在一只 50mL 烧杯中加入约 15mL 无水乙醇，把装有小钠块的滴管慢慢倒放在该烧杯中，小钠块与无水乙醇接触并反应产生气体。

4. 大约经 2s 后（不用收集验纯），在滴管尖嘴一端直接点燃，火焰大且明亮，持续燃烧的时间可长达 30s 左右，如图 3-26（d）所示。

5. 分别用干燥的小烧杯和蘸有澄清石灰水的小烧杯罩其上方观察现象，以检验燃烧的产物来判断产生气体的成分能得以顺利实现，如图 3-26（e）所示。观察到气体燃烧产生的火焰大且明亮。

四、实验成功关键

把装有无水乙醇的小烧杯浸入到装有冷水的烧杯中，以免乙醇蒸气造成干扰。这样可直接点燃产生的气体，然后再采用上述实验方法检验燃烧产物，若干燥的小烧杯内壁有水珠或水雾，而蘸有澄清石灰水的小烧杯内壁的液滴不变浑浊，可证明生成的气体是氢气。

五、创新优点

1. 实验仪器取材简单，无需特意提前准备，实验操作也十分简便，很适合在课堂上演示或学生分组实验。

2. 可免去气体验纯，直接点燃（一旦反应后只需稍等几秒钟即可），增强了实验效果。

3. 气体燃烧产生的火焰大且明亮，持续燃烧的时间可长达 30s 左右，非常适合探究、验证该反应产生气体的成分。

方案三 乙醇与钠反应的实验探究与改进

一、实验仪器及药品

仪器：普通具支试管（20mm×200mm）、不锈钢漏斗、圆形黑色卡纸、橡胶管
药品：无水乙醇、金属钠

二、实验装置

该创新实验装置如图 3-27～图 3-29 所示。

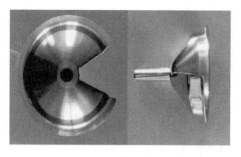

图 3-27　约 1/6 的不锈钢漏斗的俯视图和侧视图

图 3-28　黑色卡纸折成的漏斗盖

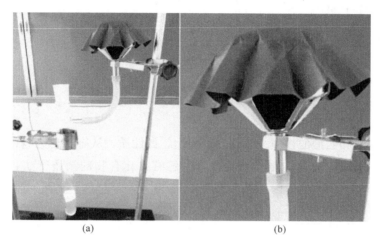

(a)　　　　　　　　　　(b)

图 3-29　改进后的乙醇与钠反应实验照片（a）和火焰局部放大图（b）

三、实验操作及现象

1. 减少可见光冲击：采用不锈钢漏斗进行实验改进，并将漏斗裁去约 1/6，便于学生从侧面观察火焰（如图 3-29 所示）。不锈钢漏斗裁去的部分不宜过大，以避免可见光从侧面射入减弱火焰的观察效果。

2. 为避免漏斗正上方可见光的直接冲击，将圆形黑色卡纸折叠成如图 3-28 所示的形状，实验时覆盖在漏斗上方。

3. 采用最佳试剂用量，即 3 块金属钠（每块约 0.1g）与 8mL 无水乙醇进行实验，在普通可见光下，可从漏斗所截去的 1/6 处，明显地观察到氢气燃烧产生的淡蓝色火焰。

四、实验成功关键

1. 采用不锈钢漏斗，漏斗表面具有金属光泽，可对氢气燃烧产生的淡蓝色火焰有反射作用，在一定程度上能够增强火焰的观察效果。

2. 制作漏斗盖。漏斗盖褶皱的边缘不仅有效遮挡了从侧面射入的光线，而且还有利于气体流动及热量散出。

五、创新优点

1. 采用最佳用量的反应试剂进行实验，可在较长时间内观察到较为纯净的淡蓝色火焰，且逸出的乙醇蒸气并未对氢气燃烧产生影响。

2. 改进后的实验使氢气燃烧时的淡蓝色火焰在普通可见光下即可被观察到，降低了原本实验对光线的严格要求，减少了操作的复杂性，更有利于实验教学的开展。

参考文献

[1] 刘国豪. 乙醇中碳、氢元素的检测探究实验 [J]. 化学教学，2020（08）：70-73.
[2] 黄金泉. 再谈"钠与乙醇反应"实验的改进 [J]. 化学教学，2015（06）：70-72.
[3] 申燕，徐亚婷，吴红平，夏欢，刘头明. 乙醇与钠反应的实验探究与改进 [J]. 化学教育（中英文），2021，42（15）：94-98.

实验 29 乙酸乙酯的制备

【实验目的】

通过探究乙醇和乙酸的性质来认识烃的衍生物的性质，从有机化合物的官能团和化学键的视角来探析有机化合物的结构和性质，了解有机化合物的制备方法，提高实验探究能力。

【实验原理】

在加热条件，浓硫酸催化作用下乙酸与乙醇发生酯化反应：

$$CH_3COOH + CH_3CH_2OH \rightleftharpoons CH_3COOCH_2CH_3 + H_2O$$

【教材实验内容】

乙酸乙酯的制备实验是 2019 年人教版普通高中教科书《化学必修第二册》第七章第二节"乙醇与乙酸"中的一个重要演示实验（如图 3-30 所示）。其实验操作与现象如下所示：

在一支试管中加入 3mL 乙醇，然后边振荡试管边慢慢加入 2mL 浓硫酸和 2mL 乙酸，再加入几片碎瓷片。连接好装置，用酒精灯小心加热，将产生的蒸汽经导管通到饱和 Na_2CO_3 溶液的液面上。在反应过程中，右侧试管内液体上层有无色透明的油状液体产生，并且可以闻到香味。这种有香味的液体就是乙酸乙酯。

图 3-30 乙酸乙酯的制备装置示意图

【实验教学现状及存在问题】

1. 实验方案使用浓硫酸作为催化剂存在加入浓硫酸时的稀释操作具有不安全、副反应多（如碳化、消除）、对设备腐蚀严重、不易回收的缺点。

2. 由于采用的是直接加热的方式，存在着温度过高，反应物未充分反应就被蒸出反应体系，空气冷凝效果不好，馏出气体不易冷凝，容易逸出试管，产率过低导致实验现象不够明显。

【实验改进】

方案一　固体酸催化合成乙酸乙酯

一、实验仪器及药品

仪器：圆底烧瓶、烧杯、布氏漏斗、抽滤瓶、蒸馏头、尾接管、球形冷凝管、直形冷凝管、锥形瓶、电热套、真空水泵、傅立叶170-XS 红外光谱仪

药品：冰乙酸、无水乙醇、98%浓硫酸、硅胶（100~200目）

二、实验装置

该创新实验流程如图 3-31，装置如图 3-32 所示。

图 3-31　固体酸的制备流程

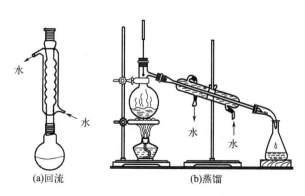

图 3-32　固体酸催化合成乙酸乙酯的主要装置

三、实验操作及现象

1. 固体酸催化剂的制备

（1）硅胶预处理：称取100g硅胶（100~200目），用蒸馏水（200mL）浸泡2h，抽滤，然后用蒸馏水洗涤（50mL×3），以除去其表面吸附的杂质，然后于110℃烘干备用。

（2）固体酸的制备：称取50g预处理的硅胶，搅拌的情况下，慢慢加入100mL浓硫酸，静置吸附1h，抽滤，然后用无水乙醇（50mL×3）洗涤，除去多余的浓硫酸。再于110℃下烘干。

2. 乙酸乙酯的制备

向50mL圆底烧瓶中，依次加入冰醋酸（1.7mL，30mmol），无水乙醇（5.2mL，90mmol），2.0g固体酸催化剂（或浓硫酸1mL）和几粒沸石。加热回流1h，待烧瓶内液体冷却后改为蒸馏装置，蒸馏收集粗产品。液体分层且上层为无色油状液体，并可以闻到类似水果清香的味道。馏出液依次用饱和碳酸钠、饱和氯化钠、饱和氯化钙洗涤，然后用无水氯化钙干燥。将干燥后的液体转入50mL圆底烧瓶中，蒸馏，收集产品（76~78℃）。

3. 固体酸的重复利用

实验操作2回流完毕后，将圆底烧瓶中的液体蒸馏至干。烧瓶里残留的硅胶不经处理，待烧瓶冷却后，重新加入冰醋酸（1.7mL，30mmol），无水乙醇（5.2mL，90mmol），重复实验操作2。

四、实验成功关键

1. 硅胶浸泡于浓硫酸期间多次搅拌，促进硅胶吸附硫酸，静置1h。
2. 回流完毕，待烧瓶内液体冷却后再改为蒸馏收集产品。

五、创新优点

具有操作简单、安全、产率高、催化剂可回收利用等优点，符合绿色化学理念。

方案二 乙酸乙酯制备演示实验的新设计

一、实验仪器及药品

仪器：酒精灯、烧杯、试管、玻璃漏斗、具支试管、橡胶管、导管、滴管、玻璃丝、抽滤瓶

药品：酚酞指示剂、无水乙醇（分析纯）、无水乙酸（分析纯）、浓硫酸（分析纯）、3A分子筛（工业级）、沸石、碳酸钠溶液

二、实验装置

该创新实验装置如图3-33所示。

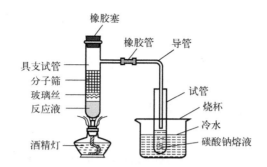

图 3-33 改进后的乙酸乙酯制备实验装置示意图

三、实验操作及现象

1. 分子筛的预处理

在圆底烧瓶中加入 10g 3A 分子筛和 90mL 乙醇,边振荡边逐滴加入 10mL 浓硫酸,振荡一会,静置,浸泡 10h。然后抽滤,在 130℃烘箱中干燥 5h,放入干燥器中冷却备用。

2. 乙酸乙酯的制备

(1) 在具支试管中加入 2～3 粒沸石,用玻璃漏斗先加入乙醇,振荡下,慢慢加入浓硫酸,最后再加入乙酸。三者的用量分别是:乙醇 4mL、乙酸 6mL、浓硫酸 1mL。

(2) 连接好装置,检查其气密性。

(3) 点燃酒精灯,加热反应液至沸腾,蒸气进入分子筛层,很快分子筛被加热。

(4) 保持反应液微沸 3～5min,停止加热。可观察到接收产品的试管里液体分为两层,上层为无色的油状液体(产物),油层厚度约 3cm,下层为加有酚酞指示剂的红色碳酸钠溶液。取出试管,将试管里上层油状液体小心用吸管移入到另一洁净的小试管中,同时可闻到浓郁的水果香味。

四、实验成功关键

1. 试剂加入的顺序及用量。
2. 分子筛提前使用乙醇和浓硫酸浸泡处理。

五、创新优点

1. 装置简单、易行、实用;实验所用仪器均为中学化学实验室常用仪器。
2. 操作方便,效率高;分子筛层在加热初期起到了较好的回流作用,有效避免了现行教材上因加热过快反应物未反应即被蒸出的现象发生。
3. 酸的用量低;减少了浓硫酸用量,降低了氧化、炭化等副反应的发生及环境污染,且反应装置清洗容易。
4. 分子筛脱水剂吸水性强、脱水程度高。分子筛较一般无机盐脱水程度高得多。
5. 分子筛起到双重作用。它不仅可有效地脱除酯化反应体系中生成的水,是一个好的脱水剂,而且也是酯化反应优良的催化剂。蒸气相中吸附在分子筛表面的乙酸、乙醇在分子筛催化下,再次发生酯化反应。

6. 改进后的演示实验装置，有助于提高酯化反应的温度，从而加快化学反应的速率，缩短演示实验的时间。

7. 演示实验现象明显。由于采用了两次酯化、分子筛脱水等措施，使得乙酸乙酯产量提高。由于采用乙酸过量，乙醇几乎完全反应，产品中仅有未反应过量的乙酸，它可被碳酸钠溶液中和，从而得到的乙酸乙酯的纯度较高，水果香味浓。

方案三　乙酸乙酯制备实验的微型化改进

一、实验仪器及药品

仪器：10mL 真空采血管 2 支、7 号采血针、100mL 烧杯、10mL 注射器

药品：95℃热水、无水乙醇、冰醋酸、浓硫酸、饱和碳酸钠溶液

二、实验装置

该创新实验装置如图 3-34 所示。

图 3-34　微型实验装置示意图

三、实验操作及现象

1. 反应溶液的配制：按每 3mL 乙醇、2mL 冰醋酸滴加 4 滴浓硫酸的比例配制反应溶液待用。

2. 用 10mL 的注射器吸取反应溶液 5mL，并将注射器的针头插入到一支 10mL 的真空采血管中，注射器中的反应溶液自动被吸入真空采血管中。取另外一支 10mL 真空采血管，用 7 号采血针连通 2 支真空采血管。

3. 将装有反应溶液的真空采血管放置于装有 95℃热水的 100mL 烧杯中，另一支真空采血管放置于装有冷水的 100mL 烧杯中。

4. 静置片刻之后，取出置于冷水中的真空采血管，打开瓶塞，加入 4mL 饱和碳酸钠溶液，轻轻振荡。稍等片刻就观察到装有反应溶液的真空采血管开始沸腾，而置于冷水中

的真空采血管中出现了液体,2min 后反应溶液停止沸腾。加入饱和碳酸钠溶液有微量的气泡产生。可以看到液体分层且上层为无色油状液体,并可以闻到类似水果清香的味道,通过酯层的高度推算生成乙酸乙酯约为 1.5mL。

四、实验成功关键

1. 装有反应溶液的真空采血管水浴时,热水高度需要淹没管内反应溶液,如果水温不够,可以适当进行水浴加热至管内反应溶液沸腾后再移开加热源。

2. 保证装置气密性良好。

五、创新优点

1. 利用真空采血管设计的减压蒸馏装置制备乙酸乙酯的方法,可以在 2min 左右即可得到 1.5mL 左右的乙酸乙酯溶液。

2. 设计的微型减压蒸馏装置更加简便易携,大大减少了管内蒸气流过的线路,副反应和副产物较少。

3. 全封闭的装置可以有效避免流出物扩散至空气中,对于环境几乎没有影响,且整套装置成本很低。

参考文献

[1] 裴强,徐果,徐文豪. 固体酸催化合成乙酸乙酯的综合实验教学 [J]. 化学教育(中英文),2020,41(10):31-34.

[2] 杨玉峰. 乙酸乙酯制备演示实验的新设计 [J]. 化学教学,2019(03):67-68.

[3] 李嘉. 乙酸乙酯制备实验的微型化改进 [J]. 化学教育(中英文),2018,39(15):76-77.

实验 30 葡萄糖的检验及葡萄糖的性质

【实验目的】

了解淀粉的水解反应及其产物的检验,掌握检验葡萄糖的试剂和条件,进一步建构官能团影响性质的模型。

【实验原理】

1. 淀粉水解反应

淀粉在酸的催化作用下,先后生成低聚糖和麦芽糖等不完全水解产物,最终水解为葡萄糖。淀粉完全水解的反应方程式为:

$$(C_5H_{10}O_5)_n + nH_2O \longrightarrow nC_6H_{12}O_6$$

2. 葡萄糖与氢氧化铜反应

$$C_6H_{12}O_6 + 2Cu(OH)_2 + NaOH = CH_2OH(CHOH)_4COONa + Cu_2O\downarrow + 3H_2O$$

3. 银镜反应

$$Ag^+ + NH_3 \cdot H_2O \rightleftharpoons AgOH\downarrow + NH_4^+$$
$$AgOH + 2NH_3 \cdot H_2O \rightleftharpoons [Ag(NH_3)_2]OH + 2H_2O$$
$$CH_2OH(CHOH)_4CHO + 2[Ag(NH_3)_2]OH \longrightarrow$$
$$CH_2OH(CHOH)_4COONH_4 + 2Ag\downarrow + 3NH_3\uparrow + H_2O$$

【教材实验内容】

葡萄糖的检验与性质实验是高中有机化学的重要内容。2019 年人教版普通高中教科书《化学必修第二册》第七章第四节 "基本营养物质" 中该部分的实验包括以下几个方面：

1. 淀粉水解反应

在试管中加入 0.5g 淀粉和 4mL 2mol/L H_2SO_4 溶液，加热。待溶液冷却后向其中加入 NaOH 溶液，将溶液调至碱性，再加入少量新制的 $Cu(OH)_2$，加热。观察并解释实验现象。

2. 葡萄糖与氢氧化铜反应

在试管中加入 2mL 10% NaOH 溶液，滴加 5 滴 5% $CuSO_4$ 溶液，得到新制的 $Cu(OH)_2$。再加入 2mL 10% 葡萄糖溶液，加热，观察现象。

3. 银镜反应

在洁净的试管中加入 1mL 2% $AgNO_3$ 溶液，然后一边振荡试管，一边逐滴加入 2% 稀氨水，直到最初产生的沉淀恰好溶解为止，得到银氨溶液。再加入 1mL 10% 葡萄糖溶液，振荡，然后放在水浴中加热，观察现象。

【实验教学现状及存在问题】

1. 葡萄糖与新制氢氧化铜在实验加热过程中会出现蓝—黄绿—黄—砖红—深棕的颜色变化，沉淀产物中出现黑色物质，实验存在严重的颜色干扰问题。

2. 银镜反应水浴加热温度不易掌控，装置较复杂，银单质在试管内壁上附着不均匀，实验结束后用硝酸清洗银单质易产生有毒气体。

【实验改进】

方案一　葡萄糖与新制氢氧化铜反应实验改进

一、实验仪器及药品

仪器：试管

药品：10%氢氧化钠溶液、5%硫酸铜溶液、3.5%（m/V）的葡萄糖溶液

二、实验操作及现象

1. 在洁净的试管中加入 2mL 10%氢氧化钠溶液，滴加 5 滴 5%硫酸铜溶液，得到含

氢氧化钠的氢氧化铜悬浊液。

2. 加入 5 滴 3.5%（m/V）的葡萄糖溶液，振荡，直至氢氧化铜固体完全溶解，加热，观察并记录实验现象。溶液颜色蓝色—浅蓝色—无色，有红色小粒分散在溶液中，过滤后观察到砖红色沉淀和无色滤液。

三、实验成功关键

1. 加热前一定要振荡溶液，使蓝色氢氧化铜固体完全溶解，然后再开始加热，不然，氢氧化铜固体在加热过程中难以全部反应，残留蓝色固体，影响对 Cu_2O 砖红色的观察。
2. 硫酸铜溶液和葡萄糖溶液配制的浓度一定要准确。

四、创新优点

1. 避免了副反应产生的有色物质对实验现象的干扰，加热过程中的颜色仅仅是蓝色—浅蓝色—砖红色的变化，Cu_2O 砖红色悬浮颗粒清晰可见。
2. 大大节约了葡萄糖的用量，改进后的葡萄糖用量仅为教科书实验用量的 0.9%。

方案二　银镜反应和后续处理的实验改进

一、实验仪器及药品

仪器：试管、胶塞、滴管、量筒

药品：2%硝酸银溶液、2%氨水、20%氢氧化钠溶液、4%葡萄糖溶液、10%双氧水

二、实验操作及现象

1. 先在洁净的试管里加入 3mL 2%硝酸银溶液，同时滴加适量 2%的稀氨水，边滴边振荡试管，直到析出的沉淀恰好溶解（制得澄清的银氨溶液）。
2. 向盛有银氨溶液的试管中滴入 1mL 4%葡萄糖溶液和 4 滴 20% NaOH 溶液。塞上胶塞，剧烈振荡试管 1min，观察实验现象。
3. 取 15mL 10%的双氧水倒入附着银单质的试管中。观察到整个试管均有光亮的银镜产生，加入双氧水后试管壁上的银单质与双氧水剧烈反应并逐渐溶解，产生大量气泡。

三、实验成功关键

1. 试管要洁净，否则，只得到黑色疏松的银沉淀，没有银镜产生或产生的银镜不光亮。
2. 溶液混合后，振荡要充分，特别是加入最后一种溶液后，振荡要快，否则会出现黑斑或产生银镜不均匀。
3. 加入的氨水要适量，氨水的浓度不能太大，滴加氨水的速度一定要缓慢，否则氨水容易过量降低试剂的灵敏度。
4. 如果滴加氢氧化钠过量，反应速率太快，产生的银镜会发黑。

四、创新优点

1. 通过快速上下垂直振荡橡胶塞塞紧的试管，以便增加反应熵变化，加快反应速度，达到水浴加热的作用。
2. 整个试管均有光亮的银镜产生，实验效果更为直观。
3. 用 H_2O_2 可以快速处理银镜实验后附着有银单质的试管，并且反应过程中只产生氧气无其他有毒气体产生。
4. 过氧化氢溶液处理银镜的过程中银扮演了催化剂的角色，生成了细碎的银单质而从试管壁上脱落，易集中回收利用，节约资源。

方案三　不加热不振荡情况下葡萄糖银镜反应的最佳实验条件探究

一、实验仪器及药品

仪器：量筒、烧杯、玻璃棒、滴管、试管
药品：2％氨水、10％氢氧化钠、5％硝酸银、10％葡萄糖、去离子水

二、实验操作及现象

在洗净的试管中加入 1mL 5％硝酸银溶液，然后逐滴加入 2％的氨水至沉淀恰好溶解，再加入 1mL 10％氢氧化钠溶液，再加 1mL 10％葡萄糖溶液，摇匀，置于试管架，观察现象。可在短时间内，看到效果好的银镜生成。

三、实验成功关键

1. 控制好硝酸银溶液的浓度，硝酸银的浓度在 2％～5％范围内为宜。
2. 进行银镜反应的试管必须清洗干净。
3. 氢氧化钠浓度不宜过大，否则单质银生成的速率过快，会产生黑色大颗粒状的银沉淀而非光亮的银镜。

四、创新优点

采用了不加热不振荡的方式，解决了银镜反应难成形、成功率低的难题，具有可操作性。

参考文献

[1] 封享华，丁世敏，马霈，陈园. 葡萄糖与新制氢氧化铜反应实验改进 [J]. 化学教学，2020（04）：58-60.
[2] 王秀阁. 银镜反应和后续处理的实验改进 [J]. 化学教学，2015（04）：57-60.
[3] 代海晴，景一丹，肖小明，李敏. 不加热不振荡情况下葡萄糖银镜反应的最佳实验条件探究 [J]. 化学教育（中英文），2021，42（23）：88-94.

第四章

化学原理探究实验

实验 31　燃烧的条件

【实验目的】

通过对实验进行推测和验证，体会"证据推理与模型认知"的化学学科核心素养，形成探究精神和创新意识。

【实验原理】

燃烧的三个条件：物质具有可燃性，可燃物与助燃物接触，温度达到可燃物的着火点。

【教材实验内容】

"燃烧与灭火"是 2019 年人教版义务教育教科书《化学（九年级上册）》第七单元课题 1 的课题内容，教材实验探究实验装置如图 4-1 所示，主要内容为：在 500mL 烧杯中加入 300mL 热水，在烧杯上盖一片薄铜片，铜片上一端放一小堆干燥的红磷，另一端放一小块已用滤纸吸去表面上水的白磷［如图 4-1（a）］，观察现象。在 500mL 烧杯中加入 300mL 热水，并放入用硬纸圈圈住的一小块白磷。用导管对准上述烧杯中的白磷，通入少量氧气或空气［如图 4-1（b）］，观察现象。

【实验教学现状及存在的问题】

1. 实验装置图 4-1（a）是将所用的白磷和红磷放在金属铜片上进行实验。实验环境为敞口开放体系，铜片上的白磷燃烧会产生大量白烟（主要成分为五氧化二磷），白烟逸散到空气中，易与空气中的水蒸气结合，生成有毒的偏磷酸，危害师生健康。

2. 实验装置图 4-1（b）是将白磷固体放入盛有热水的烧杯中进行实验。因白磷熔点较低，遇热水容易熔化，当用导气管向烧杯中的白磷通入氧气时，烧杯中熔化的白磷会在气流的作用下四处游动，使氧气不能和白磷充分接触，实验成功率较低。

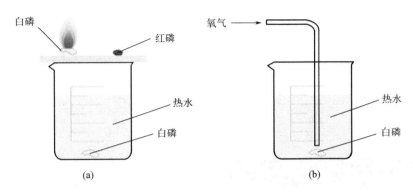

图 4-1 燃烧与灭火实验装置图

3. 在盛有热水的烧杯中，白磷在通入氧气后发生燃烧，与铜片上白磷在空气中发生燃烧对比，没有严格地控制变量，实验缺乏一定的严谨性和科学性。

4. 该实验用红磷与白磷进行对比，红磷没有发生燃烧现象，无法证明红磷是可燃物。只是因为温度未达到红磷的着火点，不能使其发生燃烧。

5. 该实验装置在探究物质燃烧的条件时是利用两个装置分别进行实验，容易造成学生对前面已经完成的实验产生遗忘现象，对学生观察实验和对比分析实验的能力要求较高。

【实验改进】

方案一 燃烧条件探究实验的创新改进

一、实验仪器及药品

仪器：多通道接触式温度传感器、控温磁力搅拌器、水浴玻璃器皿、20mm×200mm规格试管、铁夹、十字头、与试管管口匹配的翻口橡胶塞、250mm 长针头、20mm 玻璃管、气球、20mm 磁子、便携氧气瓶、氮气、镊子、乳胶管

药品：白磷、红磷、5% NaOH 溶液

二、实验装置

该创新实验的装置如图 4-2 所示。

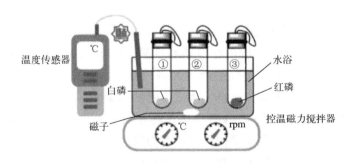

图 4-2 创新实验装置图

三、实验操作及现象

1. 实验操作

（1）如图 4-2 连接装置，在三支试管中充满氮气。

（2）将带有气球的翻口橡胶塞套在装有药品的试管管口，利用大注射器将内部空气抽出，然后通入氮气，重复操作 4~5 次，即可保证氮气充满密闭试管体系。此时 3 只气球均处于相同的扁平状态。

（3）将编号①②③的试管同时浸入 36 ℃左右的水浴装置中，并用铁夹固定，其中①②号试管中装有等量的白磷，③号试管中装有等量的红磷。

（4）向②③号试管中插入长针头，针头通过乳胶管连接到市售的小型便携氧气瓶上，将温度传感器插入水浴槽中，监测水浴温度同时检测环境温度，逐渐升高水温。

2. 实验现象

升温过程中，①②号试管中的白磷质地变软，颜色几乎无变化略偏黄色，表面无白烟生成，当温度接近 40 ℃时，开始向②③号试管中匀速吹入氧气，继续升高温度，②号试管中的白磷，开始燃烧，火焰呈黄色，并伴有大量白烟。此时①③号试管中并未产生明显现象。继续升温一段时间，红磷仍然不燃烧，在此过程中②③号试管中起恒压作用的气球略有膨胀。实验结束后，用注射器将 5％NaOH 溶液注入试管②中，进行后续处理。而试管①③经过适当处理后可以循环利用。

四、创新优点

1. 水浴装置的使用排除了环境温度差异对实验的影响。

2. 利用市售小型便携氧气瓶向其中吹入氧气，氧气纯度高，气流稳定，且能够节约制氧时间，同时通过控制氧气流速配合长针头，可以避免氧气将白磷吹走的情况。

3. 使用氮气为白磷升温过程提供保护氛围，避免了在大气环境下进行升温操作时，白磷未到着火点即有一定量的白烟生成的情况产生。

4. 药品可以回收利用，避免浪费与污染。

方案二　燃烧条件探究实验的创新改进

一、实验仪器及药品

仪器：纸条、镊子、酒精灯、硬质玻璃管、铁架台
药品：木炭

二、实验装置

该创新实验装置如图 4-3 所示。

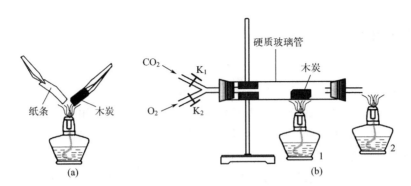

图 4-3 燃烧条件探究实验的创新改进图

三、实验操作及现象

1. 实验操作

（1）如图 4-3（a）所示，先用镊子分别夹 1 张纸条与 1 块木炭同时在酒精灯火焰上加热，观察到纸条燃烧而木炭不燃烧。说明燃烧的两个条件：有可燃物，且温度达到可燃物的着火点。

（2）按照图 4-3（b）连接好装置。先打开开关 K_1，通入二氧化碳气体，排尽装置内的空气后，继续通入二氧化碳气体，使木炭处于二氧化碳的氛围中（与空气隔绝）。

（3）用酒精灯给硬质玻璃管中的木炭加热，可观察到直至木炭呈红热状态也不会燃烧。由此说明：没有与空气或氧气接触，木炭不燃烧。

（4）关闭 K_1，停止通二氧化碳，打开 K_2，通入氧气。

2. 实验现象

打开 K_2，通入氧气后木炭立刻剧烈燃烧，发出耀眼的白光，由此可说明：只有同时满足可燃物、达到着火点且与氧气接触 3 个条件才能发生燃烧。

四、创新优点

1. 改进后的实验用学生熟悉而又容易获取的纸条和木炭来进行，又通过点燃的方法除去实验过程中产生的一氧化碳气体，从始至终既没有使用污染物，也没有污染物产生，而且还降低了实验成本。

2. 与前节内容"木炭还原氧化铜"有效衔接，承上启下，更符合新课程理念的要求。

方案三　燃烧条件演示实验的新设计

一、实验仪器及药品

仪器：500mL 集气瓶（或广口瓶）、双孔橡胶塞、离心管（锥形管）、长颈漏斗、棉花（或海绵）、锥形瓶、注射器、镊子、药匙

药品：10%过氧化氢溶液、二氧化锰、5%氢氧化钠溶液、红磷、白磷

二、实验装置

该创新实验装置如图 4-4 所示。

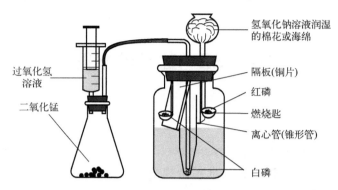

图 4-4 燃烧条件演示实验装置图

三、实验操作及现象

1. 如图所示连接实验装置图 4-4。

2. 装药品。先往锥形管里加入一半的热水和黄豆粒大小的一颗白磷，并放到大广口瓶里，右边的燃烧匙加入少量红磷，往左边的燃烧匙加入用纸吸干表面水分的黄豆粒大小的白磷，把盛有药品的容器并列放到大集气瓶（或广口瓶）里，塞上双孔橡胶塞。

3. 加热水。从长颈漏斗口加入约 80℃ 的热水，热水量加至接近燃烧匙底 0.5cm 或刚接触底部，并用镊子夹取 5% 氢氧化钠溶液润湿的棉花（或海绵）塞住长颈漏斗口。观察对比左右燃烧匙里白磷和红磷，及左边燃烧匙里白磷与锥形管热水里白磷的变化情况。约 1min 左边燃烧匙里白磷迅速燃烧，产生火焰，放出大量白烟，而红磷和热水里的白磷都没有燃烧。

4. 通氧气。往锥形管里热水中的白磷通入氧气，白磷立刻燃烧，说明"可燃物温度达到着火点同时与氧气接触才能燃烧"。锥形管中热水里的白磷在氧气流吹动下变成小液珠滚动，不断沉降聚集管底与氧气接触，燃烧持续时间较长，又可重复操作，实验效果很好。

四、创新优点

1. 将教科书敞开实验改为封闭实验，防止了污染，消除了白磷燃烧会飞溅的安全隐患。

2. 将铜片上白磷、红磷并列放置改为分列放置，避免白磷会引燃红磷的不足，用大管径容器（细口瓶或大试管）能使白磷周围提供足够多的空气，使白磷燃烧现象明显而持久。

3. 将热水中的白磷放置于离心管（锥形管）里以固定和聚集白磷，解决白磷液珠分散难以捕捉的问题，燃烧现象明显，持续时间长，并可重复操作演示。

4. 实验装置一体化设计，组装简单，操作简便，现象明显，便于观察，并能拿在手上在教室里来回移动演示，还可用于学生分组开展燃烧条件实验的探究。

参考文献

[1] 牛政，闫磊．"燃烧条件"探究实验的创新改进［J］．化学教育（中英文），2021，42（03）：74-75.
[2] 王发应．对燃烧条件探究实验的绿色化改进［J］．化学教育（中英文），2017，38（15）：60-62.
[3] 王立超．燃烧条件演示实验的新设计［J］．化学教学，2018（01）：68-70+95.

实验 32　盐类的水解

【实验目的】

通过了解盐类水解的原理及盐类水解的规律和结果，学会从溶液组成、宏观实验现象等宏观角度与微粒的行为、种类、数量等微观角度建立联系，体会"宏观辨识与微观辨析""变化观念和平衡思想"的核心素养。

【教材实验内容】

为了探究影响盐类水解程度的因素，2004 年人教版高中化学选修 4《化学反应原理》第三章第三节中设计了该实验探究反应条件对氯化铁水解平衡的影响。

【实验教学现状及存在的问题】

1. 在升温过程中铁离子水解产生氢氧化铁沉淀，温度降低至室温，氢氧化铁并无明显变化，容易让学生产生盐类的水解是不可逆反应的"错觉"，不利于学生正确认识温度升降对盐类水解平衡移动的影响。

2. 铁离子在溶液中存在配位平衡。

【实验改进】

方案一　运用自制"温度感应变色棒"探究盐类水解

一、实验原理

$$CO_3^{2-} + H_2O \rightleftharpoons HCO_3^- + OH^-$$

二、实验仪器及药品

仪器：胶头滴管、酒精灯、烧杯

药品：酚酞溶液、0.10mol/L 碳酸钠溶液

三、实验装置

该创新实验装置如图 4-5 所示。

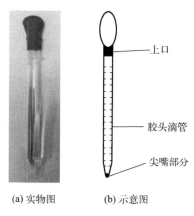

图 4-5 教具实物图与示意图

1. 取一支胶头滴管,用酒精灯外焰将滴管尖嘴部分(图 4-5)熔化,达到密封效果,再将滴有酚酞的碳酸钠溶液加入尖嘴已密封的胶头滴管中。

2. 将上口(图 4-5)用玻璃胶密封,套上红色胶头(胶头隔热,方便取用且美观),即完成制作。

3. 教具实物如图 4-5(a)所示,教具示意图如图 4-5(b)所示。

四、实验步骤及现象

1. 常温下(25℃),取出两支自制温度感应变色棒,让学生观察棒内液体的颜色。

2. 将其中一支变色棒置于热水中水浴加热,另一支常温下放置(作为参照物),约 1 min 后从热水中取出经水浴加热的变色棒,将其与常温下的参照物进行对比,观察两者的颜色变化。

3. 将热的变色棒放在冷水中冷却,约 1 min 后取出,再次将其与参照物进行对比,观察两者的颜色变化。

五、实验现象及结论

实验现象如图 4-6 所示。

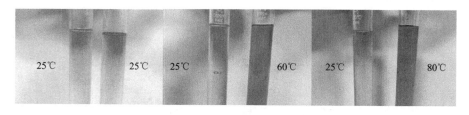

图 4-6 温感变色棒的实验结果

实验结论:从实验结果可以明显地观察到,当温度升高时,变色棒颜色加深;当温度降低时,变色棒颜色变浅(如图 4-6)。

运用自制教具探究温度对盐类水解的影响,可以得出两个重要结论:一是温度越高,盐类水解程度就越高,反之水解程度就越低;二是通过调节温度,可以实现对盐类水解的调控。

六、创新优点

1. 教学效果优于教材实验。通过展示温度升高颜色变深、温度降低颜色变浅的"动态"过程,不仅可以帮助学生从正逆两个方向"全面"理解温度对盐类水解平衡的影响,而且实现了利用"调节"反应条件达到"调控"反应方向和程度的知识建构,提升了理论的认知水平和应用水平。

2. 操作简单,现象明显,性能稳定。该自制教具采用封闭形式制作,不涉及试剂用量和复杂的实验操作,能将温度对盐类水解平衡的影响以颜色变化的方式"外显"出来,实现了微观原理的可视化,提升了化学实验的教学功能,受到了师生的欢迎。

3. 取材便利,易于制作,可反复使用。

方案二 数字传感技术探究温度对水解平衡的影响

一、实验原理

$$Al^{3+} + 3H_2O \rightleftharpoons Al(OH)_3 + 3H^+$$

二、实验仪器及试剂

仪器:浊度传感器

试剂:0.005mol/L $Al_2(SO_4)_3$

三、实验操作及现象

用浊度传感器测定 $Al_2(SO_4)_3$ 溶液在常温及加热后的溶液浊度,在常温下,0.005mol/L $Al_2(SO_4)_3$ 溶液浊度为 28.6 [图 4-7 (a)],加热至沸腾后溶液浊度为 59.1 [图 4-7 (b)]。由此证明,温度升高后溶液中 $Al(OH)_3$ 的量显著增加,即升高温度反应正向移动。

四、实验数据及结论

实验数据如图 4-7 所示。

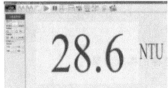

(a) 常温时 $Al_2(SO_4)_3$ 溶液的浊度　　(b) 沸腾时 $Al_2(SO_4)_3$ 溶液的浊度

图 4-7　浊度实验数据

实验结论：利用浊度传感器测定升温后$Al_2(SO_4)_3$溶液的浊度可得出结论，温度升高，水解平衡正向移动。

五、创新优点

1. 数字传感技术实现了微量变化的数据采集，将微观现象转化为可视化的宏观现象，这是传统实验无法做到的。

2. 实验探究可以培养学生的探索精神和严谨的科学态度，应用手持技术——浊度传感器和pH传感器进行实验验证，体现了"宏观辨识与微观探析"的学科素养。

方案三　数字传感技术探究浓度对水解平衡的影响

一、实验原理

$$Al^{3+} + 3H_2O \rightleftharpoons Al(OH)_3 + 3H^+$$

二、实验仪器及药品

仪器：pH传感器

药品：0.5mol/L、0.05mol/L、0.005mol/L、0.0005mol/L $Al_2(SO_4)_3$溶液

三、实验操作及现象

将0.5mol/L的$Al_2(SO_4)_3$溶液依次稀释10倍，得到0.5mol/L、0.05mol/L、0.005mol/L、0.0005mol/L 4份溶液，然后依次对其进行pH测定。

四、实验数据分析及结论

实验数据如表4-1所示。

表4-1　不同浓度$Al_2(SO_4)_3$溶液的pH

浓度/（mol/L）	pH
0.5000	1.78
0.0500	2.51
0.0050	2.96
0.0005	3.63

根据结果可知，随着$Al_2(SO_4)_3$溶液浓度的减小，溶液的pH逐渐增大[即$c(H^+)$减小]。当溶液被稀释10倍时，pH的变化小于1个单位（例如，溶液由0.5mol/L稀释为0.05mol/L时，pH增大0.73）。假设$Al^{3+} + 3H_2O \rightleftharpoons Al(OH)_3 + 3H^+$水解过程是非可逆过程，即该反应可正向完全进行，则当溶液稀释10倍时溶液中的$c(H^+)$应变为原来的1/10倍，溶液的pH应增大1个单位。pH的变化单位小于1的事实证明，上述水解反

应是可逆过程且加水稀释时该过程发生了正向移动，水解产生的 $n(H^+)$ 增加，使得 $c(H^+) = n(H^+)/V$ 的变化单位小于 10 倍，即 pH 增大的变化小于 1 个单位。

实验结论：加水稀释时水解平衡正向移动，同理，当增加溶液的浓度时平衡逆向移动。

五、创新优点

1. 数字传感技术实现了微量变化的数据采集，将微观现象转化为可视化的宏观现象，这是传统实验无法做到的。

2. 实验探究可以培养学生的探索精神和严谨的科学态度，应用手持技术——浊度传感器和 pH 传感器进行实验验证，提升了"宏观辨识与微观探析"的学科素养。

参考文献

[1] 高超，潘红. 运用自制"温度感应变色棒"探究盐类水解 [J]. 实验教学与仪器，2021, 38 (11)：58+64.

[2] 邓晓莉. 数字传感技术在水解平衡实验中的应用——以探究盐类水解的影响因素为例 [J]. 实验教学与仪器，2020, 37 (04)：34-36.

实验 33　草酸溶液与高锰酸钾溶液的反应速率

【实验目的】

可以通过化学反应速率的简单计算，学会从化学反应快慢的角度认识化学反应，丰富对化学反应的认识角度，认识到化学变化是有条件的概念，体会"变化观念与平衡思想"学科素养。

【实验原理】

$$5 H_2C_2O_4 + 2 KMnO_4 + 3 H_2SO_4 = 10 CO_2\uparrow + 2 MnSO_4 + 8 H_2O + K_2SO_4$$

反应过程中，溶液颜色有明显的变化，可根据其褪色的快慢判断反应进行的速率与程度。

【教材实验内容】

为了验证反应物浓度对化学反应速率的影响，2004 年人教版高中化学选修 4《化学反应原理》第二章第二节中设计了该实验，主要内容是：取两支试管，各加入 4mL 0.01mol/L 的 $KMnO_4$ 酸性溶液，然后向一支试管中加入 0.1mol/L 的 $H_2C_2O_4$ 溶液 2mL，观察并记录实验现象。

【实验教学现状及存在的问题】

该实验是为了探究化学反应速率的辅助实验，在实际教学中存在一定的问题：

1. 教师通常会提前准备好硫酸酸化的高锰酸钾溶液。酸化后的高锰酸钾溶液氧化性增强，容易变质，影响实验效果。

2. 该反应耗时较长，实验过程体系颜色复杂，单从颜色变化观察实验现象浪费课堂教学时间，不能达到预期教学效果。

【实验改进】

方案一　基于手持技术的草酸与高锰酸钾反应实验再探究

一、实验仪器及药品

仪器：Vernier 手持色度计、数据采集器、试管

药品：20%稀硫酸、0.01mol/L $KMnO_4$ 溶液、$H_2C_2O_4$ 溶液、葡萄糖溶液

二、实验操作及现象

1. 实验操作

（1）分别配制浓度为 0.2mo/L、0.1mol/L、0.05mol/L 的 $H_2C_2O_4$ 溶液以及浓度为 0.01mol/L 的 $KMnO_4$ 溶液。取不同浓度的 $H_2C_2O_4$ 溶液 2mL 放入比色皿中，然后分别加入 $KMnO_4$ 溶液 2mL。连通实验装置和数字化试验系统，利用色度传感器监测溶液透光率-时间曲线。

（2）分别配制浓度为 0.1mol/L $H_2C_2O_4$ 溶液、浓度为 0.01mol/L 酸性 $KMnO_4$ 溶液及浓度为 2mol/L、1mol/L、0.5mol/L 稀硫酸。取 $KMnO_4$ 溶液 1.5mL 放入三只比色皿中，向其中分别加入不同浓度的稀硫酸溶液 0.5mL，然后分别加入 $H_2C_2O_4$ 溶液 2mL。连通实验装置和数字化试验系统，利用色度传感器监测溶液透光率-时间曲线。

（3）分别配制浓度为 0.2mol/L、0.1mol/L、0.05mol/L 葡萄糖溶液及浓度为 0.001mol/L 的 $KMnO_4$ 溶液（加入 20%稀硫酸）。分别取不同浓度的葡萄糖溶液 2mL 放入比色皿中，然后分别加入酸性 $KMnO_4$ 溶液 2mL。连通实验装置和数字化试验系统，利用色度传感器监测溶液透光率-时间曲线。

2. 实验现象与结果分析

所得实验结果如图 4-8（a）所示，不同浓度 $H_2C_2O_4$ 溶液与同浓度未酸化的 $KMnO_4$ 溶液反应，$H_2C_2O_4$ 溶液浓度越大使 $KMnO_4$ 溶液褪色更快，褪色所用时间越短，但褪色耗时均较长，不适合在课堂上进行实验演示。而相同浓度的 $H_2C_2O_4$ 溶液与相同浓度不同酸化程度的 $KMnO_4$ 溶液反应，所用硫酸的浓度越大，褪色所用时间越短，反应速率越快［如图 4-8（b）所示］。另外，改用葡萄糖溶液与 $KMnO_4$ 溶液反应，所用葡萄糖溶液浓度越大，反应速率越快［如图 4-8（c）所示］。

三、创新优点

1. 该反应利用手持技术研究反应现象，相较于传统地观察颜色变化，能获得更精确的实验数据，使实验结果更有说服力。

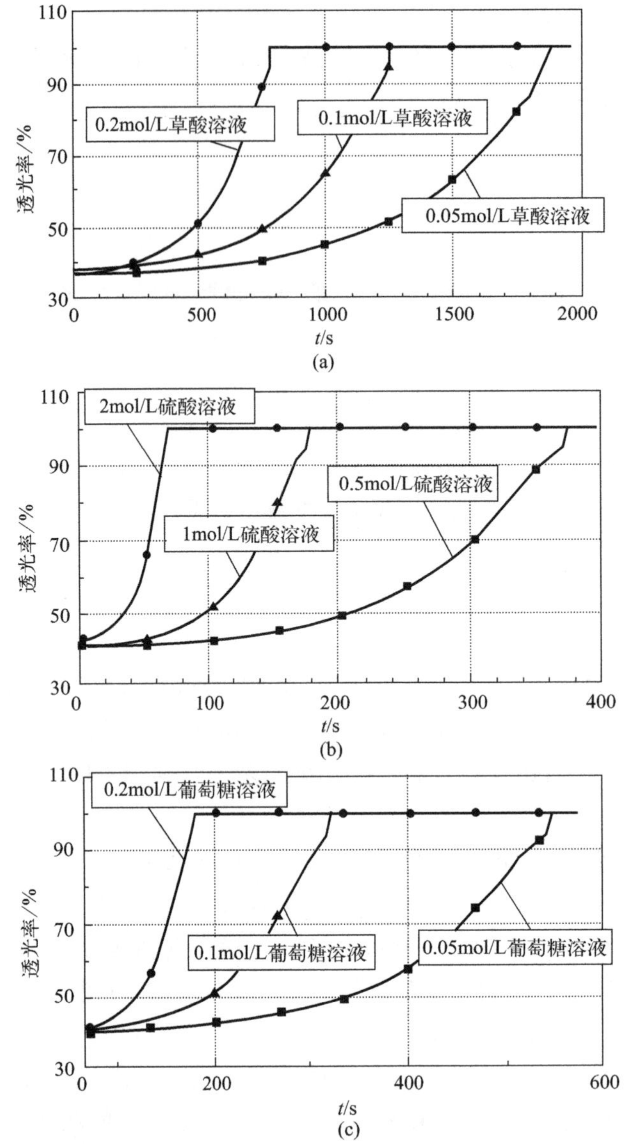

图 4-8　草酸与高锰酸钾反应的实验结果图

2. 使用控制变量法逐一研究不同反应物浓度对反应速率的影响，有效缩短了反应时间，增加了反应的成功率。

方案二　在缓冲溶液中探究草酸与高锰酸钾溶液的反应

一、实验仪器及药品

仪器：台秤、分析天平、酒精灯、烧杯、玻璃棒、表面皿、250mL 棕色试剂瓶、G4 砂芯漏斗、500mL 抽滤瓶、抽滤泵、50.00mL 棕色酸式滴定管、250mL 容量瓶、1000mL 无色试剂瓶、250mL 锥形瓶、吸量管（10mL、5mL、2mL、1mL）、试管、计时器、恒温

水浴锅

试剂：高锰酸钾晶体、分析纯二水合草酸晶体、分析纯一水合硫酸氢钠晶体、分析纯无水硫酸钠固体、蒸馏水

二、实验操作及现象

1. 实验操作

（1）分别配制 0.0185mol/L 高锰酸钾溶液、250mL 0.201mol/L 草酸溶液以及 pH 为 1、2、3 的硫酸氢钠-硫酸钠缓冲溶液 1L。

（2）在室温（约 25℃）下用吸管依次量取一定体积的 pH=3 的缓冲溶液，将配制好的草酸溶液和蒸馏水置于试管中，再移入一定体积的高锰酸钾溶液，轻轻振荡使其混合均匀，同时开始计时，观察记录实验现象。

（3）固定缓冲溶液和草酸溶液的用量，依次改变高锰酸钾和蒸馏水的用量，重复上述实验操作。

（4）固定缓冲溶液和高锰酸钾溶液的用量，依次改变草酸溶液和蒸馏水的用量，重复上述实验操作。

（5）调整正式实验：将温度的 2 个水平（70℃和 25℃）和溶液酸度的 3 个水平两两搭配，得到 6 个各包含 7 种不同的高锰酸钾与草酸浓度的组合。具体实验方案如表 4-2 所示。重复实验操作，记录实验现象和实验数据（如表 4-2 所示）。

表 4-2 实验数据表

温度	溶液 pH	试管编号	液体体积/mL		
			$V(KMnO_4)$	$V(H_2C_2O_4)$	$V(H_2O)$
$T_1=25℃$ $T_2=70℃$	$pH_1=1$ $pH_2=2$ $pH_3=3$ $V(NaHSO_4-Na_2SO_4)$ $=7.50mL$	1	0.50	0.50	1.50
		2	0.50	1.00	1.00
		3	0.50	1.50	0.50
		4	0.50	2.00	0
		5	1.00	0.50	1.00
		6	0.75	0.50	1.25
		7	0.25	0.50	1.75

2. 实验现象及结论分析

实验结果显示，25℃时，各组溶液褪色时间花费 30~80min 不等；70℃时，各组溶液褪色的最长时间不超过 104s。由实验结果可知，升高温度可显著加速反应速率；对于该反应，pH 越小反应速率越快；草酸浓度越大，反应速率越快。

三、创新优点

1. 相较于传统的实验，该实验设计在缓冲溶液体系中研究影响草酸与高锰酸钾溶液的反应因素，其优势在于保持了溶液的 pH 稳定，而且配制过程更加简单安全。

2. 对反应体系进行适当的水浴加热，可以加快反应速率，减少课堂实验消耗时间。

方案三　数码成像比色法探究反应物浓度对化学反应速率的影响

一、实验仪器及药品

仪器：PerkinElmer lambda 35 型分光光度计、梅特勒电子天平、比色皿、具塞比色管、移液枪、电脑、相机（智能手机）

试剂：0.01mol/L 酸性 $KMnO_4$ 溶液、5 瓶浓度分别为 0.1mol/L、0.2mol/L、0.3mol/L、0.4mol/L、0.5mol/L 的 $H_2C_2O_4$ 溶液、二次蒸馏水

二、实验操作及现象

1. 实验操作

（1）在 5 支编号为 1～5 号的比色管中分别加入 4mL 0.01mol/L 的酸性$KMnO_4$溶液，第 1min 在 1 号比色管中加入 2mL 浓度为 0.1mol/L 的 $H_2C_2O_4$ 溶液，迅速摇匀。第 2min 在 2 号比色管中加入 2mL 浓度为 0.1mol/L 的 $H_2C_2O_4$ 溶液，迅速摇匀；……第 5min 在 5 号比色管中加入 2mL 浓度为 0.1mol/L 的 $H_2C_2O_4$ 溶液，迅速摇匀。加样完成后进行第 1 次拍照，保持每间隔 1min 拍照 1 次，直至全部比色管内溶液完全褪色为止。

（2）0.2mol/L、0.3mol/L、0.4mol/L、0.5mol/L 的 $H_2C_2O_4$ 溶液分别与 0.01mol/L 的酸性$KMnO_4$溶液反应，重复步骤（1）的操作。

（3）在 5 支编号为 6～10 号的比色管中分别加 4mL 0.01mol/L 酸性$KMnO_4$溶液，同时向 6、7、8、9 和 10 号比色管中对应加入 2mL 浓度分别为 0.1mol/L、0.2mol/L、0.3mol/L、0.4mol/L、0.5mol/L 的 $H_2C_2O_4$ 溶液，迅速摇匀，摆放位置与步骤（1）相同，每隔 1min 拍 1 次，直至全部褪色为止，停止拍照。

（4）颜色转换成数值。将照片导入电脑，打开 Photoshop CS6，导入照片，点击"窗口"-"直方图"-选择通道"绿"，用矩形选择工具从比色管中的溶液圈出 1 小块颜色均匀的部分。

（5）绘制变化曲线。将步骤所拍摄照片的互补光"绿"通道的亮度值数据导入 Origin 软件，绘制"绿"通道的亮度值-时间曲线。

2. 实验现象及结论分析

如图 4-9、图 4-10 所示。

从横向观察，每个横行从右到左，分别是反应 2～6min 的溶液，反应的时间依次增长，溶液紫红色变浅，可以得出反应时间越长，反应越完全；从纵向观察，可以得出在相同时间，每个纵列从上到下 c（$H_2C_2O_4$）依次增大，溶液紫红色依次变浅，可以得出，反应时间相同，c（$H_2C_2O_4$）越大，反应越快。

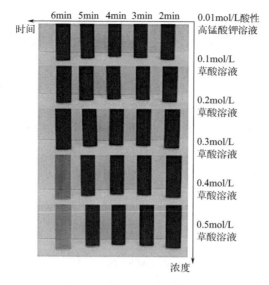

图 4-9 实验结果图（见彩图）

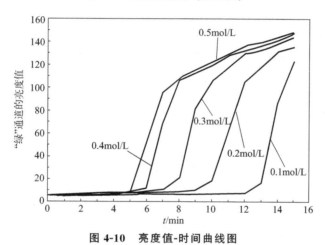

图 4-10 亮度值-时间曲线图

c（$H_2C_2O_4$）越大,"绿"通道的亮度值增长越快,说明 c（$H_2C_2O_4$）越大,反应中溶液的紫红色褪去越快,由此证明在相同条件下,当酸性高锰酸钾中 c（H^+）约为 0.2mol/L 时,酸性 $KMnO_4$ 溶液与 $H_2C_2O_4$ 溶液反应, c（$H_2C_2O_4$）越大,反应越快。

三、创新优点

相较于传统的实验,具有原理简单、器材普通、操作性强和精密度较高的优点,更适用于中学教学和学生探究实验。

参考文献

[1] 王春. 基于手持技术的草酸与高锰酸钾反应实验再探究 [J]. 中学化学教学参考, 2020 (07): 74-76.

[2] 孙逸明, 丁伟. 在缓冲溶液中探究高锰酸钾与草酸的反应 [J]. 化学教育, 2017, 38 (09): 55-60.

[3] 汪秋英, 吴承旺, 王素琴, 等. 数码成像比色法探究反应物浓度对化学反应速率的影响 [J]. 化学教育（中英文）, 2018, 39 (05): 65-69.

实验 34 化学平衡的影响因素

【实验目的】

1. 通过实验探究，理解温度、压强、浓度等对化学平衡状态产生的影响，进一步构建"化学变化是有条件的"学科观念。

2. 理解勒夏特列原理，能依据原理分析平衡移动的方向，体会理论对实践的指导作用。

【实验原理】

$$Fe^{3+} + nSCN^- \rightleftharpoons [Fe(SCN)_n]^{3-n} \text{（血红色）}$$

$$2NO_2 \text{（红棕色）} \rightleftharpoons N_2O_4 \text{（无色）}$$

【教材实验内容】

为了探究影响化学平衡的因素，2019年人教版高中化学选择性必修1《化学反应原理》第二章第二节中设计了该实验。实验步骤如下：

1. 浓度对化学平衡移动的影响

向盛有 5mL 0.05mol/L $FeCl_3$ 溶液的试管中加入 5mL 0.15mol/L KSCN 溶液，溶液呈红色。将上述溶液平均分装在 a、b、c 三支试管中，向试管 b 中加入少量铁粉，向试管 c 中滴加 1mol/L KSCN 溶液，观察 b、c 中溶液颜色变化，并均与试管 a 对比。

2. 压强对化学平衡移动的影响

用 50mL 注射器吸入约 20mL NO_2 与 N_2O_4 的混合气体（使注射器的活塞处于Ⅰ处），将细管端用橡胶塞封闭。然后把活塞拉到Ⅱ处，观察管内混合气体颜色变化。当反复将活塞从Ⅱ处推到Ⅰ处及从Ⅰ处拉到Ⅱ处时，观察管内混合气体颜色的变化（如图 4-11 所示）。

图 4-11 压强对化学平衡的影响

【实验教学现状及存在的问题】

1. 浓度对化学平衡移动的影响

（1）实验中加入一定浓度的 $FeCl_3$ 溶液，不仅改变了反应物 $FeCl_3$ 的浓度，同时也因溶液体积的增大，其他物质浓度发生改变。这些因素会共同影响化学平衡，并不一定能保证化学平衡向正方向移动。

（2）生成物颜色原本即为血红色，通过加入反应物引起化学平衡向右移动，使得生成物浓度增大，溶液颜色也会变深。但这个现象视觉效果并不是很明显，且学生对于该反应颜色的辨识不一致。

2. 压强对化学平衡移动的影响

该实验在教学演示中不容易成功，主要是气体的颜色变化不明显，不利于学生观察。实验现象基本是学生根据课本提示想象的，学生不能体会实验现象的真实性，更无法从实验现象分析获得结论。

【实验改进】

方案一　利用手持技术探究浓度对化学平衡的影响

一、实验仪器与药品

仪器：胶头滴管、烧杯、玻璃棒、注射器、数据采集器、色度计、平板电脑

药品：0.005mol/L $FeCl_3$、KSCN（0.1mol/L、0.6mol/L、0.8mol/L、1.0mol/L、1.2mol/L、1.4mol/L）、去离子水

二、实验装置

该创新实验装置如图4-12所示。

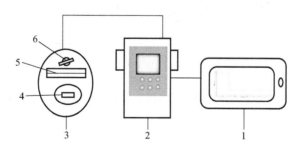

图4-12　实验装置图

1—平板电脑；2—数据采集器；3—色度计；4—比色皿；5—滤光片（蓝色）；6—调节旋钮

三、实验步骤

在100mL小烧杯中混合30mL 0.005mol/L $FeCl_3$溶液与30mL 0.01mol/L KSCN溶液，得到红色混合溶液；取12支比色皿各加入3mL混合溶液，分别编号为1，2，…，12；另取1支比色皿加入0.25g KSCN晶体、3mL去离子水，编号为13。连接实验装置（图4-12），启动数据采集器和平板电脑，设置采样频率1次/s，时间为继续。以去离子水为参比溶液校准色度计传感器。

1. 取 1 号比色皿放进色度计测量透光率，用注射器注入 0.1mL 0.6mol/L KSCN 溶液，待透光率稳定后点击"停止"，保存数据。

2. 取 2~13 号比色皿，按实验方案设计（如表 4-3 所示）加入药品，重复步骤 1。

表 4-3 实验方案设计

组别	序号	加入物质（若无特别说明则为加入配好的 Fe^{3+}-SCN^- 溶液）
实验组 1	实验 1~6	0.1mL 0.6mol/L，0.8mol/L，1.0mol/L，1.2mol/L，1.4mol/L KSCN 溶液及饱和的 KSCN 溶液
	实验 7	0.1mL 去离子水（空白实验）
实验组 2	实验 8~12	0.05g，0.10g，0.15g，0.20g，0.25g KSCN 晶体
	实验 13	0.25g KSCN 晶体（空白实验，加入到去离子水中）

3. 清理仪器，导出数据，在 Origin8.5 软件中作图。

四、实验结果及分析

实验结果如图 4-13~图 4-15 所示。

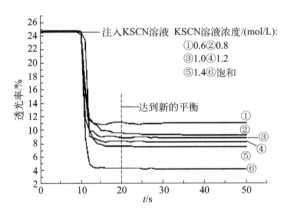

图 4-13 向混合溶液中分别注入不同浓度 KSCN 溶液后透光率变化曲线

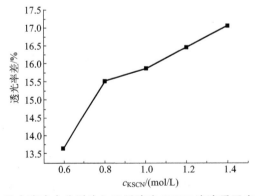

图 4-14 向混合溶液中分别注入不同浓度 KSCN 溶液后透光率变化差值

注：透光率差为加入某物质后，平衡移动前后透光率变化的差值，取正值，下同。由于浓度差异大，为了图形的清晰和美观，未将加入饱和 KSCN 溶液后透光率差绘入图中。

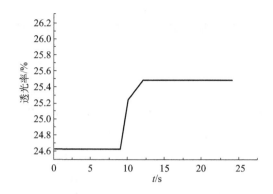

图 4-15　向混合溶液中注入 0.1mL 去离子水的透光率变化曲线

由图 4-13、图 4-14 可知，往 Fe^{3+}-SCN^- 平衡体系中加入 KSCN 溶液，混合溶液的透光率下降，颜色变深，说明化学平衡向正反应方向移动，随着加入 KSCN 溶液浓度的增大，透光率下降幅度增大，颜色变深程度增加，平衡向正反应方向移动程度增加。

对比 6 支实验后的比色皿，发现注入 0.6mol/L，0.8mol/L 和饱和 KSCN 溶液的比色皿能够清晰分辨颜色差别，但是注入 1.0mol/L，1.2mol/L，1.4mol/L KSCN 溶液的比色皿颜色深浅肉眼难以分辨，因而难以判断化学平衡移动的程度变化情况；而由透光率曲线可知，三者的透光率差逐渐增大（见图 4-14），说明化学平衡移动的程度逐渐增大。由此说明借助手持技术，定量、实时地探究实验，能使得实验分析更加精确化和多元化。此外，一方面，往 Fe^{3+}-SCN^- 平衡体系中加入 KSCN 溶液后，溶液颜色变深，透光率下降，一段时间后达到平衡，此学习过程能够很好地培养学生"变化观念与平衡思想"的化学学科核心素养；另一方面，探究多种浓度的 KSCN 溶液对 Fe^{3+}-SCN^- 平衡体系的影响，有助于增加学生的思维容量和提升学生的思维深度，有助于培养学生"科学探究与创新意识"的化学学科核心素养。

图 4-15 中实验为空白对照，曲线先上升后平稳，说明加水稀释，溶液的颜色变浅，透光率升高。经计算，溶液透光率差为 0.9%，远小于向初始溶液中注入 KSCN 溶液的透光率变化值，说明本实验可以忽略由于加入 0.1mL 溶液而引起的体积变化对化学平衡的影响。

借助手持技术，向 Fe^{3+}-SCN^- 平衡体系中加入不同浓度和不同质量梯度的 KSCN，得到的溶液透光率均降低，且透光率差随着浓度和质量的增加而增加的实验结果，说明反应物浓度持续增大，平衡向正反应方向移动的程度持续增加。

五、创新优点

直观可视、实时连续、精确定量地呈现实验，不仅能使学生观察到宏观的实验现象，更能根据数据、曲线的变化，从微观层面认识和理解化学平衡，为学生建构化学平衡提供感性材料支撑，促进学生深度理解化学平衡。

方案二 利用安卓智能手机探究浓度对化学平衡的影响

一、实验原理

通常色差是指 2 个颜色在颜色知觉上的差异，包括明度差、彩度差和色相差 3 个方面。色差值则是表示 2 个颜色之间的差别大小，可用 E 表示。在基础色度学的基础上推导出一种色差公式和对应的色度空间，使得计算的色度值与目测结果较为均匀一致。常用的色度空间是 CIELab 色空间，它是利用 a^*、b^*、c^* 3 个不同的坐标轴，指示颜色在几何坐标图中的位置及代号，而 Lab 色彩模型是由亮度 L^* 及有关色彩的 a^* 和 b^* 3 个要素组成，其中 L^* 表示亮度，a^* 表示从洋红色至绿色的范围，b^* 表示从黄色至蓝色的范围。因此 2 个不同的色彩的样品都按 L^*，a^*，b^* 来标定颜色，则二者之间的色差值 ΔE 可以用以下公式计算：

$$\Delta E = \sqrt{(\Delta L^*)^2 + (\Delta a^*)^2 + (\Delta b^*)^2}$$

因此计算色差值 ΔE 时，可以设定任一试样为标准样，就可计算出不同试样与标准样之间的色差值 ΔE。通常来说有色溶液的浓度越大则颜色越深，因此可以通过计算不同浓度有色溶液与样品之间的色差值来更加直观化地分析化学平衡移动的方向。

智能手机 CMOS 传感器的作用就是把传到它上面的不同强度的光线进行光电转换，转换成电压信息最终生成我们想要的数字图片。随着现代科技的高速发展，智能手机的 CMOS 传感器普遍拥有 800 万以上的成像像素以及较高灵敏度、较短曝光时间，成像质量不亚于专业照相机。Color Grab 是一款利用手机摄像头来实时获取色彩参数的智能手机软件，可以配合手机 CMOS 传感器精确获取有色溶液的 L^*，a^*，b^* 值。智能手机的 WPS Office 软件可以方便地查看创建和编辑各种常用 Word、Excel 和 PPT 文档，因此可以便携地将实时获取的有色溶液 L^*，a^*，b^* 转化为色差值。

二、实验仪器与药品

仪器：15mm×150mm 试管、药匙、电子天平、量筒、100mL 烧杯、250mL 烧杯、比色管架、智能手机 1 部（1300 万像素 CMOS 传感器）

药品：蒸馏水、$FeCl_3$ 固体、KSCN 固体、KCl 固体

三、实验操作及现象

1. 向 100mL 烧杯中分别加入 25mL 0.01mol/L 的 $FeCl_3$ 溶液和 25mL 的 0.01mol/L 的 KSCN 溶液并混合均匀，取 4 支试管分别编号为 A、B、C、D，然后将混合液分别置于 4 支试管中以备用。另取 1 支试管编号为样品，分别滴加 1mL 0.01mol/L 的 $FeCl_3$ 溶液和 0.01mol/L 的 KSCN 溶液，再加入 5mL 蒸馏水稀释后备用。

2. 向试管 A 中滴加 5 滴 1.0mol/L 的 $FeCl_3$ 溶液并振荡观察现象，向试管 C 中滴加 5 滴 1.0mol/L 的 KSCN 溶液并振荡观察现象，向试管 D 中添加少量 KCl 固体并振荡溶解观察现象。

3. 将 A、B、C、D 试管以及样品管置于比色管架中，可以用张白纸置于比色管架后

以方便取色,打开智能手机中 Color Grab 软件,调整软件中取色的黄色圆圈使其对准试管中的有色溶液,当取色圆圈变为绿色的时候轻轻点击屏幕即表示取色成功,依次操作测定 A、B、C、D 试管及样品管取色,查看各试管中有色溶液的 L^*,a^*,b^* 值。

四、实验结果及分析

实验数据记录如表 4-4 所示。浓度对化学平衡的影响实验现象如表 4-5 所示。

表 4-4 实验数据

	A	B	C	D	E
1		L^*	a^*	b^*	ΔE
2	样品	41.8	38.2	52.4	
3	试管 A	9.70	29.8	15.3	49.8
4	试管 B	23.5	45.4	35.3	26.1
5	试管 C	0.70	0.50	0.20	76.4
6	试管 D	29.5	50.8	42.8	20.1

表 4-5 浓度对化学平衡的影响实验现象

编号	混合溶液颜色	添加物	溶液颜色的变化	色差值 ΔE	平衡移动方向
A	红棕色	5 滴 1.0mol/L $FeCl_3$	无明显变化	49.8	向右
B	红棕色	—	无	26.1	平衡
C	红棕色	5 滴 1.0mol/L KSCN	溶液颜色明显变深	76.4	向右
D	红棕色	少量 KCl 固体	无明显变化	20.1	向左

1. 当化学反应处于平衡状态时,其他条件不变,增大反应物的浓度使平衡向正方向移动。如表 4-5 所示,往平衡混合物中加入 1.0mol/L $FeCl_3$ 溶液(相当于增大了 Fe^{3+} 浓度)时,虽然肉眼所观察到的溶液颜色变化不明显,但比较其与试管 B 的色差值可以看出试管 A 的色差值大于试管 B,说明试管 A 的溶液颜色比无添加的试管 B 的溶液颜色深,即平衡向右移动。而加入 1.0mol/L KSCN 溶液时溶液颜色明显加深,同时试管 C 的色差值明显大于试管 B 也验证这点。即可得到增大任何一种反应物的浓度,都会使化学平衡向正方向移动的结论。

2. 往试管中加入少量的 KCl 固体,理论上相当于增大了生成物的浓度,但是肉眼几乎观察不到混合液颜色的变化,从色差值上来看管 D 的色差值小于无添加物的试管 B,也就说明了溶液的颜色变浅了,即平衡向左移动,即可知当化学反应处于平衡状态时,增加生成物的浓度或减少反应物的浓度,则使平衡向逆方向移动。

五、创新优点

巧妙运用智能手机 CMOS 传感器和智能手机软件 Color Grab 获取颜色的差值,用数据来分析处理问题,比较有色溶液的色差值来判断溶液平衡移动的方向,实验效果比依靠目视比色法的方法更加直观化、形象化。

方案三　压强对化学平衡的影响实验改进

一、实验仪器与药品

仪器：50mL 塑料注射器、10mL 塑料注射器、输液器塑料管（1.5cm）、粗细铁丝各少许、200g 钩码、铁架台、铁夹

药品：浓 NaOH 溶液、NO_2 气体

二、实验装置

该创新实验装置如图 4-16、图 4-17 所示。

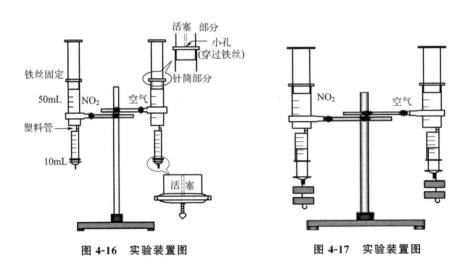

图 4-16　实验装置图　　　　图 4-17　实验装置图

1. 50mL 注射器活塞的加工：将活塞抽出到 50mL 处，在活塞上做记号，用灼热铁钉钻孔，使之能穿过较粗的铁丝，用于固定活塞在注射器中的位置。

2. 10mL 注射器活塞的加工：在活塞底部用灼热铁钉钻 3 个孔，穿过细铁丝并合拢拧成环状，使之能悬挂钩码。

3. 塑料管的选用：能紧密封住 2 个注射口，并能承受一定的向下拉力。

三、实验步骤及现象

1. 向 2 支注射器中分别充装 50mL 空气与 50mL NO_2，固定活塞。

2. 将充气后的注射器各自在注射口处通过塑料管与 10mL 注射器的注射口紧密相连（如图 4-16）。

3. 将 50mL 注射器固定在铁架台的适当高度。

4. 在铁丝环中分别悬挂 2 个 200 g 的钩码（如图 4-17）。可观察到 10mL 注射器中活塞向下移动，当活塞保持稳定时，分别读出空气与 NO_2 气体的体积变化量。

5. 实验结束后，取下注射器，将气体推回 50mL 注射器中，在 NO_2 注射器里吸入浓 NaOH，振荡，使 NO_2 完全被碱液吸收，随后清洗。

2个注射器下端同时悬挂钩码（相当于减压）30s左右时，图4-17右边装置中空气下部活塞停止移动并保持稳定，而左边装置中NO_2气体下端活塞继续向下移动，最终NO_2气体的体积明显大于相同条件下空气的体积。

四、创新优点

1. 实验现象明显，现象保持时间长，易于学生描述实验现象，顺利得出正确结论。
2. 改进后的实验不但可以观察气体颜色变化，还可以方便读取气体体积的变化，用具体数据说明压强减小，化学平衡向气体体积增大的方向移动，即从定性和定量2个方面对实验进行了说明。
3. 该实验方法可扩展为"定量研究压强对化学平衡的影响"的探究性实验，也适合对自然科学特别有兴趣的同学将波义耳定律与气体反应的平衡结合起来综合应用，通过实验测定的数据具体计算得出有关结论。

参考文献

[1] 唐文秀，钱扬义，陈雪飞，等. 利用手持技术探究浓度对化学平衡的影响 [J]. 化学教育（中英文），2018，39（17）：68-70.
[2] 李嘉. 利用安卓智能手机探究浓度对化学平衡的影响 [J]. 化学教育，2017，38（07）：65-68.
[3] 方向东，但世辉，李斌. 一个定性到定量的实验创新案例——"压强对化学平衡的影响"实验改进 [J]. 化学教育，2015，36（09）：65-66.

实验 35　双液原电池

【实验目的】

1. 通过实验理解原电池工作原理和盐桥的作用。
2. 通过实验探究双液电池相较于单液原电池的优点和改进之处。

【实验原理】

锌铜双液原电池工作原理如下：

$$负极：Zn-2e^- = Zn^{2+} （氧化反应）$$
$$正极：Cu^{2+}+2e^- = Cu （还原反应）$$
$$总反应：Zn+Cu^{2+} = Zn^{2+}+Cu$$

锌铜原电池工作时，负极的Zn失去电子变成Zn^{2+}进入溶液，电子由负极通过导线流向正极。正极的Cu^{2+}得电子变成Cu沉积在铜片上。盐桥中的Cl^-移向$ZnSO_4$溶液，K^+移向$CuSO_4$溶液，反应持续进行，不断产生电流。

【教材实验内容】

"双液原电池"是2019年人教版普通高中教科书《化学选择性必修1》第四章第一节

"原电池"第94页的实验,是《化学必修第二册》中原电池内容的补充学习与深入探究。由于先前所学习的单液电池存在电流不稳定、实验现象不明显等问题,选择性必修教材中引入双液原电池概念,意在引导学生学习研究化学能与电能之间的高效转化,进一步理解原电池反应的过程和本质。该实验装置如图4-18所示。

将置有锌片的$ZnSO_4$溶液和置有铜片的$CuSO_4$溶液用一个盐桥连接起来,然后将锌片和铜片用导线连接,并在中间串联一个电流表,观察现象。取出盐桥,观察电流表的指针有何变化?

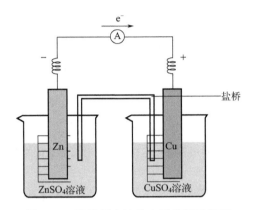

图 4-18 双液原电池的实验装置示意图

【实验教学现状及存在的问题】

双液原电池是在单液电池的基础上进行改进实验,需要引导学生探究盐桥的结构作用以及原电池的工作原理。然而在实际的教学过程中,为了顺利完成教学过程,大部分教师会提前准备好盐桥并且准备好实验装置,只是简单的进行演示实验。这样的教学过程中学生对盐桥的内容物以及电解质溶液的选择等关键步骤没有清晰明确的概念,不利于学生真正掌握原电池的本质。

【实验改进】

方案一 双液原电池盐桥的实验改进

一、实验仪器及药品

仪器:电极、滤纸条、U形管盐桥、棉布条、无纺布、湿纸巾

试剂:锌片、铜片、1mol/L硫酸锌溶液、1mol/L硫酸铜溶液、KCl琼脂块

二、实验装置

该创新实验装置如图4-19所示。

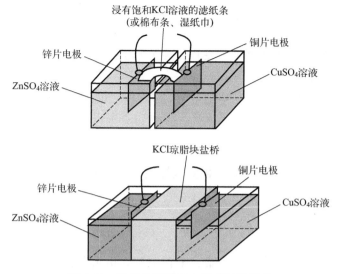

图 4-19　改进的双液原电池实验装置图

三、实验操作及现象

1. 将滤纸折成约 3.5cm×12cm×0.2cm 的条状，室温条件下在饱和 KCl 溶液中浸泡一分钟，取出后代替 U 形管盐桥搭在正负极电解质池之间，两电极铜片、锌片与滤纸紧密接触，两电极之间距离为 2cm，构成双液原电池，如图 4-19 所示。

2. 用相同大小的棉布条和湿纸巾（材料为无纺布）分别代替滤纸条重复实验。

3. 在 1000mL 沸水中先加入 7g 琼脂，加热使其完全溶解，再加入 200g KCl 固体，继续加热，直至 KCl 完全溶解，停止加热。等溶液冷却至 50℃左右，趁热倒在一个矩形电解槽中，待冷却凝固后用小刀将装置内两边多余的琼脂除去，只留中间一堵厚度为 3cm 的"墙"，即形成了琼脂块盐桥。使用琼脂块盐桥重复上述实验。

使用不同的盐桥进行实验后得出的电流数据如图 4-20 所示。在其他条件都相同的情况下，滤纸条盐桥构成的双液原电池所产生的电流为 10.8mA，与 U 形管盐桥（7.6mA）相当，棉布条和湿纸巾构成的原电池所产生的电流分别为 12.4mA 和 21.5mA，琼脂块盐桥构成的原电池产生的电流为 820mA。琼脂块盐桥原电池形成的电流比较稳定。

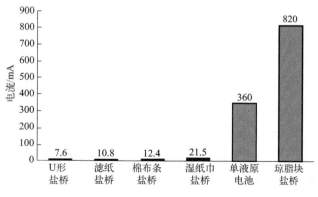

图 4-20　电流数据图

四、创新优点

1. 改进后的实验不仅装置简单，操作简便，而且实验现象更加明显直观，便于学生直接明了地观察实验现象。

2. 琼脂块盐桥的使用能加深学生对盐桥实际结构和工作原理的理解，进一步强化实验的教学功能。

方案二　手持技术数字化实验探究夹心式膜电池的创新改进

一、实验仪器及药品

仪器：朗威 DISLab6.9 数据采集器、平板电脑、电流传感器（−2～2A）、温度传感器（−20～130℃）、聚乙烯异相阳离子交换膜（使用前用蒸馏水浸泡12h）、装有饱和 KCl 溶液的 U 形管盐桥（口径 1.5cm，深度为 3cm）、石英钟表、烧杯（25mL）、滤纸、塑料膜、胶头滴管、砂纸、导线若干

药品：铜片（1.5cm×4.5cm）、锌片（1.5cm×4.5cm）、1mol/L $CuSO_4$ 溶液、1mol/L $ZnSO_4$ 溶液、饱和 KCl 溶液

二、实验装置

该创新实验装置如图 4-21、图 4-22 所示。

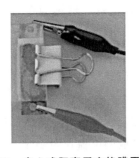

图 4-21　夹心式阳离子交换膜原电池　　图 4-22　夹心式阳离子交换膜原电池截面示意图

三、实验操作及现象

1. 利用双面胶将锌片和铜片分别固定在玻璃片上（方便实验操作），在铜片上放 2 片滤纸（1.5cm×2.5cm），滴加 10 滴 $CuSO_4$ 溶液（保证充分润湿滤纸且不溢出）；在锌片上放 2 片滤纸（1.5cm×2.5cm），滴加 10 滴 $ZnSO_4$ 溶液，中间膜采用阳离子交换膜（1.6cm×4.5cm），并用鱼尾夹固定好。

2. 连接好传感器，打开通用软件，点击界面"组合曲线1"，以时间 t 为横坐标，电流 I 为纵坐标，并点击"计算表格"。红色导线夹连接铜片，黑色导线夹连接锌片，点击

开始按钮，采集数据 200s，点击"结束"，保存电流计算表格数据，并用 Origin 作图，观察实验现象。

3. 将中间的膜改为浸有饱和 KCl 溶液的滤纸（1.6cm×4.5cm，可透过任何离子），塑料膜（1.6cm×4.5cm，不能透过离子）作为对照实验，重复以上操作。

4. 组装夹心式阳离子交换膜电池（1 片铜片、1 片锌片，单组夹心式阳膜电池），用红色导线连接铜片和石英钟表的正极，黑色导线连接锌片和石英钟表的负极，观察石英钟表秒针是否偏转，记录持续时间并计算电池容量（康巴丝石英钟表工作电流是 0.6mA）。

如图 4-23 为电池的电流曲线：

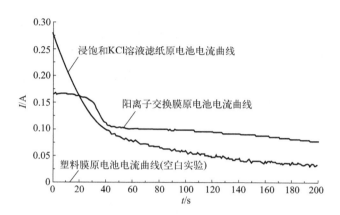

图 4-23　电池的电流曲线图

阳离子交换膜原电池前 30s 电流示数较稳定，示数为 0.16A 左右，30～45s 电流快速衰减 0.06A，45～200s 电流从 0.10A 下降到 0.08A 左右，与起始电流相比，200s 后电流衰减 50%。电池总反应方程式为 $Zn + Cu^{2+} =\!=\!= Zn^{2+} + Cu$，锌片失去电子变为 Zn^{2+}，$ZnSO_4$ 溶液阳离子增多，为平衡电荷保持溶液的电中性，Zn^{2+} 通过阳离子交换膜进入正极区。电子经过导线流入正极，正极区 $CuSO_4$ 溶液中 Cu^{2+} 得到电子发生还原反应变为单质 Cu，前 30s 电解质溶液充足且铜片电极的滤纸上铜单质析出较少，导电性较好，电流示数大且较稳定。但 30～45s 电流衰减较快，原因是随着电极反应的进行，大量铜（颗粒度较小，黑色固体）在浸 $CuSO_4$ 溶液滤纸上析出，堵塞滤纸的孔径，使电池内阻变大，电流示数衰减较快。

实验结束后发现浸 $CuSO_4$ 溶液滤纸上有大量黑色物质，经半小时后变为红色的铜，证明分析正确。45～200s 电流较稳定，原因是 45s 左右铜单质已堵塞大部分孔径，原电池内阻变化不大，但电流衰减了 0.02A，原因是 $CuSO_4$ 溶液（约 0.5mL）体积较小，不断有 Cu^{2+} 得电子变为单质铜，溶液中 $CuSO_4$ 变少，电流示数减小。

另外，单组夹心式阳膜电池开始电流为 0.16A 左右，石英钟表能转动，供电时间为 380min。浸饱 KCl 溶液的滤纸，可透过任何离子，电阻比阳离子交换膜小、导电性好，起始电流示数大，放电快，电解质溶液消耗快，电流衰减快，效果不佳。

四、创新优点

1. 夹心式阳膜原电池具有体积小、药品用量少、电流较持久稳定、操作简便快速、阳离子交换膜多次重复使用、废弃滤纸无污染、绿色化学等优点，实现了原电池的微型化与高效化创新改进。

2. 借助手持传感器监测电流变化情况，化静态为动态，实验结果灵敏度高，更加有说服力。

方案三　离子交换双膜原电池

一、实验仪器及药品

仪器：电脑、朗威 8.0 数据采集器、电流传感器（2 个）、温度传感器（2 个）、数据采集器、氯离子检测仪、钾离子检测仪、自制的阴阳离子交换膜双膜原电池装置

药品：铜片（3cm×6cm）、锌片（3cm×6cm）、1mol/L $CuSO_4$ 溶液、1mol/L $ZnSO_4$ 溶液、饱和 KCl 溶液、0.5mol/L $BaCl_2$ 溶液、0.5mol/L 的 NaOH 溶液

二、实验装置

该创新实验装置如图 4-24 所示。

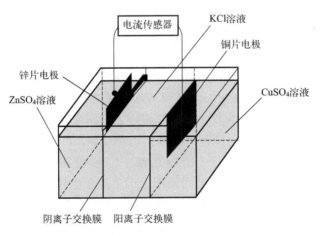

图 4-24　离子交换双膜原电池实验装置

三、实验操作及现象

1. 将铜片、锌片分别放入双膜原电池装置的硫酸铜溶液、硫酸锌溶液中，组成双膜原电池。
2. 连接电流传感器，随时间变化测得电流。
3. 反应 10min 后，将温度传感器放入双膜原电池锌片附近，同时进行温度、电流的测定。
4. 用氯离子检测仪和钾离子检测仪测定电解质溶液中离子浓度的变化情况。

反应 10min 后，双膜原电池的电流一直稳定在 200mA，双膜原电池的温度为 25.0℃。

与单液电池相比，热损耗更低。经离子交换仪测定，盐桥区域的Cl^-经过阴离子交换膜移动到负极区，K^+经过阳离子交换膜移动到正极区。

四、创新优点

1. 自制双离子交换膜原电池，深化学生对原电池反应本质的理解，培养学生的创新意识和探究意识。

2. 该实验装置较为简单，实验现象明显，能产生平稳电流，且电流转换率高。

3. 手持技术的应用提高了学生证据推理能力，同时建立了原电池溶液中离子定向移动的认识模型。

参考文献

[1] 杜爱萍，芦琴燕. 双液原电池盐桥的实验改进 [J]. 化学教与学，2019（11）：80-82.

[2] 马翠翠，卢玲，董军. 手持技术数字化实验探究夹心式膜电池的创新改进 [J]. 化学教育（中英文），2020，41（07）：64-71.

[3] 杜爱萍. 离子交换双膜原电池装置的制作与教学思考 [J]. 化学教学，2021（04）：60-63.

实验 36 电解氯化铜

【实验目的】

通过电解氯化铜实验掌握电解池原理及放电顺序。

【实验原理】

电解氯化铜发生如下反应：

$$阳极：2Cl^- - 2e^- =\!=\!= Cl_2 \uparrow$$
$$阴极：Cu^{2+} + 2e^- =\!=\!= 2Cu$$
$$总反应：Cu^{2+} + 2Cl^- =\!=\!= Cu + Cl_2 \uparrow$$

【教材实验内容】

"电解氯化铜"实验是高中电化学的重要内容。在2019年人教版高中化学选择性必修1《化学反应原理》第四章第二节"电解池"中，该实验的装置如图4-25所示。在U形管中注入质量分数为25％的$CuCl_2$溶液，插入两根石墨棒作电极材料。把润湿的碘化钾淀粉试纸放在与直流电源正极相连的石墨棒附近。接通直流电源，观察U形管内的现象和试纸的颜色变化。

通电后不久可以看到：与直流电源负极相连的石墨棒上逐渐覆盖了一层红色的铜，与直流电源正极相连的石墨棒上有气泡产生，气体能使湿润的碘化钾淀粉试纸变蓝色。

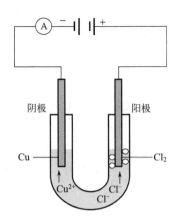

图 4-25　氯化铜溶液的电解装置示意图

【实验教学现状及存在问题】

1. 出现明显实验现象所需时间过长，不利于课堂演示实验或学生分组实验。
2. 阴极析出的铜主要集中在石墨电极底部，不利于学生观察。
3. U 形管需要用铁架台夹持，装置不够简便，操作不方便。
4. 产生的氯气直接排放于空气中，不利于师生身体健康。

【实验改进】

方案一　电解氯化铜实验改进

一、实验仪器及药品

仪器：切去底部的透明塑料试管、合适大小的小型玻璃槽或广口瓶、底部处理成圆弧状的小石墨电极和普通石墨电极、带鳄鱼夹的导线两根、稳压电源一台、烧杯

药品：15% $CuCl_2$ 溶液、淀粉碘化钾试纸、蒸馏水

二、实验装置

将 15% $CuCl_2$ 溶液缓慢转移到一个合适大小的小型玻璃槽或广口瓶中，以充满容器的 3/5 容积为宜。将一支透明塑料试管切去底部，并在侧面不同位置上打上一些孔，在试管侧面用细线绑上一根底部处理成圆弧状的小石墨电极，将其置于上述小型玻璃槽或广口瓶中。将小型石墨电极用导线与直流电源的负极相连，另一根普通石墨电极插入塑料试管内，在电极上方的塑料试管壁上粘贴一张湿润的淀粉 KI 试纸，在试管口放置一团浸有 NaOH 溶液的脱脂棉球，通过导线将石墨电极与直流电源的两极相连（如图 4-26 所示）。

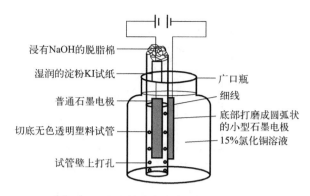

图 4-26 改进的电解氯化铜实验装置图

三、实验操作及现象

实验一开始即可观察到阳极有大量的气泡产生,润湿的淀粉碘化钾试纸在 0.5min 左右完全变蓝;阴极石墨电极上一开始就可观察到有红色铜析出,在约 1min 浸入溶液中的石墨电极上已完全覆盖上一层红色的铜。改进后实验效果得到极大的改善。

四、创新优点

1. 本实验改进大大缩短了实验的所需时间,增强了实验的直观性,提高了课堂效率。
2. 阴极析出的铜能在石墨电极上覆盖较大的面积,有利于学生观察,实验现象更明显。不会逸出污染性气体——氯气,有利于师生健康和培养学生的绿色环保意识。
3. 用砂纸打磨掉石墨电极上析出的铜,更换淀粉 KI 试纸,即可在多个教学班演示,重复使用装置。无需铁架台等夹持仪器,操作更方便。通过对比观察改进前后实验效果的差异,有助于培养学生的创新意识。

方案二 电解氯化铜溶液装置创新实验

一、实验仪器及药品

仪器:管径 12mm 的 U 形管、碳棒、干电池若干、导线、球型干燥管、脱脂棉、烧杯、玻璃棒、100mL 注射器、导管、镊子

药品:25%氯化铜溶液、淀粉-碘化钾试纸、浓氢氧化钠溶液、石蜡

二、实验装置

该创新实验装置如图 4-27 所示。

三、实验操作及现象

1. 在管径 12mm 的注射器针筒顶端打 2 个小孔,用于安置 2 个碳棒电极,则电极间距由原来的 4.5cm 缩小至 2cm。然后分别安插 2 个碳棒电极,在碳棒电极周边用石蜡作密封处理。

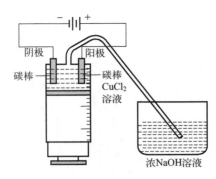

图 4-27 微改进的电解氯化铜溶液装置示意图

2. 在注射器内装入同方案一等体积的 25% 氯化铜溶液，推压活塞至溶液浸没电极长度不超过 2/3，把湿润的淀粉-碘化钾试纸放在注射孔部位或者在注射孔部位连上导管，推压活塞也可以快速完成气体的检验。当试纸逐渐变色时立刻将导气管末端插入盛有浓氢氧化钠溶液的烧杯中。

3. 接通电源，反应开始，观察注射器内的现象和试纸的颜色变化（电源电压由 3V 开始，观察电解的时间为 3min）。当电源电压为 3V 时，约 1min 就可以在阳极碳棒附近观察到有较多的小气泡产生，当该气体接触湿润的淀粉-碘化钾试纸，试纸逐渐变蓝色；而阴极碳棒有些许红色固体析出并附着在碳棒的底部。且当加大电压至 4.5V 时，可观察到阳极碳棒表面析出相当多且较大的气泡，阴极碳棒越来越粗，析出的红色固体显著增多，甚至有些红色固体脱落下来。由于针孔出气很少且集中，淀粉-碘化钾试纸直接放在针孔上面，约 2min 即可看到试纸变蓝；若是把湿润的淀粉-碘化钾试纸放在导管末端，则需要轻轻地推压活塞，试纸则立即变蓝。

4. 往下拔拉活塞，可以更加清楚地观察到阴极碳棒上附着的红色固体；接上导管，再往上推活塞，将产生的多余氯气排放至浓氢氧化钠溶液中被吸收；往下拔拉活塞使溶液与电极分离，可以终止反应。

四、创新优点

1. 该装置简易轻便，可以走动演示，便于观察现象。
2. 由于缩短了电极间距，降低了电阻，从而加快了电解速率，耗费电量少，节约能源。
3. 实验现象非常明显，高效完成实验。
4. 余氯被浓氢氧化钠溶液吸收，具有环保性。

方案三 电解氯化铜溶液实验的改进

一、实验仪器及药品

仪器：自制两口平底发生器、直流电源、铅笔芯、导线

药品：3% 溴化铜溶液

二、实验装置

该创新实验装置如图 4-28 所示。

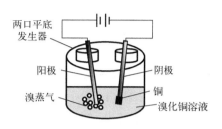

图 4-28 改进电解氯化铜实验装置

三、实验操作及现象

将配制好的溴化铜溶液倒入两口平底发生器中,连接好导线电极,通电,观察现象。

通电后 4s 左右阳极附近产生大量气泡,且有淡黄色溶液产生。同时阴极附近产生黑色物质,该黑色物质是溴离子和铜离子的络合物。容器出口未闻到刺激性气味,1s 左右阴极黑色物质逐渐变成红色金属。

四、创新优点

1. 利用两口平底发生器装置,可以缩小两电极间的距离,加快反应速率,缩短反应时间。同时该装置简便,不需要任何夹持装置。比 U 形管稍大,在课堂上演示更易于学生观察。

2. 采用溴化铜溶液电解的优点:①可在阳极电极附近快速观察到淡黄色溶液产生,实验现象明显,易于学生观察。节省利用淀粉碘化钾变蓝来检验的步骤,节约了药品。同时不用耗费时间观察淀粉碘化钾变蓝,节约时间;②由于现象明显,反应快速,反应所需时间短,溴蒸气比氯气更易溶于水(阳极附近的淡黄色溶液就是溴蒸气溶于水产生的),所以产生的有害气体极少,几乎没有对学生身体造成伤害,同时也省去了用氢氧化钠溶液吸收尾气的步骤,节约了用品。

3. 装置可以重复使用。

参考文献

[1] 高节良,熊文. 电解氯化铜溶液实验的改进 [J]. 实验教学与仪器,2021,38(Z1):46-47.
[2] 吴小辉,伍俊文. 电解氯化铜溶液装置的改进与思考 [J]. 化学教学,2018(10):72-74+78.
[3] 李颖,廖钫. 电解氯化铜溶液实验的改进 [J]. 中学化学教学参考,2017(10):61.

实验 37 铁的锈蚀/腐蚀

【实验目的】

通过钢铁腐蚀的实验了解金属腐蚀的本质,能书写钢铁腐蚀的电极反应及总反应,能根据电化学原理选择并设计金属防护的措施，提升科学探究与创新意识和科学态度与社会责任的学科素养。

【实验原理】

铁锈蚀时发生如下反应：

$$负极：Fe-2e^-=\!=\!=Fe^{2+}$$
$$正极：2H_2O+O_2+4e^-=\!=\!=4OH^-$$
$$总反应：2Fe+2H_2O+O_2=\!=\!=2Fe(OH)_2$$

【教材实验内容】

铁的锈蚀与腐蚀是中学电化学的重要内容，在初高中阶段均有所涉及。在2012年义务教育教科书《化学九年级下册》第八单元课题3"金属资源的利用和保护"中，探究了铁钉腐蚀的条件，其实验装置如图4-29所示。

现有洁净无锈的铁钉、试管、经煮沸冷却的蒸馏水、植物油、棉花和干燥氯化钙，你还可以选用其他物品。仔细观察如图所示的实验装置，设计实验证明铁制品锈蚀的条件。注意每天观察铁钉的锈蚀现象，连续观察约一周，认真做好记录，并与同学进行交流。

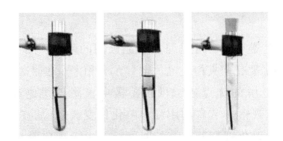

图4-29　铁钉锈蚀条件的探究实验装置

2019年人教版普通高中课程标准实验教科书《化学2必修》第四章第三节"金属的腐蚀与防护"中探究了铁的腐蚀原理，实验装置如图4-30所示，实验操作如下：将经过酸洗长锈的铁钉用饱和食盐水浸泡一下，放入具支试管中，几分钟后，观察导管中水柱的变化，并解释缘由。

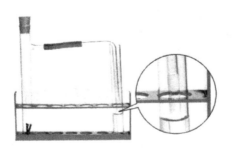

图4-30　铁钉的吸氧腐蚀实验

【实验教学现状及存在的问题】

1. 初中阶段铁钉的锈蚀

（1）探讨了氯化钠溶液对铁的腐蚀性影响，但是没有酸、碱性环境条件下对铁的腐蚀性影响的探讨，也没有温度对铁的腐蚀性影响的探讨。其实，除了酸、碱、盐环境对铁的锈蚀有影响外，温度对铁的锈蚀影响是巨大的。因此，教科书没有设计温度对铁的锈蚀影响的探讨是不全面的。

（2）教科书的实验设计，需要学生观察1周（或1周以上）的时间，在教学上是不好安排的。对初中生来说，让他们连续1个星期（甚至以上）去观察一个单调无趣的实验现象，他们也是很难有兴趣办到的。因此，该实验在现实教学中的情况是：许多学校根本没有做，师生在"话学实验"。教科书中没有说明处理新铁钉表面油渍与锈迹的方法，许多师生干脆选择没有生锈的新铁钉直接用于铁的锈蚀实验，由于新铁钉表面油渍的影响，导致铁钉的生锈时间大大延长，白白地浪费了许多宝贵时间。也在无形之中误导了许多师生不敢花费时间去做铁的锈蚀实验了。

2. 高中阶段铁的吸氧腐蚀

钢铁在潮湿的空气中表面会吸附一层薄薄的水膜，如果这层水膜呈较强酸性时，H^+得电子析出氢气，这种电化学腐蚀称为析氢腐蚀；如果这层水膜呈弱酸性或中性时，能溶解较多氧气，此时 O_2 得电子而析出 OH^-，这种电化学腐蚀称为吸氧腐蚀。对于这一定义，存在疑问"①弱酸性条件究竟指pH约为何值时主要发生吸氧腐蚀呢？②什么情况下吸氧腐蚀速率最快、现象最明显呢？"铁的析氢腐蚀会导致体系压强增大，吸氧腐蚀会导致体系溶解氧减小等问题，因此，影响铁腐蚀的因素包括铁粉质量、碳粉质量、溶液pH、溶解氧、温度等。

【实验改进】

方案一 初中化学教材中铁钉锈蚀实验的数字化改进

一、实验仪器与药品

仪器：计算机、艾迪生（EDIS）高频数据采集器、氧气传感器、普通温度传感器、湿度传感器、橡胶塞（有与传感器配套的孔）、125mL广口瓶、电子天平、胶头滴管、药匙、棉花

试剂：还原铁粉（300目）、活性炭粉、蒸馏水、氯化钙干燥剂、pH 4.5稀醋酸、食盐

二、实验装置

该创新实验装置如图4-31所示。

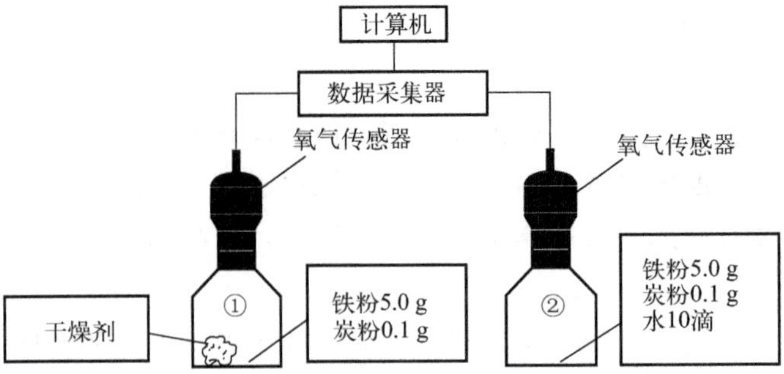

图 4-31 钢铁锈蚀条件的探究实验装置

三、实验操作及现象

1. 钢铁锈蚀条件的探究

按图 4-31 所示连接实验装置。将所示一定量的药品分别加入对应序号的广口瓶中（广口瓶①中另放一块棉花包裹的氯化钙干燥剂），同时插入氧气传感器，采集数据。

2. 钢铁锈蚀速率影响因素的探究

按图 4-31 所示连接实验装置。将所示一定量的药品分别加入对应序号的广口瓶中，同时插入氧气传感器，采集数据。实验进行到 5min 左右，学生触摸广口瓶外壁感受铁生锈过程中温度的变化，并观察瓶内铁粉颜色的变化。

四、实验结果及分析

实验结果如图 4-32 所示，从图中耗氧量的对比可以看出，曲线②明显下降，说明实验 1 广口瓶②中的铁粉在有水的情况下消耗氧气的量明显增多，铁生锈过程中的确消耗了氧气。而曲线①没有明显变化，说明实验 1 广口瓶①中的铁粉在无水的情况下氧气浓度几乎不变，铁在没有水的情况下不能生锈。通过实验 1 最终得出钢铁锈蚀是氧气和水共同作用的结果。

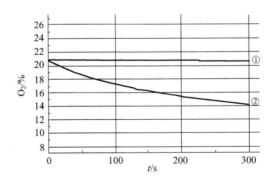

图 4-32 铁粉在无水和有水情况下耗氧量的对比曲线

五、创新优点

实验用时短，操作简便，数据明显，变量易于控制。

方案二 初中化学教材中铁钉锈蚀实验的数字化改进

一、实验仪器与药品

仪器：数据采集器、溶解氧传感器、pH 传感器、压强传感器、烧杯、磁力搅拌器、胶头滴管、自制具支锥形瓶（100mL）、滤纸条（4.0 cm×4.5 cm）、双面胶带

药品：铁粉、炭粉、冰醋酸、蒸馏水

二、实验装置

该创新实验装置如图 4-33 所示。

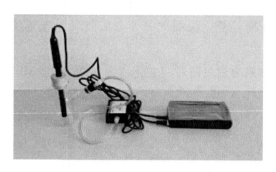

图 4-33 创新铁钉锈蚀实验装置

三、实验操作及现象

1. 配制溶液。取少量冰醋酸于烧杯中，往烧杯中加蒸馏水稀释，借助 pH 传感器来调节得到 pH=2.0~6.0 的醋酸溶液各 50mL。（注：为了保证数据的稳定性，稀释过程中用到磁力搅拌器）

2. 制作滤纸条。在长 4.5cm、宽 4.0cm 的滤纸条（共 9 张）一面贴上等面积双面胶。称量铁粉 2.5g，炭粉 2.0g，在纸上混匀，将混匀后的铁粉和炭粉粘贴在贴有双面胶带的滤纸上。

3. 采集实验数据。如图 4-33 所示连接实验装置，将制作好的滤纸分别放入干燥洁净的自制具支锥形瓶底部，连接好压强传感器，用量筒依次量取 10mL 不同 pH 的溶液分别倒入自制具支锥形瓶中，迅速插入溶解氧传感器，采集数据。

4. 处理数据。绘制不同 pH 溶液下体系溶解氧随时间变化曲线及压强随时间变化曲线。

四、实验结论及分析

1. 不同 pH 条件下体系压强随时间的变化情况图（如图 4-34、图 4-35 所示）

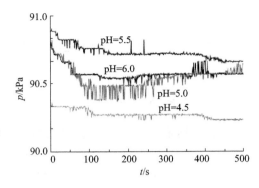

图 4-34　pH=2.0～4.0 时体系压强随时间变化　　图 4-35　pH=4.0～6.0 时体系压强随时间变化

由图 4-34 和图 4-35 可知，当体系 pH 在 2.0～3.5 时，体系压强随时间变化呈上升趋势，说明此时体系主要发生析氢腐蚀 $2H^+ + 2e^- = H_2\uparrow$。当体系 pH 大于等于 4.0 时，体系压强随时间变化呈下降趋势，说明此时体系主要发生吸氧腐蚀 $O_2 + 4H^+ + 4e^- = 2H_2O$。

2. 不同 pH 条件下体系溶解氧随时间变化情况如图 4-36、图 4-37 所示。

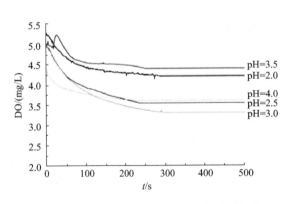 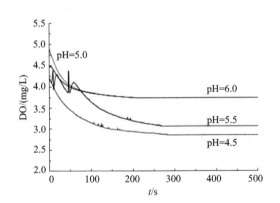

图 4-36　pH=2.0～4.0 时体系溶解氧随时间变化　　图 4-37　pH=4.5～6.0 时体系溶解氧随时间变化

由图 4-36 和图 4-37 可知，体系溶解氧随时间变化整体呈下降趋势，说明酸性条件下正极有氧气发生还原反应。因溶解氧受体系 pH 的影响，故图中曲线的起点几乎不同。不同 pH 条件下，铁的电化学腐蚀导致体系溶解氧下降程度不一致。随着 pH 的增大，体系溶解氧变化值的绝对值呈现先增大再减小等复杂变化，主要原因是铁的电化学腐蚀是一个复杂过程，在 pH=2.0～6.0 时同时存在析氢腐蚀和吸氧腐蚀，二者是竞争关系，不同 pH 条件下，溶解氧和氢离子在正极上得电子能力不同，导致体系溶解氧变化较不均衡。但结合压强时间图像和溶解氧时间图像，依旧可以很清晰地看出，弱酸性条件下（pH≥4.0）主要发生吸氧腐蚀。

五、创新优点

压强传感器和溶解氧传感器的结合较好地解决了铁在酸性条件下吸氧腐蚀的问题探

究，进一步培养学生的批判性思维和质疑的科学精神。

方案三　铁的吸氧腐蚀实验的新设计

一、实验仪器与药品

仪器：威尼尔数据采集器、氧气传感器、温度传感器、滤纸、带鱼嘴夹的导线、电流表、培养皿、双口瓶、单孔塞、导管、剪刀、烧杯、玻璃棒、漏斗

药品：铁钉、多孔碳棒、1mol/L 硫酸钠溶液、6mol/L 氯化钠溶液、$K_3[Fe(CN)_6]$ 溶液、酚酞溶液、双氧水、二氧化锰、一次性暖贴（铁粉型、市售）

二、实验装置

该创新实验装置如图 4-38 所示。

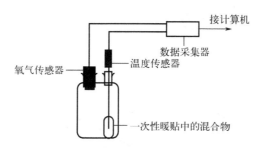

图 4-38　改进的铁的电化学腐蚀实验装置

三、实验操作及现象

1. 将一片用 6mol/L NaCl 溶液湿润的滤纸条置于培养皿中，将带有鱼嘴夹的两根导线分别夹铁钉和碳棒，连接微电流计，将两电极分别接触滤纸条两端，观察、记录实验现象。

2. 将铁钉、碳棒置于用 6mol/L NaCl 溶液湿润的滤纸条上，连接电流计反应一段时间之后，向铁钉与滤纸接触处滴加 1 滴 $K_3[Fe(CN)_6]$ 溶液，向碳棒与滤纸接触处滴加 1 滴酚酞溶液，观察、记录实验现象〔提示：Fe^{2+} 的检验：加入 $K_3[Fe(CN)_6]$ 溶液，产生特征蓝色沉淀。

3. 用 USB 数据线将计算机与数字采集器连接起来，将氧气传感器、温度传感器连接到数据采集器上。将滤纸卷成圆筒状放入双口瓶内，使筒口对准插入温度传感器的瓶口，在双口瓶的另一端接入氧气传感器。取一袋一次性暖贴，剪开，将其中的固体粉末倒入烧杯内，用玻璃棒迅速搅拌均匀，再沿漏斗从连接温度传感器的瓶口倒入正下方圆柱形滤纸槽内，迅速插入温度传感器，点击数据采集器。数据图像纵轴选择 O_2 浓度（％）（体积分数）和温度（℃），横轴选择时间（s），开启仪器采集数据，观察氧气浓度和温度变化情况。

4. 向双口瓶中通入氧气，用氧气传感器监测氧气浓度变化。再重复操作，改变氧气初始浓度，采集数据，观察 O_2 浓度和温度随时间变化情况。

四、实验数据及分析

实验数据图如图 4-39～图 4-41 所示，操作 1、2 结果表明通过观察到有电流通过微电流计指针偏转，说明构成原电池，验证钢铁的吸氧腐蚀是一种电化学过程。铁电极附近产生特征蓝色沉淀说明生成 Fe^{2+}，碳电极附近变成红色说明生成 OH^-，现象很好地将钢铁的吸氧腐蚀过程中的物质转化情况加以体现。

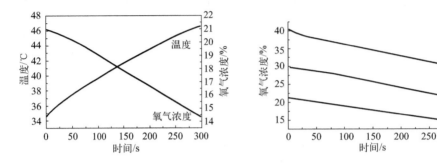

图 4-39　氧气起始浓度为 21% 的放热时间曲线　　图 4-40　不同氧气起始浓度随时间变化的曲线

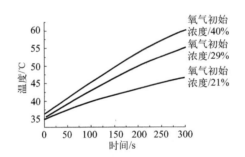

图 4-41　不同氧气起始浓度时温度随时间变化的曲线

操作 3 结果如图 4-39，实验表明 O_2 浓度在 300 秒内从最初的 21% 逐渐下降到 14%，温度从最初的 34℃ 逐渐上升到 47℃，说明铁的吸氧腐蚀是一个放热的过程，双口瓶内减少的气体是 O_2，即氧气参与铁的腐蚀。操作 4 结果如图 4-40 和图 4-41，实验表明氧气初始浓度越高，温度上升越快，吸氧腐蚀速率越快。

五、创新优点

铁的吸氧腐蚀实验是氧化还原反应原理在电化学中的应用之一，如何将反应的微观变化尽可能通过技术手段呈现出来成为本实验设计的主要思想。与传统实验相比较：将铁、碳从微观颗粒放大到铁钉和碳棒，宏观展现其电化学原理，利用宏观现象解释微观的物质变化，有效地激发了学生思维。实验在培养皿中进行，用滤纸作为载体，材料易得，操作简单，现象明显，便于学生分组探究。手持技术的应用使得一些原本不明显的现象更加明显和可测。

参考文献

[1] 钱勤. 初中化学教材中铁钉锈蚀实验的数字化改进 [J]. 化学教育（中英文），2021，42（07）：95-99.

[2] 吴晓红，徐建菊. 基于传感器探究酸性条件下铁的吸氧腐蚀 [J]. 化学教育（中英文），2019，40（01）：50-53.

[3] 陈云. 铁的吸氧腐蚀实验的新设计 [J]. 化学教学，2018（04）：59-61.

第五章

物质结构与性质实验

实验 38　基于手持技术实验比较有机物分子间作用力大小

【实验目的】

通过实验感知分子间作用力的存在，从定性定量两个角度感知对物质结构和性质的影响，培养结构决定性质，性质反映结构的学科观念，培养宏观辨识与微观探析的学科素养。

【实验原理】

分子间存在各种作用力，范德华力是分子与原子之间静电相互作用的总称。它来源于3种不同的作用力：色散力、取向力和诱导力。分子间产生色散力的前提是分子发生变形，导致分子电荷分布不均匀并在内部形成瞬时偶极矩，因此分子越易变形，分子间的色散力就越大。取向力只存在于极性分子之间，它的大小与极性分子的偶极矩（极性）有关，分子的偶极矩（极性）越大，分子间的取向力就越大。诱导力存在于极性分子与非极性分子之间，也存在于极性分子与极性分子之间。非极性分子的极化率越大，极性分子的偶极矩（极性）越大，它们之间的诱导力越大。氢键是除范德华力外的另一种分子间作用力。它是由已经与电负性很大的原子形成共价键的氢原子与另一个电负性很大的原子间的作用力。在水分子中，氢键的存在大大增强了水分子间的作用力，使其熔沸点比较高。氢键不仅存在于分子内，还存在于分子间。

液态或凝聚态物质在蒸发过程中，动能较大的分子会从体系中逸出，逸出的分子需克服表层分子对其的吸引作用而做功，若环境无法及时给体系补充能量，导致体系的温度降低，温度降低的大小和快慢与分子间作用力的强弱有关。

【实验教学现状及存在的问题】

分子间作用力涉及的概念过于抽象，对于中学生来说难以及时理解消化。2019年人教版高中化学选择性必修2《物质结构与性质》第二章第一节"共价键"中，仅仅通过列举不同物质的范德华力大小和键长键能等参数来帮助学生理解这个复杂的概念显得有些力不从心。如何借助实验手段使客观的参数转变为学生的主观感受是该部分内容的教学改进重点。

【实验改进】

方案一　运用手持技术比较不同醇类同系物和同分异构体的分子间作用力大小

一、实验仪器及药品

仪器：4个相同型号的温度传感器、数据采集器、计算机、烧杯、白纱布

药品：甲醇、无水乙醇、正丙醇、正丁醇、仲丁醇、异丁醇、叔丁醇

二、实验装置

该实验装置如图 5-1 所示。

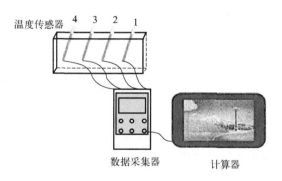

图 5-1　实验装置示意图

三、实验操作及现象

1. 实验操作

（1）在4个型号相同的温度传感器的有效部位（尖头处）卷上相同大小的白纱布（白纱布的大小 1cm×3cm）；将4个温度传感器分别连接在数据采集器的1、2、3、4接口上，并将温度传感器固定在自制实验架上（自制实验架是利用具有一定质量的纸盒制成，在纸盒的边缘处凿开4个大小相同的凹槽，且每个凹槽间距离相同，凹槽用于固定温度传感器，以确保传感器上的液体在相同的条件下蒸发）。

（2）开启数据采集器，设置数据采集器参数。速率，1个/s；样本，不定（当温度读数下降到一定程度，人工停止数据采集）。

（3）用量筒分别量取 20mL 的甲醇、乙醇、正丙醇、正丁醇，分别倒入4个相同的 50mL 小烧杯中，点击数据采集器，4个温度探头开始测定环境的温度。

（4）将卷有白纱布的温度探头1、2、3、4分别同时浸入装有甲醇、乙醇、正丙醇和正丁醇的烧杯中，以润湿白纱布，再经5s后，同时将4个温度探头提起来，平行放在实

验架上，液态醇即开始在温度探头上蒸发，观察温度读数的变化（此时将装有液体的烧杯移开，以免烧杯中的液体影响温度探头上液体的蒸发）。

（5）待4个温度探头读数均较稳定后停止采集数据，并保存好数据。在相同条件下，重复上述步骤2次，完成3组平行实验，并比较和分析实验结果。

（6）取等量的10mL正丁醇、仲丁醇、异丁醇、叔丁醇完成上述的实验操作，并完成3组平行实验。

2. 实验现象与结论分析

如图5-2所示，在相同条件下，不同液体蒸发时，温度曲线变化不同。温度曲线下降幅度越大，下降速率越快，则对应的液体分子的分子间作用力越小。

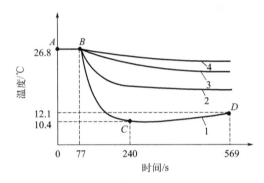

图5-2　甲醇、乙醇、正丙醇、正丁醇在相同条件下蒸发的温度变化曲线
1—甲醇；2—乙醇；3—正丙醇；4—正丁醇

如图5-3所示，醇的4种醇类同分异构体的分子间作用力大小顺序为：正丁醇＞仲丁醇＞异丁醇＞叔丁醇，因此4种醇蒸发时，温度曲线下降的幅度和速率依次增加。

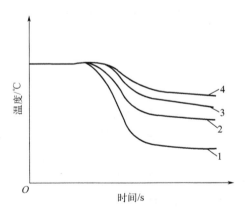

图5-3　叔丁醇、异丁醇、仲丁醇、正丁醇在相同条件下蒸发的温度变化曲线
1—叔丁醇；2—异丁醇；3—仲丁醇；4—正丁醇

四、创新优点

本实验得出的实验结果与理论相符，而且该实验数据重现性高，且操作简单，耗时短,适合于在课堂上演示或开展学生课外活动。为高中"分子间作用力"专题的教学提供一种有效易实现的实验手段,还可以在该实验的基础上开展"6s"模式的化学实验探究教学。

方案二 运用手持技术比较丁醇同分异构体的分子间作用力大小

一、实验仪器及药品

仪器:数据采集器、4个相同型号的温度传感器(0~100℃)、烧杯、白纱布
药品:正丁醇、仲丁醇、异丁醇、叔丁醇、乙醚

二、实验装置

实验装置如图 5-4 所示。

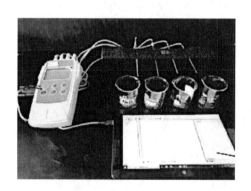

图 5-4 比较丁醇分子间作用力大小实验装置示意图

三、实验操作及现象

1. 实验操作

(1) 丁醇位置异构的蒸发

① 组装实验仪器:将温度传感器、数据采集器和计算机连接,开启计算机的软件,待用。

② 准备温度传感器:将 4 个温度传感器按顺序固定在自制实验架上。

③ 量取实验试剂:分别取 4 个 50mL 的烧杯,在烧杯中分别装入 10mL 正丁醇、10mL 仲丁醇、10mL 异丁醇、10mL 叔丁醇(保持液体的液面高度相同,即浸润探头的高度一致)。

④ 开启数据采集器:设置数据采集参数,速率设为 1 个/s,样本设为连续(连续不断采集数据,直到人为停止),点击数据采集器,4 个温度探头开始测定环境温度。

⑤ 浸入有机试剂:提起泡沫板上的温度传感器探头 1、2、3、4,分别将探头尖端部分同时浸入正丁醇、仲丁醇、异丁醇、叔丁醇中,浸润温度探头 5s 后,将泡沫板平行提

起，平放在实验架上，观察温度读数的变化。

⑥ 停止实验：待 4 个温度传感器读数均较稳定后，即点击"STOP"按钮，停止采集，并保存数据。

⑦ 在相同条件下，重复上述步骤 2 次，完成 3 组平行实验，并比较和分析实验结果。

（2）丁醇位置异构混合液的蒸发　取 5mL 正丁醇和 5mL 叔丁醇混合液、5mL 仲丁醇和 5mL 叔丁醇混合液、5mL 异丁醇和 5mL 叔丁醇混合液分别与单独的醇溶液对比完成上述实验操作步骤，并完成 3 组平行实验（即挑选结构特殊的叔丁醇与其余 3 种同分异构体分别混合进行对比实验）。

（3）丁醇官能团异构的蒸发　分别取 10mL 正丁醇、10mL 乙醚、5mL 正丁醇和 5mL 乙醚混合液完成上述实验操作步骤，并完成 3 组平行实验。

2. 实验现象与结果分析

如图 5-5 所示，在相同条件下，4 种同分异构体蒸发时温度变化的速率各不相同，其顺序为：叔丁醇＞异丁醇＞仲丁醇＞正丁醇，虽然丁醇的 4 种同分异构体具有相同的分子量，但分子的结构不同，其分子间作用力也会造成相应的差异。

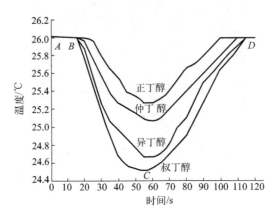

图 5-5　丁醇同分异构体蒸发时温度变化

如图 5-6 所示，测得温度下降速率均为：叔丁醇同分异构体＜叔丁醇＜混合液。根据共沸理论，混合液在实验中形成负共沸物，有最低共沸点，即恒沸物的沸点比料液中任一组分的沸点或原有恒沸物的沸点都低得多。由液态转化成气态蒸发的过程更易，呈现在曲线上就是温度下降的速率更大，隐含了微观本质：同分异构体混合液的分子间作用力比任一组分的分子间作用力都小。

如图 5-7 所示，温度下降速率：叔丁醇＜乙醚＜乙醚与叔丁醇混合物，即分子间作用力大小为：叔丁醇＞乙醚＞乙醚与叔丁醇混合物。在这种情况下，空间位阻不是影响乙醚和叔丁醇分子间作用力的首要矛盾，首要矛盾是叔丁醇能形成分子间氢键，而乙醚不能形成分子间氢键，故叔丁醇分子间作用力比乙醚的大，所以叔丁醇分子从液体表面挣脱的分子较少，带走液体的温度较少，剩余液体的温度就更高。而乙醚与叔丁醇的混合液，由于二者形成负共沸物，混合物的相互作用力比乙醚小。

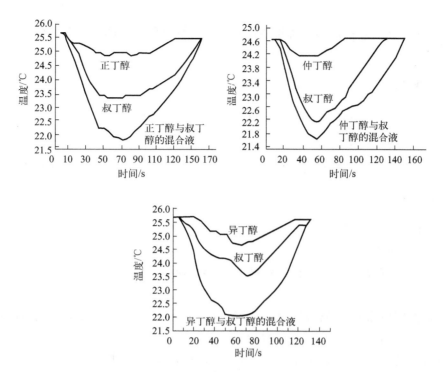

图 5-6　丁醇混合液蒸发的温度-时间曲线图

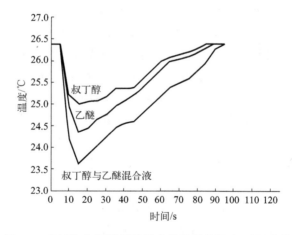

图 5-7　乙醚与叔丁醇及其混合液蒸发的温度-时间曲线

四、创新优点

1. 该反应利用手持技术研究反应现象，能获得更精确的实验数据，使实验结果更有说服力。

2. 该实验具有较强的课堂操作性和可重复性，帮助学生建构理解知识，促进教学内容的开展。

方案三 运用温度传感器比较不同有机物间分子间作用力大小

一、实验仪器及药品

仪器：威尼尔 LABQUEST 数据采集器、温度传感器、50mL 烧杯、10mL 量筒、胶头滴管、滤纸、橡皮圈

药品：正己烷、正庚烷、甲醇、乙醇、正丙醇、正丁醇、异丁醇、叔丁醇、乙醚

二、实验操作及现象

1. 实验操作

（1）正己烷和正庚烷的蒸发

① 组装实验仪器：将计算机、数据采集器、温度传感器三者相连接，打开 Logger Pro 软件。

② 准备温度传感器：用橡胶圈固定滤纸（3 cm×0.5 cm）于温度传感器测量端，然后将 2 个温度传感器按顺序固定在实验台上。

③ 量取实验试剂：分别取 2 个 50mL 的烧杯，在烧杯中分别装入 10mL 正己烷、10mL 正庚烷（保持液体的液面高度相同，即浸润探头的高度一致）。

④ 开启数据采集器：设置数据采集参数，速率设为 1 个/s，样本设为连续（连续不断采集数据，直到人为停止），点击数据采集器，2 个温度探头开始测定环境温度。

⑤ 浸入有机试剂：提起实验台上的温度传感器探头 1 和 2，分别将探头尖端部分同时浸入正己烷和正庚烷中使滤纸吸附待测液体，待温度示数稳定后开始采集数据，约 10 s 后，取出温度传感器水平置于实验台上，观察温度读数的变化。

⑥ 停止实验：待 2 个温度传感器读数均较稳定后，点击"停止"按钮，停止采集，并保存实验数据。

⑦ 在相同条件下，重复上述步骤 2 次，完成 3 组平行实验，并比较和分析实验结果得到最佳实验数据曲线。

（2）甲醇、乙醇和正丙醇的蒸发 分别取 3 个 50mL 的烧杯，在烧杯中分别装入 10mL 甲醇、10mL 乙醇和 10mL 正丙醇，对照完成上述实验操作步骤，在相同条件下，重复上述步骤 2 次，完成 3 组平行实验，并比较和分析实验结果。

（3）正丁醇、异丁醇和叔丁醇的蒸发 分别取 3 个 50mL 的烧杯，在烧杯中分别装入 10mL 正丁醇、10mL 异丁醇和 10mL 叔丁醇，对照完成上述实验操作步骤，在相同条件下，重复上述步骤 2 次，完成 3 组平行实验，并比较和分析实验结果。

（4）正丁醇和乙醚的蒸发 分别取 3 个 50mL 的烧杯，在烧杯中分别装入 10mL 正丁醇和 10mL 乙醚，对照完成上述实验操作步骤，在相同条件下，重复上述步骤 2 次，完成 3 组平行实验，并比较和分析实验结果。

2. 实验现象与结果分析

如图 5-8 和图 5-9 所示，在相同条件下，两种烷烃同系物和三种醇类同系物蒸发时温度变化的速率各不相同，其顺序为：正己烷＞正庚烷，甲醇＞乙醇＞正丙醇，虽然上述烷

烃和醇类均属于同系物，各自类别的组成结构相似，但因为分子量的不同，其分子间作用力也会产生相应的差异。

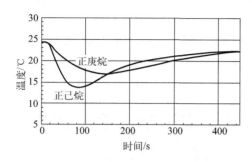

图 5-8　正己烷和正庚烷蒸发的温度时间变化曲线

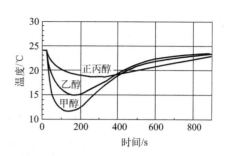

图 5-9　甲醇、乙醇和正丙醇蒸发的温度时间变化曲线

对于烷烃和醇类同系物，其分子间作用力大小规律可用分子量大小来判断，当其他条件相同时，同系物的分子量越大，分子间作用力越强。

如图 5-10 和图 5-11 所示，在相同条件下，三种醇类位置异构体和正丁醇与乙醚两种官能团异构体蒸发时温度变化的速率各不相同，其顺序为：叔丁醇＞异丁醇＞正丁醇，乙醚＞正丁醇。虽然上述醇和醚均属于同分异构体，各物质的分子式和分子量相同，但因其分子结构的不同，分子间作用力也会产生相应的差异。

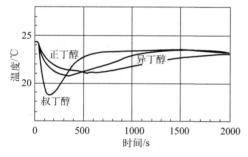

图 5-10　正丁醇、异丁醇和叔丁醇蒸发的温度时间变化曲线

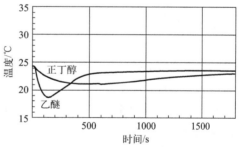

图 5-11　正丁醇和乙醚蒸发的温度时间变化曲线

对于醇类位置异构的同分异构体，其分子间作用力大小规律可用空间位阻来判断，微观结构中的空间位阻越大，分子间作用力越小；对于醇类官能团异构的同分异构体，其分子间作用力大小规律可用氢键来判断，醇能形成氢键，而醚不能，故醇的分子间作用力比醚的更强。

三、创新优点

手持技术数字化实验所提供的常见有机物在相同条件下蒸发时的温度曲线图像能有效地帮助学生直观地形成表象，促进"分子间作用力"等抽象概念的科学建构，加深对同系物和同分异构体概念内涵的深度理解，较好地发展了学生的宏观辨识与微观探析及证据推理的核心素养。

参考文献

[1] 苏华虹，钱扬义. 基于"手持技术"实验比较液体有机物分子间作用力大小——以醇类同系物和同分异构体为例 [J]. 化学教育（中英文），2017，38（15）：49-54.

[2] 林丹萍，钱扬义，王立新，张惠敏，李绮琳. 手持技术数字化实验支持下的抽象化学概念学习——以探究比较丁醇同分异构体的分子间作用力大小为例 [J]. 化学教育（中英文），2020，41（01）：74-78.

[3] 王春. 借助温度传感器实验比较有机物分子间作用力的大小 [J]. 化学教学，2022（01）：56-60.

实验 39　"看见" 氢键：低共熔溶剂体系的建立与应用综合型教学实验设计与实践

【实验目的】

通过进行低共熔溶剂体系的建立与应用综合型教学实验，了解低共熔溶剂体系氢键供体与氢键受体的性质，学习低共熔溶剂的制备方法和性质表征，探究不同氢键供体与氢键受体间相互作用的强弱，实现氢键的"可视化"，掌握石油产品运动黏度测定器、热重分析仪、质谱仪等设备的分析原理与操作，发展科学态度与社会责任的学科素养。

通过金属铬配合物制备和分裂能测定实验，培养学生综合实验能力、科学探究与创新意识、科学态度与社会责任。

【实验原理】

氢键作用作为一种特殊的分子间作用力，广泛存在于自然界中，是以氢为媒介形成的一种特殊的分子间或分子内相互作用力。低共熔溶剂体系作为一种绿色的溶剂体系，是由氢键受体（HBA，如季铵盐）和氢键供体（HBD，如尿素、羧酸或多元醇）按一定物质的量计量比混合形成的均一液相体系。供体与受体间氢键作用的强弱决定了能否形成低共熔溶剂体系，通过低共熔溶剂体系的配制可以实现氢键作用的可视化。

【实验改进】

一、实验仪器及药品

仪器：电子天平、乌式黏度计 $\phi 1.0 mm$、集热式恒温磁力搅拌器、真空干燥箱、石油产品运动黏度测定器、热重分析仪、质谱仪

药品：98%四乙基氯化铵、99%正己酸、99%氯化胆碱、乙二醇（分析纯）、草酸（分析纯）、尿素（分析纯）、甲苯（分析纯）、苯甲醇（分析纯）、乙醇（分析纯）、超纯水

二、实验操作及现象

1. 低共熔溶剂的制备与性能测定

选取不同的氢键受体（如氯化胆碱和四乙基氯化铵）和氢键供体（如尿素，乙二醇和

草酸等）制备低共熔溶剂体系。所有药品使用前需放入真空干燥箱在一定温度下干燥 8h。按不同物质的量比称取干燥后的氢键受体和氢键供体放入三颈烧瓶中，放入恒温加热磁力搅拌器中，分别在 50℃、60℃、70℃、80℃条件下水浴加热搅拌 1~3h。若产物为均一透明液体，则成功制备低共熔溶剂，否则该温度比例下不能形成低共熔溶剂。

低共熔溶剂体系的黏度通过乌氏黏度计分别在 50℃、60℃、70℃、80℃、90℃、100℃的温度下测得。低共熔溶剂体系的热稳定性在热重-质谱分析仪上测定。

2. 萃取分离

将甲苯和苯甲醇的混合溶液加入配制好的低共熔溶剂体系中，加热搅拌 1h。萃取结束后，冷却至常温，将样品转移至分液漏斗中，静置分层后分别收集萃取相和萃余相。

三、实验结果及结论

1. 低共熔溶剂体系的制备

氢键供体与氢键受体间相互作用的强弱是形成低共熔溶剂体系的关键所在，同时也受到温度和两者配比的影响。因此选取氯化胆碱/尿素、氯化胆碱/正己酸、四乙基氯化铵/乙二醇、四乙基氯化铵/草酸按不同配比考察其在不同温度下低共熔溶剂体系的形成情况。

一定比例的氢键供体与氢键受体在水浴加热搅拌 1~3 h 后若形成均一透明液体则为制备成功，若不能形成均一透明的液体则表明两者间的氢键作用较弱，不能形成低共熔溶剂体系。

通过实验结果（表 5-1 至表 5-4）可知在氯化胆碱-尿素，四乙基氯化铵-乙二醇/草酸体系中，氢键供体与氢键受体物质的量比例一定的情况下，温度越高越容易形成低共熔溶剂。相同温度条件下，氢键供体尿素/乙二醇/草酸所占比例越高越易形成低共熔溶剂。表明升高温度和增加氢键供体的比例都有利于氢键的形成，有利于形成均一稳定的低共熔体系。而氯化胆碱/正己酸体系在该条件下无法形成低共熔溶剂，表明两者间的氢键作用较弱，不足以形成均一的溶剂体系。通过不同体系的对比，可以清楚地看到氢键作用的存在，从实验现象上实现氢键的"可视化"。

表 5-1 氯化胆碱/尿素低共熔溶剂体系的制备

物质的量比	温度/℃			
	50	60	70	80
1:1	×	×	√	√
1:1.5	√	√	√	√
1:2	√	√	√	√
2:1	×	×	×	×

注：√—制备成功；×—制备失败（下表同）。

表 5-2 氯化胆碱/正己酸低共熔溶剂体系的制备

物质的量比	温度/℃			
	50	60	70	80
1:1	×	×	×	×

续表

物质的量比	温度/℃			
	50	60	70	80
1∶1.5	×	×	×	×
1∶2	×	×	×	×
2∶1	×	×	×	×

表 5-3　四乙基氯化铵/乙二醇低共熔溶剂体系的制备

物质的量比	温度/℃			
	50	60	70	80
1∶1	×	×	×	√
1∶1.5	√	√	√	√
1∶2	√	√	√	√
2∶1	×	×	×	×

表 5-4　四乙基氯化铵/草酸低共熔溶剂体系的制备

物质的量比	温度/℃			
	50	60	70	80
1∶1	√	√	√	√
1∶1.5	√	√	√	√
1∶2	×	√	√	√
2∶1	×	×	×	×

2. 低共熔溶剂体系热稳定性分析

低共熔溶剂体系热稳定性测定在热重-质谱分析仪上进行，以氯化胆碱-尿素（1∶1.5）体系为例。

从图 5-12 的热重质谱曲线可以看出，氯化胆碱-尿素（1∶1.5）体系在 50℃时 DSC 曲线有明显吸热峰，并且从热重曲线可看出样品失重大约为 3%，故判定为游离态水受热挥发。同时根据质谱信号中 17、18 和 44 的信号在 160℃之后有明显的鼓包峰出现，即检测出水和 CO_2 的信号，这一现象进一步证明样品在 160℃之后才开始分解，在氢键的作用下，混合溶剂体系具有较好的热稳定性。

3. 低共熔溶剂体系黏度分析

低共熔溶剂的黏度是影响反应/萃取过程中传质的重要因素，故对合成的低共熔溶剂进行了各温度下黏度测定。以四乙基氯化铵/乙二醇低共熔体系为例（图 5-13），分析发现在 60～80℃范围内，低共熔溶剂体系的黏度与温度有较大的相关关系。

当温度达到 80℃以上时，不同物质的量比制成的低共熔溶剂体系黏度差别逐渐减小。在同一温度下，随氢键供体含量增多，对应低共熔溶剂体系的黏度降低，这是因为加入的氢键供体与季铵盐之间形成氢键减弱了分子间的作用力，使得季铵盐中阴离子与阳离子距

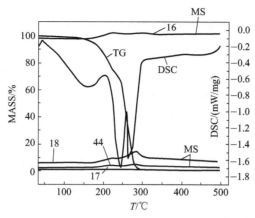

图 5-12　氯化胆碱/尿素（1∶1.5）体系的热重质谱图

离进一步增大，从而使原有的离子键作用力减小，离子运动更加剧烈，因此溶液黏度减小。随着温度的升高，2 个体系的运动黏度均有较大幅度下降。

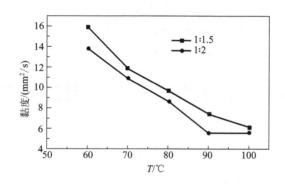

图 5-13　四乙基氯化铵/乙二醇体系黏度随温度变化曲线

4. 萃取实验

甲苯/苯甲醇混合溶液萃取效果分析结果见表 5-5。由表 5-5 可以看出四乙基氯化铵/乙二醇，四乙基氯化铵/草酸，氯化胆碱/尿素 3 个体系中，氢键受体/氢键供体比例为 1∶1.5 和 1∶2 时都可以将苯甲醇从甲苯-苯甲醇混合物中萃取出来，实现萃取相和萃余相的分层。其中四乙基氯化铵/乙二醇和四乙基氯化铵/草酸体系对苯甲醇萃取效率较高。萃余相中苯甲醇含量都低于 11%，说明 90% 以上的苯甲醇都被萃取进低共熔溶剂中，且萃取效果受氢键受体/氢键供体比例影响较小。但氯化胆碱/尿素体系萃取效果不佳，最多有 70% 左右的苯甲醇被萃取到低共熔溶剂中，远低于其他 2 种体系，这主要是因为氯化胆碱与尿素间的氢键作用较强，苯甲醇很难取代尿素进入低共熔溶剂体系，因此氢键供体与氢键受体间的氢键作用的强弱直接影响萃取效果，对于不同的萃取体系，需要选择氢键作用适宜的低共熔溶剂体系作为萃取溶剂。

表 5-5　甲苯/苯甲醇混合溶液萃取效果分析

溶剂体系	物质的量比	萃余相甲苯质量分数/%	萃余相苯甲醇质量分数/%	萃取效率/%
TEAC/乙二醇	1∶1.5	95.9	4.1	96.0

续表

溶剂体系	物质的量比	萃余相甲苯质量分数/%	萃余相苯甲醇质量分数/%	萃取效率/%
TEAC/乙二醇	1∶2	93.8	6.2	93.8
TEAC/草酸	1∶1.5	91.8	5.8	93.5
TEAC/草酸	1∶2	89.2	10.3	87.0
CHCl-尿素	1∶1.5	70.3	29.7	70.3
CHCl-尿素	1∶2	67.9	32.1	67.9

四、创新优点

以学生为主体，鼓励学生自由探索。无论低共熔溶剂制备成败，都能以直观的现象让学生看到氢键作用的存在与否，可以把抽象的理论转化为直观的现象，"看见"氢键。

参考文献

吴萍萍，宋磊，殷长龙，李军，白鹏．"看见"氢键：低共熔溶剂体系的建立与应用综合型教学实验设计与实践［J］．化学教育（中英文），2022，43（04）：75-80．

实验 40　金属铬配合物制备和分裂能测定的实验改进

【实验目的】

通过金属铬配合物制备和分裂能测定实验，培养学生综合实验能力、科学探究与创新意识、科学态度与社会责任。

【实验原理】

配体场理论认为，过渡金属离子的配合物其中心离子价电子层结构受配位场影响，d 轨道能级发生分裂，将原来相同能量的 5 个 d 轨道分裂成 2 组：一组是能量较高的称为 e_g 轨道；另一组是能量较低的称为 t_{2g} 轨道，它们的能级差为分裂能，用 Δ 表示。Δ 值大小主要决定于中心离子电荷、半径以及配位体性质。对于相同中心离子，Δ 值随配位体场强弱不同而异。配合物分裂能可通过测定其电子吸收光谱求得。λ 为配合物最大吸收波长，单位为 nm。$\Delta = 1\lambda \times 10^7$。

【教材实验内容】

"金属铬配合物制备和分裂能测定"或"金属配合物的几种配体光谱化学序列的测定"是《基础化学实验》、《无机及化学分析实验》及《中级无机化学实验》等教材编入的实验。该实验综合性较强，包括几种配合物的制备及其溶液的电子吸收光谱测定，内容涉及结构化学和配位化学理论，通过该实验学生能加深理解配位场理论和过渡金属配合物的电子吸收光谱，运用该理论解释实验结果，很多高校本科实验教学都选用该实验。

【实验教学现状及存在的问题】

1. 药品用量大，铬废液多；配合物制备和吸收波长测定时间较长。
2. 学生完全按照教材内容照单抓药；学生对实验方法是否科学、实验结果分析等缺乏探究和思考，实验兴趣和主动性都不足，实验教学效果不理想。
3. 配合物溶液适宜浓度不够准确。

【实验改进】

一、实验仪器及药品

仪器：紫外可见分光光度计、电子天平、磁力搅拌

药品：三氯化铬、草酸钾、草酸、重铬酸钾、硫酸铬钾、硫酸铬、硫氰酸钾、乙二胺四乙酸、三氯化铬、丙酮、去离子水

二、实验操作及现象

1. 金属铬配合物的制备

$K_3[Cr(C_2O_4)_3] \cdot 3H_2O$ 制备方法参照文献。半常量实验分别考察制备过程中浓缩、蒸干、洗涤对 $K_3[Cr(C_2O_4)_3] \cdot 3H_2O$ 产物电子吸收光谱的影响。不同微型实验组进行探究并与半常量实验组结果对照。具体改进如下：省去蒸干、洗涤、干燥，以及称量再配成溶液等过程；微型实验代替常量实验。称取少量草酸钾和草酸溶于 10mL 水中，再慢慢加入少量重铬酸钾，不断搅拌，加热蒸发浓缩到 3mL 即为 $K_3[Cr(C_2O_4)_3] \cdot 3H_2O$ 水溶液。$K_3[Cr(NCS)_6] \cdot 4H_2O$、$[Cr\text{-}EDTA]^-$ 以及 $K[Cr(H_2O)_6](SO_4)_2$ 的制备方法参照文献，分微型实验组和半常量（或常量）组进行探究实验。其中，$[Cr\text{-}EDTA]^-$ 为乙二胺四乙酸合铬离子。

2. 配合物电子吸收光谱的测定

在 350～700nm 波长范围内用 1cm 比色皿，以水溶剂作参比，用紫外分光光度计代替分光光度计分别对 4 种铬配合物的溶液进行全波长扫描。

三、实验结果与讨论

1. $K_3[Cr(C_2O_4)_3] \cdot 3H_2O$ 制备及分裂能测定

（1）制备过程中浓缩、蒸干、洗涤的影响　按表 5-6 中序号 1-9 组的方法制备产品和配制溶液。其中浓缩液组再稀释 20～30 倍；蒸干或丙酮洗涤组：称取 0.02g 产物，溶于 10mL 水。按上述实验操作方法测定产品的电子吸收光谱并探究配合物的适宜浓度。每组实验平行多次，取平均值。学生实验产物质量为 0.6～1.7g。对比表 5-6 中序号 1-9 组数据可以看出，浓缩、蒸干、洗涤对 $K_3[Cr(C_2O_4)_3] \cdot 3H_2O$ 产物电子吸收光谱的最大吸收波长影响不大，最大吸收波长在 570.04～570.38nm 之间。根据最大吸收波长计算出分裂能在 17542～17532cm^{-1}。与文献值 17500cm^{-1} 相符。所以，制备 $K_3[Cr(C_2O_4)_3] \cdot 3H_2O$ 时，溶液加热浓缩至原来体积的一半即可，后续的蒸干、洗涤，及干燥、冷却后再称量定容配溶液没有必要。分析原因主要是溶液加热浓缩后就可以得到产品了。配合物电子吸收峰位置与物

质本身有关，而浓度只改变吸收峰的强度不改变峰位置。所以建议省去后续提纯分离、干燥和称量定容配成溶液等过程，这样可节约大量实验时间，有效提高实验效率。

表 5-6 实验药品用量

A 组	序号	半常量或微型	草酸钾/g	草酸/g	重铬酸钾/g	水/mL	浓缩后体积/mL	蒸干	丙酮洗涤	最大吸收波长/nm
A1	1	半常量	0.80	1.75	0.60	50.0	25.0	否	否	570.18
	2	半常量	0.80	1.75	0.60	50.0	25.0	是	否	570.24
	3	半常量	0.80	1.75	0.60	50.0	25.0	是	是	570.19
A2	4	半常量	0.80	1.75	0.60	50.0	19.0	否	否	570.04
	5	半常量	0.80	1.75	0.60	50.0	19.0	是	否	570.38
	6	半常量	0.80	1.75	0.60	50.0	19.0	是	是	570.28
A3	7	半常量	0.80	1.75	0.60	50.0	13.0	否	否	570.35
	8	半常量	0.80	1.75	0.60	50.0	13.0	是	否	570.24
	9	半常量	0.80	1.75	0.60	50.0	13.0	是	是	570.20
B1	10	微型	0.12	0.28	0.10	10.0	3.0	否	否	570.02
B2	11	微型	0.060	0.14	0.050	10.0	3.0	否	否	569.79
B3	12	微型	0.020	0.04	0.016	10.0	3.0	否	否	570.15

（2）微型实验和半常量实验的影响 微型实验组具体方法如表 5-6 实验序号 10~12 所列。每组溶液浓缩到 3mL，再直接测其电子吸收光谱。从表 5-6 结果可以看出，半常量实验（序号 1、4、7）最大吸收波长为 570.19nm，3 组微型实验（序号 10、11、12）最大吸收波长为 569.79~570.15nm，均值为 570.06nm。计算出分裂能分别为 17538cm^{-1} 和 17542cm^{-1}，二者相差很小，且都与文献值 17500cm^{-1} 相符。所以建议 $K_3[Cr(C_2O_4)_3]\cdot 3H_2O$ 的制备及分裂能测定采用微型实验。依据吸光度 A 和浓度 c 正比关系，调整浓度，使配合物溶液的 A 在 0.2~0.7 之间时误差最小。实验结果显示 $K_3[Cr(C_2O_4)_3]\cdot 3H_2O$ 的适宜浓度为 0.0026mol/L。

2. $K_3[Cr(NCS)_6]\cdot 4H_2O$、$[Cr-EDTA]^-$ 以及 $K[Cr(H_2O)_6](SO_4)_2$ 的制备及分裂能测定

$[Cr(H_2O)_6](SO_4)_2$ 的制备及分裂能测定教学设计和实验设计如下：化学专业 2 个班，每班学生（28 人）分组（$K_3[Cr(NCS)_6]\cdot 4H_2O$ 的制备实验分为 4 个小组；$[Cr-EDTA]^-$ 和 $K[Cr(H_2O)_6](SO_4)_2$ 的制备实验分为 3 个小组），具体分组情况见表 5-7 至表 5-9。

表 5-7 $K_3[Cr(NCS)_6]\cdot 4H_2O$ 的制备及最大吸收波长

组	序号	半常量或微型	硫氰酸钾/g	硫酸铬/g	水/mL	最大吸收波长/nm
A	1	半常量	1.5	0.50	50.0	574.46
B1	2	微型	0.15	0.05	10.0	570.34

续表

组	序号	半常量或微型	硫氰酸钾/g	硫酸铬/g	水/mL	最大吸收波长/nm
B2	3	微型	0.090	0.03	10.0	570.20
B3	4	微型	0.045	0.015	10.0	574.11

表 5-8　[Cr-EDTA]⁻ 的制备及最大吸收波长

组	序号	常量或微型	EDTA/g	三氯化铬/g	水/mL	最大吸收波长/nm
A	1	常量	0.50	0.50	50.0	555.08
B1	2	微型	0.02	0.02	10.0	553.59
B2	3	微型	0.01	0.01	10.0	550.43

表 5-9　$K[Cr(H_2O)_6](SO_4)_2$ 的制备及最大吸收波长

组	序号	常量或微型	硫酸铬/g	水/mL	最大吸收波长/nm
A	1	常量	0.25	50.0	586.63
B1	2	微型	0.08	10.0	586.38
B2	3	微型	0.04	10.0	585.42

铬（Ⅲ）配合物制备、电子吸收光谱及分裂能测定结果见图 5-14 和表 5-10。

表 5-10　铬（Ⅲ）配合物制备、电子吸收光谱及分裂能测定结果

编号	配合物名称	制备方法（详见相应表格）	适宜浓度/(mol/L)	最大吸收波长/nm	Δ实测/cm⁻¹	Δ理论/cm⁻¹	误差/%
1	$K_3[Cr(C_2O_4)_3] \cdot 3H_2O$	表 5-6 序号 12	0.0026	570.06	17 542	17 500	0.24
2	$K_3[Cr(NCS)_6] \cdot 4H_2O$	表 5-7 序号 4	0.0060	571.55	17 496	17 700	1.13
3	[Cr-EDTA]⁻	表 5-8 序号 3	0.0038	552.01	18 116	18 400	1.54
4	$K[Cr(H_2O)_6](SO_4)_2$	表 5-9 序号 3	0.016	586.14	17 061	17 400	1.94

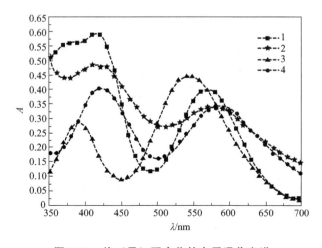

图 5-14　铬（Ⅲ）配合物的电子吸收光谱

3. 实验结论

$K_3[Cr(C_2O_4)_3] \cdot 3H_2O$ 制备时浓缩后蒸干、丙酮洗涤、干燥对 $K_3[Cr(C_2O_4)_3] \cdot 3H_2O$ 的最大吸收波长影响不大，$K_3[Cr(NCS)_6] \cdot 4H_2O$ 制备时，乙醇洗涤与否影响也不大，制备时可简化。微型实验代替常规实验，药品用量少，耗时短，废液少；用紫外分光光度测定最大吸收波长便捷准确。实验改进后配合物分裂能实测值与理论分裂能相比，误差在允许范围（2%）以内。4 种铬配合物制备及电子光谱测定方法如下：

(1) $K_3[Cr(C_2O_4)_3] \cdot 3H_2O$：称取 0.02g 草酸钾和 0.04g 草酸溶于 10mL 水中，再慢慢加入 0.016g 重铬酸钾，不断搅拌，加热蒸发浓缩到 3mL。测定其电子吸收光谱，检测最适宜浓度为 0.0026mol/L。

(2) $K_3[Cr(NCS)_6] \cdot 4H_2O$：称取 0.045g 硫氰酸钾和 0.015g 硫酸铬溶于 10mL 中，加热至沸腾。冷却后，测定其电子吸收光谱，检测最适宜浓度为 0.0060mol/L。

(3) $[Cr\text{-}EDTA]^-$：称取 0.01g EDTA 溶于 10mL 水中，加热使其溶解，然后加入 0.01g 三氯化铬，加热。冷却后，测定其电子吸收光谱，检测最适宜浓度为 0.0038mol/L。

(4) $K[Cr(H_2O)_6](SO_4)_2$：称取 0.04g 硫酸铬，溶于 10mL 水。测定其电子吸收光谱，检测最适宜浓度为 0.0016mol/L。

四、改进优点

改进后的实验教学设计具有探究性、绿色环保、节约成本、省时及准确性高等优点。

参考文献

戴小敏，冯凌竹. 金属铬配合物制备和分裂能测定的实验改进 [J]. 化学教育（中英文），2021，42（12）：47-51.

实验 41 铜氨配合物的形成和破坏过程

【实验目的】

通过铜氨配合物的形成和破坏过程的探究实验，学会使用具有定量化和可视化先进的教育信息技术——手持技术，可作为认知工具克服配合物化学概念学习中的"认知难点"，为"宏观辨识与微观探析""证据推理与模型认知"等核心素养的培养提供实际的学习情境，在理解和掌握核心知识的同时培养化学学科核心素养。

【实验原理】

1. 氨水滴定硫酸铜溶液

向硫酸铜溶液中加入氨水，为分步反应，首先形成浅蓝色的碱式硫酸铜沉淀，继续滴加氨水，沉淀溶解，形成深蓝色的铜氨配合物溶液。反应方程式如下：

$$2Cu^{2+} + SO_4^{2-} + 2NH_3 \cdot H_2O = Cu_2(OH)_2SO_4 \downarrow + 2NH_4^+ \quad (氨水少量)$$

$$Cu_2(OH)_2SO_4 + 6NH_3 + 2NH_4^+ = 2Cu(NH_3)_4^{2+} + SO_4^{2-} + 2H_2O \quad (继续滴加氨水)$$

2. 硫酸反滴定铜氨配合物溶液

向铜氨配合物溶液中加入硫酸，也为分步反应，先生成浅蓝色的碱式硫酸铜沉淀，继续滴加硫酸，沉淀溶解，重新形成硫酸铜溶液。反应方程式如下：

$$2Cu(NH_3)_4^{2+} + SO_4^{2-} + 6H^+ + 2H_2O = Cu_2(OH)_2SO_4\downarrow + 8NH_4^+ \text{（硫酸少量）}$$

$$Cu_2(OH)_2SO_4 + 2H^+ = 2Cu^{2+} + SO_4^{2-} + 2H_2O \text{（继续滴加硫酸）}$$

【教材实验内容】

2019年人教版高中化学教科书选择性必修2《物质结构与性质》第三章第四节"配合物与超分子"中提出了铜氨配合物的概念，并在实验3-3中验证铜氨配合物的形成，如图5-15所示：向盛有4mL 0.1mol/L $CuSO_4$ 溶液的试管里滴加几滴1mol/L氨水，首先形成难溶物，继续添加氨水并振荡试管，观察实验现象；再向试管中加入极性较小的溶剂（如加入8mL 95％乙醇），并用玻璃棒摩擦试管壁，观察实验现象。

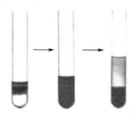

图 5-15　向硫酸铜溶液中加入氨水和乙醇

【实验教学现状及存在的问题】

在传统的实验教学中，教师多以氨水与硫酸铜溶液配位反应实验进行讲解。通过"加氨水前—加少量氨水—加过量氨水"三个阶段的实验现象，对比呈现铜氨配合物的形成过程。但仅呈现宏观实验现象，不利于对配合物形成的微观本质进行深度剖析，也不利于促进学生对配合物概念的学习。

【实验改进】

一、实验仪器及药品

仪器：电导率传感器、pH传感器、数据采集器、平板电脑、250mL烧杯、50mL酸碱通用滴定管、铁架台（铁夹）、磁力搅拌器、磁子、100mL容量瓶、胶头滴管

药品：0.02mol/L硫酸铜溶液、1mol/L氨水、1mol/L硫酸

二、实验装置

该实验装置如图5-16所示。

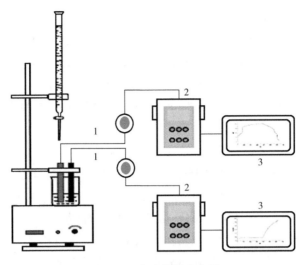

图 5-16 实验装置示意图

1—pH 传感器或电导率传感器；2—数据采集器；3—平板电脑

三、实验操作及现象

1. 配制 0.02mol/L 的硫酸铜溶液，1mol/L 的氨水和 1mol/L 的硫酸。

2. 将传感器、数据采集器和电脑按照图 5-16 连接，并进行调试（设置采集器采样频率为 1 次/s，时间为"连续"）。

3. 校正 pH 传感器（电导率传感器无需校正）。

4. 用待装氨水和硫酸分别润洗 50mL 酸碱通用滴定管，并装液。

5. 向 250mL 烧杯中加入 60mL 被滴溶液（0.02mol/L 硫酸铜溶液），加入磁子，并开启磁力搅拌器。

6. 运行软件，待读数稳定后，控制 1 滴/s 逐滴加入氨水，观察现象并及时记录。

7. 待溶液完全变澄清后，停止滴加氨水，改用硫酸进行滴定，控制 1 滴/s 逐滴加入，观察现象并及时记录，直至溶液完全变澄清后停止采集数据。

8. 重复实验 3 次，实验结束后，保存相关图形与数据。

四、实验数据分析及结论

1. 基于四重表征分析 pH 曲线拐点及变化趋势

利用 1mol/L 的氨水滴定 60mL 0.02mol/L 的硫酸铜溶液，得到铜氨配合物溶液。氨水稍过量后，再用 1mol/L 的硫酸反滴定铜氨配合物溶液，得到反应过程中的 pH 变化曲线，如图 5-17 所示。现从宏观、微观、符号、曲线 4 个方面来对反应过程中的 pH 变化曲线进行分段分析，见表 5-11、表 5-12。

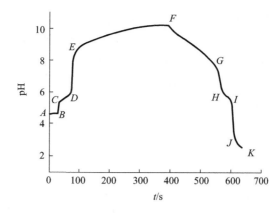

图 5-17　1mol/L 滴定液滴定 0.02mol/L 硫酸铜溶液 pH 变化曲线

表 5-11　pH 变化曲线四重表征分析（正滴定过程）

	曲线段	曲线趋势	宏观现象	方程式	微观（主要粒子）
铜氨配合物形成过程	AB	曲线平整	溶液澄清	$Cu^{2+} + 2H_2O \rightleftharpoons Cu(OH)_2 + 2H^+$	Cu^{2+}，SO_4^{2-}
	BC	上升，发生突变	产生浅蓝色沉淀，但迅速消失	$OH^- + H^+ \rightleftharpoons H_2O$ $2Cu^{2+} + SO_4^{2-} + 2NH_3 \cdot H_2O \rightleftharpoons Cu_2(OH)_2SO_4 \downarrow + 2NH_4^+$ $Cu_2(OH)_2SO_4 + 2H^+ \rightleftharpoons 2Cu^{2+} + SO_4^{2-} + 2H_2O$	Cu^{2+}，SO_4^{2-}，NH_4^+，$Cu_2(OH)_2SO_4$
	CD	平缓上升	产生浅蓝色沉淀	$2Cu^{2+} + SO_4^{2-} + 2NH_3 \cdot H_2O \rightleftharpoons Cu_2(OH)_2SO_4 \downarrow + 2NH_4^+$	同上
	DE	上升，发生突变	不断产生浅蓝色沉淀	同上	同上
	EF	平缓上升	浅蓝色沉淀逐渐溶解，溶液逐渐变澄清	$Cu_2(OH)_2SO_4 + 6NH_3 + 2NH_4^+ \rightleftharpoons 2Cu(NH_3)_4^{2+} + SO_4^{2-} + 2H_2O$	$Cu(NH_3)_4^{2+}$，SO_4^{2-}

表 5-12　pH 变化曲线四重表征分析（反滴定过程）

	曲线段	曲线趋势	宏观现象	方程式	微观（主要粒子）
铜氨配合物破坏过程	FG	平缓下降	开始溶液澄清，硫酸达一定量后，产生浅蓝色沉淀	$2Cu(NH_3)_4^{2+} + SO_4^{2-} + 6H^+ + 2H_2O \rightleftharpoons Cu_2(OH)_2SO_4 \downarrow + 8NH_4^+$	$Cu(NH_3)_4^{2+}$，SO_4^{2-}，NH_4^+
	GH	下降，发生突变	不断产生浅蓝色沉淀	同上	$Cu_2(OH)_2SO_4$，SO_4^{2-}，NH_4^+
	HI	平缓下降	浅蓝色沉淀逐渐溶解，溶液逐渐变澄清	$Cu_2(OH)_2SO_4 + 2H^+ \rightleftharpoons 2Cu^{2+} + SO_4^{2-} + 2H_2O$	$Cu_2(OH)_2SO_4$，Cu^{2+}，SO_4^{2-}，NH_4^+
	IJ	下降，发生突变	溶液不断变澄清	同上	同上
	JK	平缓下降	溶液澄清	—	Cu^{2+}，SO_4^{2-}，NH_4^+

2. 基于四重表征分析电导率曲线拐点及变化趋势

利用 1mol/L 的氨水滴定 60mL 0.02mol/L 的硫酸铜溶液，得到铜氨配合物溶液。氨水稍过量后，再用 1mol/L 的硫酸反滴定铜氨配合物溶液，得到反应过程中的电导率变化曲线，如图 5-18 所示，分段分析见表 5-13、表 5-14。

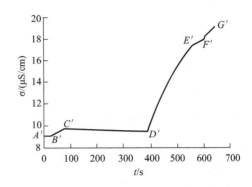

图 5-18　1mol/L 滴定液滴定 0.02mol/L 硫酸铜溶液电导率变化曲线

表 5-13　电导率变化曲线四重表征分析（正滴定过程）

	曲线段	曲线趋势	宏观现象	方程式	微观（主要粒子）
铜氨配合物形成过程	$A'B'$	曲线平整	溶液澄清	—	Cu^{2+}，SO_4^{2-}
	$B'C'$	平缓上升	产生浅蓝色沉淀	$2Cu^{2+}+SO_4^{2-}+2NH_3\cdot H_2O \rightleftharpoons$ $Cu_2(OH)_2SO_4\downarrow +2NH_4^+$	Cu^{2+}，SO_4^{2-}，NH_4^+，$Cu_2(OH)_2SO_4$
	$C'D'$	平缓下降	浅蓝色沉淀逐渐溶解，溶液逐渐变澄清	$Cu_2(OH)_2SO_4+6NH_3+2NH_4^+\rightleftharpoons$ $2Cu(NH_3)_4^{2+}+SO_4^{2-}+2H_2O$	SO_4^{2-}，$Cu(NH_3)_4^{2+}$

表 5-14　电导率变化曲线四重表征分析（反滴定过程）

	曲线段	曲线趋势	宏观现象	方程式	微观（主要粒子）
铜氨配合物破坏过程	$D'E'$	迅速上升	溶液澄清，硫酸达一定量后，产生浅蓝色沉淀	$2Cu(NH_3)_4^{2+}+SO_4^{2-}+6H^++2H_2O \rightleftharpoons$ $Cu_2(OH)_2SO_4\downarrow +8NH_4^+$	$Cu(NH_3)_4^{2+}$，SO_4^{2-}，NH_4^+，$Cu_2(OH)_2SO_4$
	$E'F'$	平缓上升，斜率减小	浅蓝色沉淀逐渐溶解，溶液逐渐变澄清	$Cu_2(OH)_2SO_4+2H^+\rightleftharpoons$ $2Cu^{2+}+SO_4^{2-}+2H_2O$	$Cu_2(OH)_2SO_4$，Cu^{2+}，SO_4^{2-}，NH_4^+
	$F'G'$	平缓上升，斜率增大	溶液澄清	—	Cu^{2+}，SO_4^{2-}，NH_4^+

3. pH 曲线与电导率曲线对比分析

如图 5-19 所示，将 pH 变化曲线与电导率变化曲线对比分析发现，铜氨配合物的形成与破坏反应过程的"pH-时间"曲线和"电导率-时间"曲线拐点能一一对应，并能结合宏观现象、微观粒子和化学符号多个维度进行分析说明。不同的是，在分析 pH 变化曲线的趋势时，只需要考虑 H^+、OH^- 浓度的相对大小及与之相关的电离、水解等影响因素。通过分析发现，NH_4^+ 和 Cu^{2+} 的水解对溶液 pH 变化的影响比较大。而在分析电导率变化曲线的过程中，需要同时考虑反应前后溶液中发生变化的所有离子的种类和数目，以及不同离子的导电能力等影响因素。通过分析发现，NH_4^+ 对溶液电导率变化的影响比较大。电导率变化曲线分析相较于 pH 变化曲线分析更具有深度和难度。在实际教学中需根据学生的水平选择适合难度的曲线进行探究分析。或将 2 种曲线进行相互联系，对比学习，达到双重建构的效果。

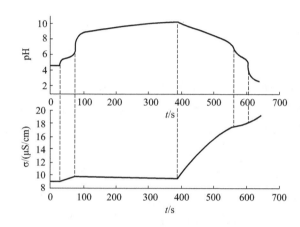

图 5-19　pH 变化曲线与电导率变化曲线对比

五、创新优点

1. 从配合物这一目标概念出发，寻求概念与学生认知结构中已有知识间的联系，选取手持技术中的 pH 和电导率传感器对反应过程进行直接测量，获得直观、可视的曲线图像，在学生头脑中生成可操作的曲线表象。

2. 与教材中仅呈现配合物的形成过程不同，本研究对同一配合物的形成与破坏进行探究，有利于培养学生在化学学习中的逆向思维，扩大学生的思维容量。

参考文献

李绮琳，钱扬义，张惠敏，唐文秀，林丹萍. 利用手持技术数字化实验促进学生对配合物概念的学习——以铜氨配合物的形成和破坏过程为例 [J]. 化学教育（中英文），2020，41（01）：79-88.

第六章

STEM综合实验

STEM 是科学（Science）、技术（Technology）、工程（Engineering）和数学（Mathematics）四门学科的简称，强调多学科的交叉融合。STEM 教育并不是科学、技术、工程和数学教育的简单叠加，而是要将四门学科内容组合形成有机整体，以更好地培养学生的创新精神与实践能力。STEM 教育中四门学科的教学必须紧密相连，以整合的教学方式培养学生掌握知识和技能，并能进行灵活迁移应用解决真实世界的问题。融合的 STEM 教育具备新的核心特征：跨学科、趣味性、体验性、情境性、协作性、设计性、艺术性、实证性和技术增强性等。从 STEM 教育理念提出以来，STEM 的跨学科整合成为了讨论和实践的热点。

STEAM 是从 STEM 教育计划演变而来的。STEAM 教育代表科学（Science），技术（Technology），工程（Engineering），艺术（Art），数学（Mathematics）。STEAM 教育就是集科学、技术、工程、艺术、数学等学科融合的综合教育。STEAM 与 STEM 相比，只是比 STEM 计划多加了一项艺术，相对来说，STEAM 比 STEM 更注重元素的多元化，对学生的学科能力要求也更高。

实验 42　补铁剂中的铁元素的检验

【实验目的】

通过化学实验的方法检验食品中的铁元素，了解金属离子可以形成丰富多彩的配合物，知道大多数配合物具有颜色，知道可以利用形成配合物的特征颜色对金属离子进行定性，体验实验研究的一般过程和化学知识在实际中的应用，培养科学态度与社会责任的核心素养。

【实验原理】

将样品中的铁元素转化为 Fe^{3+}，进而用 KSCN 溶液检验：

$$4Fe^{2+}+4H_2O_2+4H^+ =\!=\!= 4Fe^{3+}+6H_2O+O_2\uparrow$$

$$Fe^{3+} + 3SCN^- = [Fe(SCN)_3]（红色）$$

【教材实验内容】

"补铁剂中铁元素的检验"是鲁教版高中化学选择性必修2《物质结构与性质》第二章微项目的学习内容，核心内容是应用配合物进行物质的检验，体会配合物的使用价值。其实验操作为：

1. 取新鲜的菠菜10g，将菠菜剪碎后放在研钵中研磨，然后倒入烧杯中，加入30mL蒸馏水，搅拌。将上述浊液过滤，得到的滤液作为试验样品。

2. 取少许试验样品加入试管中，然后加入少量稀硝酸（稀硝酸具有氧化性），再滴加几滴KSCN溶液，振荡，观察现象。

【实验教学现状及存在的问题】

1. 菠菜中含有叶绿素及其他色素，影响实验的观察。
2. 菠菜中存在草酸，可能对实验存在干扰。
3. 在菠菜汁中加入稀硝酸和硫氰化钾溶液进行检验，由于硝酸和硫氰化钾作用也可能产生红色，教材中检验铁元素的方法不够严谨。

【实验改进】

方案一 用"硫酸+氧化剂+KSCN"焯水法检验菠菜中铁元素

一、实验仪器及药品

仪器：烧杯、研钵、漏斗、试管
药品：菠菜、蒸馏水、沸水、1mol/L硫酸、5% H_2O_2 溶液、0.5mol/L KSCN 溶液

二、实验操作及现象

1. 取约30g菠菜，用蒸馏水清洗干净，晾干，在25mL沸水中焯5min，溶液变浅绿色，弃去液体，将所得固体转移至研钵中，加10mL 1mol/L硫酸，研磨至固体呈现绿褐色，立即过滤得6~7mL浅黄色滤液。

2. 取1.4mL滤液，加入3滴5%的 H_2O_2 溶液，再滴入3滴0.5mol/L KSCN溶液，振荡，观察现象。观察到溶液由浅黄色变为红色。

三、实验成功关键

1. 提前将菠菜焯水，时间可以控制在15min以内。
2. 使用该方法变红后的溶液在约9min后会褪色，再滴加KSCN溶液无明显变化，猜测焯水后依然存在草酸，对反应体系造成干扰。

四、创新优点

1. 用焯水的方法除去菠菜中大量的草酸,再加酸排除叶绿素等的干扰,让铁元素游离出来。
2. 加入氧化剂和 KSCN 溶液来检验菠菜中的铁元素的方法可行,方法简单易操作。

方案二 用"硫酸+氧化剂+KSCN" 成灰法检验菠菜中铁元素

一、实验仪器及药品

仪器:坩埚、泥三角、铁架台、漏斗、试管
药品:菠菜、0.2mol/L 稀硫酸、5% H_2O_2 溶液、3mol/L KSCN 溶液

二、实验操作及现象

1. 取约 30g 菠菜灼烧成灰得 0.6~0.8g 菠菜灰,向所得菠菜灰中加入 30mL 0.2mol/L 稀硫酸,充分搅拌直至不再产生气泡,过滤得浅黄色滤液。
2. 取 1.4mL 滤液,滴入 3 滴 5% H_2O_2 溶液,再分别滴入 3 滴 3mol/L KSCN 溶液,振荡,观察现象。观察到溶液由浅黄色变为红色。

三、实验成功关键

提前使菠菜灰化,检测可以在 10min 内完成。

四、创新优点

1. 用灼烧的方法排除菠菜中草酸、叶绿素等有机物的影响。
2. 加酸溶解,即可检验出铁元素,若再加氧化剂,现象将更明显。

方案三 数码成像比色法测定补铁剂中铁元素含量的实验研究

一、实验仪器及药品

仪器:手机(带数码拍照功能)、20mL 比色管(7 支)、比色管架、电子天平、100mL 容量瓶、胶头滴管、玻璃棒
药品:补血剂、12mol/L 浓硝酸、0.001mol/L $Fe(NO_3)_3$ 溶液、饱和 KSCN 溶液、蒸馏水

二、实验操作

1. 标准溶液的配制
分别标记 6 支 20mL 洁净干燥的比色管,按照表 6-1 所示配制不同浓度的 $Fe(NO_3)_3$

溶液，再分别滴加 5 滴饱和 KSCN 溶液，充分摇匀混合，即得到浓度为 0.001mol/L、0.0008mol/L、0.0006mol/L、0.0004mol/L、0.0002mol/L、0.0001mol/L 的 $[Fe(SCN)_6]^{3+}$ 标准溶液。将 6 支盛有标准溶液的比色管，按浓度高低顺序依次并排摆放在比色管架上。选取合适光照条件，直接用手机对 6 个标准样品进行拍照。

表 6-1 标准溶液配制

比色管编号	$Fe(NO_3)_3$ 溶液体积/mL	蒸馏水体积/mL	标准溶液浓度/(mol/L)
1	20	0	0.001
2	16	4	0.0008
3	12	8	0.0006
4	8	12	0.0004
5	4	16	0.0002
6	2	18	0.0001

2. 补铁剂的处理

(1) 取 1 袋健脾补血颗粒，用电子天平称量 0.40g，倒入烧杯中，加入 10mL 浓硝酸溶解，搅拌后将溶液转移至 100mL 的容量瓶定容。

(2) 取 20mL 此溶液放入 1 支洁净干燥的比色管中，在溶液中加入 5 滴饱和 KSCN 溶液，充分摇匀混合。

(3) 在与标准溶液同等光照条件下，直接用手机进行拍照。

3. 图片处理

(1) 用 Photoshop7.0 软件处理图片：用 Photoshop7.0 软件将不同浓度的 $[Fe(SCN)_6]^{3+}$ 标准溶液的数码图片，进行灰度处理，并读取其灰度值。具体处理过程如下：首先向 Photoshop7.0 软件中导入图片：文件—打开—选取实验图片。然后把图片调成灰度模式：图像—模式—灰度，在是否要扔掉颜色的对话框，点击扔掉。最后点击工具栏中的吸管工具，选取图片中颜色均匀的地方，点击工具栏中最下方的颜色图标，出现图片的灰度值。

(2) 绘制标准曲线：根据 Photoshop7.0 软件处理图片后得到灰度值，如表 6-2 所示，用 Excel 绘制标准曲线，如图 6-1 所示。

(3) 补铁剂中铁元素含量的测定：用 Photoshop7.0 软件对样品图片进行灰度处理，并读取灰度值，从标准曲线上查得试样中铁元素的含量。

三、实验数据处理

由表 6-2 和图 6-1 可知，补铁剂样品图片的灰度值为 84，根据标准曲线可以查得试样中铁元素的含量为 1.18×10^{-4} mol/L。

表 6-2 标准溶液灰度值

比色管编号	标准溶液浓度/(mol/L)	测量灰度值
1	0.001	179
2	0.0008	156

续表

比色管编号	标准溶液浓度/（mol/L）	测量灰度值
3	0.0006	137
4	0.0004	118
5	0.0002	90
6	0.0001	81

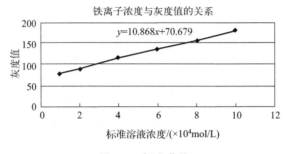

图 6-1　标准曲线

四、实验成功关键

1. 若选用溶解后颜色较深的样品，可先使用活性炭对溶液进行脱色处理。

2. 浓硝酸会氧化 KSCN，因此待测样品定容的过程中需加入蒸馏水稀释溶液，降低硝酸浓度，防止 KSCN 被氧化。

五、创新优点

1. 与传统目测比色法相比克服了肉眼对颜色的分辨率误差，极大地提高了分析结果的精确度。

2. 该方法作为一种简单新型的分析技术，方便迅速，操作简洁，成本低廉。

参考文献

[1] 陈丽，李娜，于善亮，等．检验菠菜中的铁元素 [J]．化学教育（中英文），2021，42（11）：77-81．

[2] 孙丹，熊晓丹，吴雪亭，等．数码成像比色法测定补铁剂中铁元素含量的实验研究 [J]．化学教育（中英文），2017，38（05）：76-78．

实验 43　探究负载二氧化锰海藻酸钠微胶囊催化过氧化氢分解

【实验目的】

以"实验室过氧化氢制氧气"为探究情境，借鉴工业催化剂的工程设计原理，选取生物相容的组织工程用可降解高分子海藻酸钠，制备负载 MnO_2 海藻酸钠微胶囊，并利用数字化手持技术对微胶囊的催化效果进行了探究。在进行化学探究实验时，亲身体验催化剂工程设计的思路和方法，培养综合运用科学、技术、工程和数学解决复杂实际问题的能力。

【实验原理】

分解过氧化氢制氧气原理为：

$$2H_2O_2 \xrightarrow{\text{催化剂}} 2H_2O + O_2 \uparrow$$

海藻酸钠是从褐藻类的海带或马尾藻中提取的一种多糖碳水化合物，具有良好的生物相容性且价格低廉。本实验将一定浓度的海藻酸钠溶液与MnO_2混合后，滴入氯化钙溶液，其中的Ca^{2+}进入海藻酸钠液滴内部取代Na^+，通过离子键将海藻酸钠大分子进行交联固化，形成三维网状多孔支架结构的负载MnO_2微胶囊，借助数字化压强传感器，将不同浓度的H_2O_2溶液与负载MnO_2藻酸钠微胶囊进行实验。

【实验过程】

一、实验仪器及药品

仪器：塑料滴管、烧杯、玻璃棒、酒精灯、磁力搅拌器、圆形筛子（直径10 cm）、装有数字化实验室软件的电脑、数据采集器、压强传感器、铁架台（带铁夹）、大试管、注射器

药品：海藻酸钠、氯化钙、MnO_2、H_2O_2溶液、去离子水

二、实验操作及现象

1. 实验操作

（1）制备负载MnO_2海藻酸钠微胶囊

称取0.5g氯化钙加入49.5g去离子水中，搅拌溶解，得到1%氯化钙溶液50g。称取0.5g海藻酸钠和2.5g MnO_2加入22g去离子水中，加热并充分搅拌，得到2%海藻酸钠和10% MnO_2混合悬浊液25g，冷却至40℃。用塑料滴管将海藻酸钠和二氧化锰混合悬浊液逐滴滴入1%氯化钙溶液，反应10min，即制得负载10% MnO_2海藻酸钠微胶囊，用筛子过滤出来，并用清水洗涤。用同样方法分别制备负载1%和5% MnO_2海藻酸钠微胶囊。

（2）探究负载MnO_2海藻酸钠微胶囊催化不同浓度H_2O_2溶液分解

取制备好的25粒负载10% MnO_2海藻酸钠微胶囊于大试管中，连接好数字化压强传感器，用注射器向大试管中注入20mL浓度为5%的H_2O_2溶液，立即采集0～300s的压强数据。实验结束后以同样方法分别测定10%、15%、20% H_2O_2溶液的压强数据。最后用Origin8.6软件绘制实验图形。

（3）探究负载不同浓度MnO_2海藻酸钠微胶囊催化H_2O_2溶液分解

取制备好的25粒负载1% MnO_2海藻酸钠微胶囊于大试管中，连接好数字化压强传感器，用注射器向大试管中注入20mL浓度为10%的H_2O_2溶液，立即采集0～300s的压强

数据。实验结束后以同样方法分别测定负载5%和10% MnO_2 海藻酸钠微胶囊催化10% H_2O_2 溶液的压强数据。最后用Origin8.6软件绘制实验图形。

（4）探究负载 MnO_2 海藻酸钠微胶囊多次催化 H_2O_2 溶液分解

取制备好的25粒负载10% MnO_2 的海藻酸钠微胶囊于大试管中，连接好数字化压强传感器，用注射器向大试管中注入20mL浓度为10%的 H_2O_2 溶液，立即采集0~300s的压强数据。实验结束后过滤出微胶囊，清水洗涤后加入大试管，再注入20mL浓度为10%的 H_2O_2 溶液，立即采集微胶囊二次催化的压强数据。以同样方法测定微胶囊3次催化的压强数据。最后用Origin8.6软件绘制实验图形。

2. 实验现象

（1）用塑料滴管将海藻酸钠和二氧化锰的悬浊液滴入氯化钙溶液中，Ca^{2+} 迅速渗入悬浊液小液滴进行交联，形成球形微胶囊，操作简单，反应时间短，现象明显。悬浊液控制在40℃，滴加时可较好地形成规则球形。实验中可用剪刀剪去塑料滴管口少许部分，通过控制管口大小控制微胶囊球径。

（2）刚加入 H_2O_2 溶液时气泡产生速率较慢，很快气泡产生速率不断加快，这与该反应放热，不断使溶液温度升高有关。随着 H_2O_2 溶液浓度的不断增加，负载10% MnO_2 海藻酸钠微胶囊催化 H_2O_2 分解的速率不断增大。其中15%的 H_2O_2 分解速率最快，短时间产生的压强较大，往往会使橡皮塞弹出；5%的 H_2O_2 分解较慢，现象不明显；10%的 H_2O_2 分解速率适中，现象明显，可用于课堂演示实验。

（3）随着海藻酸钠微胶囊 MnO_2 负载量的增加，催化效果越来越好。配制2%海藻酸钠和15% MnO_2 混合悬浊液时，发现由于 MnO_2 用量过大，在溶液中出现了大量沉淀，所以不能很好制备出负载15% MnO_2 的海藻酸钠微胶囊。从实验现象、催化效果和节约试剂等角度考量，负载10% MnO_2 的海藻酸钠微胶囊最适宜催化 H_2O_2 溶液分解实验。

（4）随着海藻酸钠微胶囊催化次数增加，H_2O_2 溶液的分解速率总体差别不大，但略微增大，这可能是因为随着反应次数增多，海藻酸钠微胶囊本身发生了溶胀，催化剂与 H_2O_2 溶液接触面积略有增大有关。因此负载 MnO_2 的海藻酸钠微胶囊可重复用于催化 H_2O_2 溶液分解实验。

三、创新优点

1. 以熟悉的过氧化氢制氧气为知识背景，融合工业催化剂的工程设计理念，选用生物相容的海藻酸钠作为催化剂载体，利用离子键交联的化学方法制备了负载 MnO_2 的海藻酸钠微胶囊，并借助数字化手持技术对微胶囊的催化能力进行了探究，取得了良好的实验效果。

2. 整个实验试剂用量少，操作简单，现象明显，所有药品无毒、无污染、便于回收。手持技术的使用使学生清楚地观察到了实验过程，更加深了对定量研究的理解。

参考文献

许亮亮, 邹正, 陈懿, 程昊然, 窦宇宸. 基于STEM教育的高中化学创新实验研究——以"负载二氧化锰海藻酸钠微胶囊催化过氧化氢分解"为例 [J]. 化学教育（中英文），2017，38（21）：60-63.

实验 44　自制电解水芯片实验室

【实验目的】

通过"自制电解水芯片实验室"创新实验探究过程，体验科研的全过程，激发学习兴趣，提升科学探究与创新意识的学科素养。

【实验原理】

芯片的制备采用目前最常用的聚合物材料PDMS，其具有生物相容性好、无毒无害、聚合温度低、反应时间短、易加工成型、成本低廉等优点。制备步骤分为以下3点：

1. 构建芯片阳模。
2. 将PDMS预聚体浇注在芯片阳模上，低温聚合。
3. 反应后切下芯片，与载玻片进行封接，即制得芯片实验室。

进行电解水实验时，将染色的电解液注入芯片的微通道中，插入铂丝，观察实验现象。

【实验过程】

一、实验仪器及药品

仪器：PDMS预聚体和固化剂套装、玻璃毛细管（0.9～1.1mm）、电脑、真空干燥器、真空泵、烘箱、烧杯、玻璃棒、培养皿（90mm）、剪刀、医用手术刀、镊子、双面胶（宽6cm）、圆形载玻片（直径7.5cm）、强力胶、注射器（1mL）、小锉刀、铂丝（也可用细铅笔芯代替）、鳄鱼夹

药品：碱性干电池、食用色素、去离子水、0.1mol/L KNO_3、1.0mol/L KNO_3

二、实验操作及现象

1. 根据经典的霍夫曼水电解器的原理和装置，设计的电解水芯片设计图，如图6-2所示。

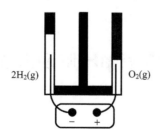

图6-2　电解水芯片设计图

2. 按照设计图，用小锉刀将毛细管截出4段，每段长4cm，用强力胶将毛细管粘在载玻片，干燥固化后，用双面胶将载玻片固定在培养皿底部，即制得芯片实验室阳模。

3. 在烧杯中将 PDMS 预聚体和固化剂以质量比 10∶1 混合，用玻璃棒充分搅拌后，放在真空干燥箱抽真空以除去搅拌时产生的大量气泡。

4. 将除气后的 PDMS 预聚体和固化剂混合物浇注在芯片阳模上，再次抽真空除去少量气泡，置于 60℃烘箱中聚合 6h。

5. 反应结束后取出培养皿，用手术刀将芯片切下，用双面胶将芯片与载玻片进行封接，即制得电解水芯片实验室。

6. 用 1mL 注射器将用食用色素染色的去离子水、0.1mol/L KNO_3、1.0mol/L KNO_3 分别注入芯片通道中，插入铂电极电解，观察并记录实验现象。

电解 2min 后可以较清晰地观察到负极产生的 H_2 和正极产生的 O_2 体积比约为 2∶1。但由于表面张力的作用，有少量气泡会附着在通道内壁。同时当注入去离子水和不同浓度的 KNO_3 溶液时，电解速率也产生了规律性变化：随着电解质溶液浓度的增大，电解的速率可以得到有效提升。

三、实验成功关键

1. 实验前要将 KNO_3 电解液用少量食用色素染色，以便于观察实验现象。

2. 铂丝插入芯片（硬币的大小）的微通道内，可适当深一些，以增大电极的接触面积，提高电解效率。

四、创新优点

1. 该实验以化学电解水内容为探究背景，以制备芯片实验室为探究情境，学生可以自主整合数学、物理、计算机、艺术等学科知识，提出芯片设计方案，自主动手制备并理性评估具有特定功能的芯片实验室。整个过程学生充分结合自身特点，彼此取长补短，相互配合，有利于发挥学生的个性。

2. 整个实验完全基于中学实验室的常规实验仪器和条件，简单易行，操作安全，现象明显，电解溶液用量从 200mL 降到 120 μL。所有实验用品价廉易得，绿色环保，对人体无毒无害。

参考文献

许亮亮，邹正，吴可威. 基于 STEM 理念的中学化学创新实验研究——以"自制电解水芯片实验室"为例 [J]. 化学教育（中英文），2017，38（05）：62-65.

实验 45　制备 pH 响应海藻酸钠微球

【实验目的】

通过"制备 pH 响应海藻酸钠微球"的探究实验，加深对功能高分子材料的理解，拓宽学术视野，点燃探究学习的热情，培养宏观辨识与微观探析的学科素养。

【实验原理】

紫甘蓝中富含的紫色花青素是一种水溶性天然色素，在酸性溶液中显红色，在碱性溶液中显黄色。本实验用水将紫甘蓝煮沸后提取天然花青素 pH 指示剂。海藻酸钠凝胶具有良好的生物相容性，常用作组织工程支架材料，植入其中的组织活体细胞不断生长、分化，最终会形成新的组织，而凝胶将在体内逐渐降解。本实验将海藻酸钠溶液与花青素溶液混合得到海藻酸钠-花青素溶液，滴入一定浓度的氯化钙溶液，其中的 Ca^{2+} 由于渗透作用进入海藻酸钠液滴内部取代 Na^+，利用离子键将高分子链进行交联固化，形成三维网状结构的 pH 响应微球，如图 6-3 所示。由于富含花青素，微球将在不同 pH 溶液中显示出不同颜色。

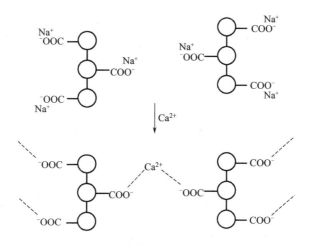

图 6-3　海藻酸钠交联示意图

【实验过程】

一、实验仪器及药品

仪器：塑料滴管、烧杯（100mL）、玻璃棒、量筒（100mL）、酒精灯、漏斗、滤纸、圆形筛子（10cm）、培养皿（9cm）、带盖小玻璃瓶（10mL）、药匙、镊子

药品：海藻酸钠、紫甘蓝、氯化钙、0.1mol/L 盐酸、0.1mol/L 氢氧化钠溶液、去离子水

二、实验操作及现象

1. 称取 20g 切碎的新鲜紫甘蓝于烧杯中，加入 50mL 去离子水，煮沸 5min，冷却后过滤，得到花青素溶液待用。

2. 称取 0.4g 海藻酸钠于烧杯中，加入 20mL 去离子水，加热至全部溶解，得到 2% 海藻酸钠溶液待用。

3. 称取 0.5g 氯化钙于烧杯中，加入 50mL 去离子水溶解，得到 1% 氯化钙溶液。

4. 取紫甘蓝溶液 10mL 加入 20mL 海藻酸钠溶液，充分搅拌使二者混合均匀，得到海藻酸钠-花青素溶液。

5. 用塑料滴管将海藻酸钠-花青素溶液逐滴滴入1%氯化钙溶液中，反应5min后，即制得pH响应海藻酸钠微球。

6. 用圆形筛子过滤出微球，用去离子水洗去微球表面残留的氯化钙溶液，分装于3个小玻璃瓶中，分别滴入10mL盐酸（0.1mol/L）、去离子水、氢氧化钠溶液（0.1mol/L），观察海藻酸钠微球在不同pH下的变色现象。

紫甘蓝用水煮沸5min后，溶液即变为深紫色，冷却后与海藻酸钠溶液混合。得到的深紫色海藻酸钠-花青素溶液滴入氯化钙溶液中，自组装并交联固化为海藻酸钠微球，静置5min后水洗，分装于3个小瓶中，加入不同pH的溶液，微球在pH<7的溶液中显红色，在pH=7的溶液中显蓝色，在pH>7的溶液中显黄色。如改变溶液pH时海藻酸钠微球会变化为不同颜色。放置一段时间后，学生发现包埋在微球中的花青素会缓慢释放出来，并逐渐扩散至整个溶液，使上方溶液也显色，其中pH<7溶液中的花青素释放速率最快，这一性质充分说明了海藻酸钠凝胶作为药物缓释材料的应用。

三、创新优点

1. 提升学生技术素养，锻造工匠精神。本实验将第1课时2/3的时间用于学生自己动手完成紫甘蓝、海藻酸钠、氯化钙3种溶液的配制、装瓶和贴标签，真正将提升学生技术素养落到实处，慢慢锻造出严谨务实、锲而不舍、追求完美的工匠精神。

2. 激发学生质疑思维，提升探究能力。本课教学情境以高中生已有的高分子合成和离子键的旧知识为基础，以前沿科学新内容为背景，在这样一个新旧知识的结合点上，大大激发了学生的认知冲突，鼓励学生勇于质疑、大胆假设、制定计划并进行实验，真正提升学生的科学探究能力。

3. 培养学生绿色化学意识，展望未来化学发展方向。中学化学实验教学要积极开展绿色化学实验研究，要把绿色化学理念、内容、技术和方法贯穿于整个实验教学全过程，潜移默化地培养学生的绿色化学意识和环境保护意识。

参考文献

许亮亮，邹正，程昊然. 基于STEM教育的中学化学创新实验研究——以"制备pH响应海藻酸钠微球"为例[J]. 化学教育（中英文），2017，38（13）：63-66.

实验46 探究四氧化三铁磁流体的制备和性质

【实验目的】

通过制备"神奇的磁流体"，了解Fe_3O_4磁流体在常规实验条件下的制备方法，并通过观察溶液中产生沉淀的颜色和磁响应性，认识Fe_3O_4磁流体的性质，养成宏观现象与微观实质相结合的化学学科观念，提高创新意识。

【实验原理】

磁流体（又称磁性液体、铁磁流体）是磁性纳米粒子用表面活性剂处理后，均匀分散在溶液中形成的稳定胶体悬浮液。它既具有液体的流动性，又具有固体磁性材料的磁性，是一种新型的功能材料，是材料化学与现代磁学技术的有机结合。在中学常规实验条件下采用化学共沉淀法可完成 Fe_3O_4 磁流体的制备。首先向 $FeCl_3$ 和 $FeCl_2$ 混合液中滴加氨水，得到 Fe_3O_4 磁性颗粒。颗粒洗净后加入四甲基氢氧化铵溶液在其表面形成包覆层，从而制备了稳定的 Fe_3O_4 磁流体。当用磁铁吸引，制得的磁流体出现明显的尖刺状凸起，实验反应原理如下：

$$2FeCl_3 + FeCl_2 + 8NH_3 \cdot H_2O \longrightarrow Fe_3O_4 \downarrow + 8NH_4Cl + 4H_2O$$

【实验过程】

一、实验仪器及药品

仪器：托盘天平、烧杯、玻璃棒、容量瓶、圆底烧瓶、恒压滴液漏斗、磁力搅拌器、强磁铁

药品：$FeCl_3 \cdot 6H_2O$、$FeCl_2 \cdot 4H_2O$、氨水、盐酸、25%四甲基氢氧化铵、去离子水

二、实验操作及现象

1. 实验操作

（1）配制 300mL 0.1mol/L、0.5mol/L、1mol/L、2mol/L、3mol/L 氨水。

（2）用 2mol/L 稀盐酸作溶剂，分别配制 50mL 1mol/L $FeCl_3$ 溶液和 20mL 2mol/L $FeCl_2$ 溶液，备用。

（3）取 20mL $FeCl_3$ 溶液和 5mL $FeCl_2$ 溶液于烧瓶中，开启磁力搅拌器，用恒压滴液漏斗向烧瓶内加入 250mL 不同浓度氨水，控制每秒 3 滴。

（4）滴完后反应 10 min 倒入烧杯，用强磁铁置于烧杯底部使 Fe_3O_4 全部沉降，将上层清液倒出，再加入蒸馏水，重复洗涤 Fe_3O_4 2~3 次。

（5）洗涤后的 Fe_3O_4 呈黏稠胶状，向其中加入 1mL 25%四甲基氢氧化铵溶液，用强磁铁在烧杯底部来回运动 2min 使二者充分混合，即制得 Fe_3O_4 磁流体。

2. 实验现象

随着不同浓度氨水的加入，溶液中产生沉淀的颜色和磁响应性也各有不同。其中 2mol/L 氨水实验效果最好也最经济，沉淀颜色经过黄色、棕黄色、红褐色、黑色的变化后，具备了良好的磁响应性。

为制备稳定性好的磁流体，采用价格便宜的四甲基氢氧化铵作表面活性剂，将其加入可在 Fe_3O_4 粒子表面形成包覆层，削弱团聚现象。充分混合后，用强磁铁在培养皿底部来回移动，可看到 Fe_3O_4 磁流体形成了明显的凸起，与网上售卖的磁流体玩具产生的现象完全相同。

三、创新优点

1. STEAM 教育设计联系中学生实际，创设真实探究情境。本实验以学生问题为设计

灵感，紧扣教材铁化合物内容，对接前沿科学磁流体知识，在教师指导下学生自主设计方案，利用中学常规实验条件自主探究Fe_3O_4磁流体的制备。整个过程教师将学习任务在特定情境中具体化，并与中学学习情境相融合，使整个探究活动充满生机和活力，培养了学生向真实生活迁移的科学精神。

2. STEAM教育的设计融合多学科知识，增强解决问题能力。本实验学生综合利用化学、物理、纳米技术等多学科知识，对现象表征、性质验证展开深入讨论。学生通力合作顺利完成了磁流体制备任务，增强运用多学科知识解决实际问题的能力。

3. STEAM教育的设计要关注创造力激发，培养物化表达素养。整个实验中学生对所需试剂的性质、类别和潜在的危险都进行了深入的认识和了解，并在制备中对试剂配比、加料方式等诸多因素进行了对比分析和反复实验，最终制备出Fe_3O_4磁流体，其磁性与网上售卖的磁流体产品相似。

参考文献

许亮亮，张知为，王简文，范清源. 基于STEAM理念的高中化学创新实验研究——四氧化三铁磁流体的制备和性质探究［J］. 化学教育（中英文），2020，41（09）：84-86.

实验47　探究化学红绿灯振荡反应的最优条件

【实验目的】

通过探究不同实验条件下（温度、靛蓝胭脂红溶液浓度、NaOH溶液浓度）对"红绿灯"实验的影响，并根据实验现象解释实验原理，认识"控制变量法"在化学探究中的应用，综合培养学生利用科学、技术、工程、数学等多学科知识解决实际问题的能力。

【实验原理】

生物染色剂靛蓝胭脂红是一种氧化还原指示剂，同时又有酸碱指示剂的作用，可溶于水。靛蓝胭脂红由于氧化还原反应可以变幻出多种颜色。在0.5mol/L NaOH 溶液和1mol/L 葡萄糖溶液共同作用下，靛蓝胭脂红有绿色、红色、黄色3种不同颜色的氧化还原状态，显绿色的靛蓝胭脂红很容易被葡萄糖依次还原为红色、黄色。振荡此黄色溶液时，溶液与空气接触面积增大，溶液中氧气的溶解量增多，氧气把靛蓝胭脂红迅速氧化为绿色。静置此溶液，有一部分溶解的氧气再次逸出，靛蓝胭脂红被葡萄糖还原，溶液依次变为红色、黄色。若重复振荡和静置溶液，颜色将交替出现绿色—红色—黄色—绿色—红色—黄色……的现象，这被称为"红绿灯"实验。

【实验过程】

一、实验仪器及药品

仪器：500mL 烧杯、玻璃棒、250mL 容量瓶、250mL 锥形瓶、托盘天平、计时器、

橡胶塞、酒精灯、石棉网、三脚架、温度计

药品：靛蓝胭脂红（生物染色剂）、氢氧化钠、去离子水、1mol/L葡萄糖

二、实验操作及现象

1. 实验操作

（1）探究温度变化对"红绿灯"实验的影响：在8个250mL锥形瓶中依次加入预先加热到指定温度的20mL 0.050%靛蓝胭脂红溶液，70mL 0.5mol/L NaOH溶液，10mL 1mol/L葡萄糖溶液，振荡锥形瓶使其充分混合，待溶液变为黄色，水浴加热，温度分别控制在20℃、30℃、40℃、50℃、60℃、70℃、80℃、90℃。30s后用温度计测量混合溶液温度，达到指定温度，取出锥形瓶并振荡（尽量控制相同的振荡力度和次数），静置观察现象（此还原过程忽略空气的影响），记录颜色变化的时间。

（2）探究靛蓝胭脂红溶液浓度变化对"红绿灯"实验的影响：在4个250mL锥形瓶中依次加入预先加热到40℃的20mL不同浓度（0.10%，0.075%，0.050%，0.025%）的靛蓝胭脂红溶液、70mL 0.5mol/L NaOH溶液、10mL 1mol/L葡萄糖溶液，振荡锥形瓶使其充分混合，待溶液变为黄色，40℃水浴加热。30s后用温度计测量混合溶液温度，达到40℃，取出锥形瓶并振荡（尽量控制相同的振荡力度和次数），静置观察现象（此还原过程忽略空气的影响），记录颜色变化的时间。

（3）探究NaOH溶液浓度变化对"红绿灯"实验的影响：在4个250mL锥形瓶中依次加入预先加热到40℃的20mL 0.050%靛蓝胭脂红溶液、70mL不同浓度（0.1mol/L、0.5mol/L、1mol/L、2mol/L）的NaOH溶液、10mL 1mol/L葡萄糖溶液，振荡锥形瓶使其充分混合，待溶液变为黄色，40℃水浴加热。30s后用温度计测量混合溶液温度，达到40℃，取出锥形瓶并振荡（尽量控制相同的振荡力度和次数），静置观察现象（此还原过程忽略空气的影响），记录颜色变化和时间。

2. 实验现象

不同温度下的溶液经剧烈振荡、静置后，溶液颜色都出现绿色—红色—黄色变化，但变色的时间各不相同。在其他反应条件相同的情况下，随着反应温度的升高，"红绿灯"实验的反应速率不断加快，颜色变化的时间也相应缩短。温度过低，反应速率过慢，变色时间太长；温度过高，反应速率过快，变色时间太短，都不利于现象的观察。因此温度控制在40℃时，2次颜色变化的时间较为合适，可作为教师或学生演示实验。

不同浓度的靛蓝胭脂红混合溶液经剧烈振荡、静置后，溶液颜色都出现绿色—红色—黄色变化，变色的时间略有不同。在其他反应条件相同的情况下，随着靛蓝胭脂红溶液浓度的减小，"红绿灯"实验颜色变化的时间逐渐缩短。为能较好地观测颜色变化，并节约试剂，降低实验成本，实验中使用0.050%靛蓝胭脂红溶液较为合适。

当使用0.5mol/L和1mol/L NaOH溶液时，振荡后溶液颜色出现绿色—红色—黄色的变化。当使用0.1mol/L NaOH溶液时，振荡后溶液颜色，出现绿色—紫色—红色—橙色—黄色5种色彩的变化；使用2mol/L NaOH溶液时，振荡后溶液颜色又出现黄色—红色—黄色的变化。使用3mol/L以上浓度的NaOH溶液时，溶液颜色始终为黄色。当在中性和酸性条件下时，溶液颜色始终保持蓝色，未出现其他颜色变化。

三、创新优点

1. 本实验以 STEAM 教育理念为设计旨归,以"蓝瓶子能否变出五颜六色"为思维引线,点燃学生的科学探究激情。

2. 本实验综合利用化学知识原理、实验操作技术、数学计算比较等多学科知识,在一个真实的实验探究情境中认识到反应条件控制在化学研究中的意义和作用,初步掌握控制反应条件的一些方法,培养严谨求实的科研作风,提升综合利用多学科知识解决实际问题的能力。

3. 利用科学前沿知识开阔学生科学探究视野,引发学生的学习兴趣。

参考文献

许亮亮,邹正,马嘉源. 基于 STEAM 教育的高中化学创新实验研究——以"化学红绿灯振荡反应最优条件探究"为例 [J]. 化学教育(中英文),2017,38(21):55-59.

实验 48　制作"天气瓶"

【实验目的】

通过制作"天气瓶",增强学生的动手能力和问题解决能力,并在解释实验原理的过程中加深对过饱和溶液、物质溶解度等相关知识的理解,并从中体会化学与生活实际联系,化学与其他学科的关联。

【实验原理】

在科学知识层面上,试图重点突出化学知识又兼顾其他学科知识的跨学科整合。其中,化学知识涉及到结晶、饱和溶液等重要概念,其制作原理是天气瓶内的饱和溶液析出了樟脑晶体,硝酸钾、氯化铵和水作为次要成分,对控制樟脑晶体形成有很大的作用;从物理知识上来看,天气瓶在理论上来说能感应大气环境中光、热风、气压甚至电荷等气象的变化。图 6-4 是人们对"天气瓶"预测天气的普遍描述,但通过实验验证发现气压、湿度、电场、磁场对晶体形成均没有影响,只有温度对其有影响,一般对于这种体系,温度越低,就越容易出现结晶;生物知识则涉及到樟脑为樟科植物的枝、干、叶及根部,经提炼制得的颗粒状结晶,天气瓶使用天然樟脑的效果要比人造樟脑的效果好。

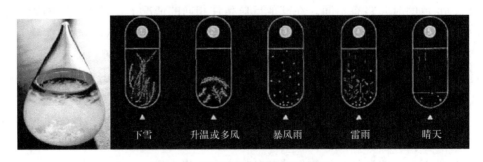

图 6-4　"天气瓶"及其变化情况

【实验过程】

一、实验仪器及药品

仪器：烧杯、玻璃棒、托盘天平、量筒、温度计、水槽、玻璃瓶（带盖子）、手套
药品：硝酸钾、氯化铵、蒸馏水、无水乙醇、樟脑

二、实验操作及现象

1. 实验操作

（1）用托盘天平分别称取 2.5g 硝酸钾、2.5g 氯化铵和 10g 樟脑粉末待用。

（2）将硝酸钾和氯化铵溶解于 33mL 蒸馏水中，用玻璃棒搅拌至澄清。

（3）将樟脑粉末倒入玻璃瓶内，再加入 40mL 无水乙醇（红队使用市售人工樟脑丸，蓝队使用天然樟脑丸）。

（4）将步骤（2）的溶液缓慢倒入步骤（3）的溶液中，水浴加热至澄清，温度在 40℃ 左右。

（5）将玻璃瓶放置在通风、无阳光直射的地方静置 24~48 小时即可得到成品。

2. 实验现象

红队：制作的天气瓶内溶液浑浊，不能形成结晶。

蓝队：制作的天气瓶和市售的天气瓶较为接近，而且能够反映周围环境温度的变化情况（如图 6-5）。

图 6-5 学生制作的"天气瓶"成品

三、实验成功关键

操作过程中尽量避免灰尘的影响；瓶子一定要封紧，避免酒精挥发。

四、创新优点

1. 不仅利用预报天气的生活情境，又与教材内容相关，从而使课程充满趣味性、知识性。

2. 充分体现 STEM 教育理念，蕴含科学的教育设计和基础性学科知识，促使教学内容既立足于每一门学科的特殊性，又相互渗透，从而培养学生的创新精神与实践能力。

参考文献

周礼，章亚楠，朱悦卫，肖多闻，周青，李高峰. 基于 STEM 理念的校本课程——以制作"天气瓶"为例 [J]. 化学教学，2016（10）：12-15.

第七章

虚拟仿真实验

实验 49　基于 IrYdium Chemistry Lab 的可视化教学设计——以"盐类的水解"为例

一、实验目的

1. 利用虚拟实验探究盐溶液的酸碱性，研究盐的分类及探究影响盐类水解的主要因素，例如温度、盐的溶度等，培养学生的实验操作能力与化学定量研究思维，并认识到技术手段创新在化学探究中的重要作用。

2. 通过分析虚拟实验中数字化和图形化实验数据，并对数据进行归纳对比和定量分析，从电离平衡的理论来揭示盐类水解的实质，加深对水解平衡概念的理解，建立变化观念与平衡思想的思想观念，促进学生的深度学习。

二、IrYdium Chemistry Lab 的使用方法

美国化学集成网站提供了一款虚拟化学实验软件——IrYdium Chemistry Lab，该软件设计独特新颖，能实时监测反应物的质量和溶液中离子或分子浓度等多种数据，在高中化学反应原理包括电解质溶液理论教学中，有广泛应用。

在线使用原版本虚拟化学实验的方法是：用微软系统自带浏览器，按以上方法打开虚拟化学实验网页。由于浏览器兼容性问题，网页左下方提示，点"Java Version"，跳转到新网页，并按提示"You may need to install the Java JRE for the Virtual Lab to load on this page"，点击"Java JRE"安装并运行 Java 插件，即可用浏览器在线使用原 1.6.4 版本虚拟化学实验。

离线使用虚拟化学实验的方法是：按以上方法打开虚拟化学实验网页，按照网页右下方提示，点击链接，下载版本号为 2.1.0 的文件包。下载解压后，点击文件包内可执行文件 VLabZH. exe，即可安装中文（繁体）版，安装过程中也应按提示安装 Java 插件。

打开的软件界面如图 7-1 所示。软件分为菜单区、工作区和数据显示区。菜单区提供

若干常用电解质溶液，点击工具菜单，可选用烧杯、容量瓶、滴管、锥形瓶等仪器，以及天平和本生灯等器材。在工作区可进行溶液加热、稀释或混合反应，数据区实时反馈反应液温度、pH和离子浓度等。

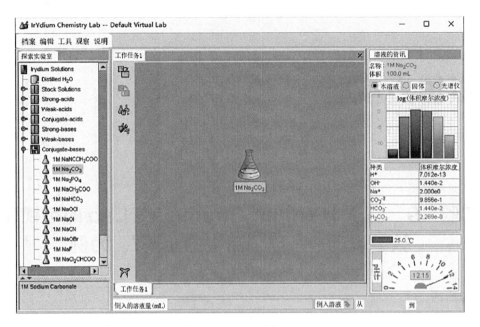

图 7-1　虚拟实验界面

三、基于 IrYdium Chemistry Lab 的盐类水解教学设计

1. 找规律——探究盐溶液的酸碱性

步骤1：利用虚拟化学实验多种方法测定溶液的酸碱性

以 Na_2CO_3 溶液为例。一是利用虚拟实验提供的实时监测溶液 pH 的功能。用鼠标点击左侧菜单区里的 1mol/L Na_2CO_3 溶液，界面工作区即出现盛有 Na_2CO_3 溶液的锥形瓶，鼠标可点击或拖动锥形瓶移动。测得在 25℃，1mol/L Na_2CO_3 溶液的 pH＝12.15，显碱性。如图 7-2 仪表指针所示。

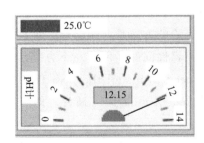

图 7-2　Na_2CO_3 溶液的 pH

第二种方法是利用虚拟化学实验提供的酸碱指示剂。用鼠标点击左侧试剂区里一种酸碱指示剂（例如酚酞），工作界面即出现盛有酚酞溶液的试剂瓶。用鼠标拖动酚酞试剂瓶

到锥形瓶口，在工作区下方输入要倾倒的试剂体积（例如 0.5mL）。结果如图 7-3 所示，往 Na_2CO_3 溶液中滴入少量酚酞溶液，无色溶液变红。

图 7-3 Na_2CO_3 溶液中滴入少量酚酞

步骤 2：利用虚拟化学实验研究盐的分类

利用以上方法，继续测定 $NaHCO_3$、$NaCl$、NH_4Cl 等溶液的酸碱性。该软件只提供了固体 $NaCl$ 试剂，可以通过选取工具菜单中的三角瓶（锥形瓶）以及蒸馏水等配制少量 $NaCl$ 溶液。或者取等体积等浓度的 HCl 溶液和 $NaOH$ 溶液，混合得到少量 $NaCl$ 溶液，再测定其酸碱性。如图 7-4 所示，虚拟实验测得 1mol/L NH_4Cl 溶液的 pH＝4.63，还显示了溶液中存在的主要微粒的种类和浓度。

种类	浓度/(mol/L)
H^+	$2.366×10^{-5}$
OH^-	$4.267×10^{-10}$
Cl^-	1.000
NH_4^+	1.000
NH_3	$2.366×10^{-5}$

图 7-4 NH_4Cl 溶液的酸碱性测定

分别点击工作界面上的其他盐溶液，可获得对应的 pH，并归纳虚拟实验对盐进行分类研究的结果。

步骤 3：利用虚拟化学实验研究盐溶液酸碱性

和盐的类别之间的对应关系在软件界面菜单区，找出课本上未出现的 $NaCN$ 等溶液并测定其酸碱性，进一步验证并归纳其与盐的类型间的关系。使用虚拟实验的过程，强化了学生对盐的类型的认识，并引发学生思考，各种盐在溶于水后完全电离，本身不直接产生 H^+ 和 OH^-，不同类型的盐溶液呈现酸碱性的本质原因到底是什么。

2. 查原因——盐溶液呈现不同的酸碱性

以 NH_4Cl 溶液为例，在如图 7-4 所示的数据区，寻找有关数据，分析盐溶液呈现不同酸碱性的原因。这时启发学生，仔细从数据区分析盐溶液中存在的各种粒子的种类和浓度。数据显示，25℃ 1mol/L NH_4Cl 溶液中，$c(H^+)=2.366×10^{-5}$ mol/L，$c(OH^-)=4.267×10^{-10}$ mol/L，$c(H^+)>c(OH^-)$，NH_4Cl 溶液显酸性。其他溶液呈现酸、碱性也

取决于溶液中 $c(H^+)$ 和 $c(OH^-)$ 的相对大小。

3. 析变化——影响盐类水解的主要因素

步骤 1：用虚拟化学实验探究"越弱越水解"规律

例如，虚拟化学实验选择 3 种强碱弱酸盐，观察记录表 7-1 中有关数据，计算各自的水解百分率。对数据分析推演，得出相应研究结论。

表 7-1　3 种强碱弱酸盐水解程度的比较（25℃）

溶液种类	NaF 溶液	CH$_3$COONa 溶液	NaCN 溶液
溶液浓度/（mol/L）	1	1	1
$c(OH^-)$/（mol/L）	3.913×10^{-6}	2.402×10^{-5}	4.027×10^{-3}
溶液 pH	8.59	9.38	11.60
水解率/%	3.913×10^{-4}	2.402×10^{-3}	4.027×10^{-1}
结论	对于强碱弱酸盐，组成盐的酸越弱，水解程度越大，溶液的碱性越强（越弱越水解）		

步骤 2：用虚拟化学实验推测盐类水解的热效应

水解反应与中和反应是可逆反应。用虚拟化学实验证明中和反应是放热反应，即可说明水解反应是吸热反应。具体操作过程，点击选择 1mol/L CH$_3$COOH 溶液，往空烧杯中倒入 25mL CH$_3$COOH 溶液，再将 25mL 1mol/L NaOH 溶液一次性倒入烧杯中，与 CH$_3$COOH 溶液反应。数据显示溶液混合瞬间，温度从 25℃ 跳升至 31.7℃，又因为混合溶液逐渐散热，温度会缓慢下降到室温 25℃。

步骤 3：虚拟化学实验研究盐类水解平衡受温度影响

实验表明，将一定体积 1mol/L NH$_4$Cl 溶液加热至 50℃ 左右，溶液 pH 由室温 4.63（见图 7-4），下降至 4.27（见图 7-5）。结论是，氯化铵溶液因受热水解程度增大，溶液酸性增强。

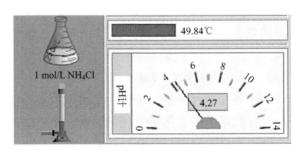

图 7-5　氯化铵溶液加热后 pH 的变化

步骤 4：虚拟化学实验研究盐类水解平衡受盐的浓度影响

仍以氯化铵溶液为探究对象，分别选取 1mol/L 和 3mol/L NH$_4$Cl 溶液，1mol/L NH$_4$Cl 溶液的数据见图 7-4。3mol/L NH$_4$Cl 溶液的虚拟实验数据见图 7-6。

对比分析，形成表 7-2，研究并得出相应结论。

图 7-6　3mol/L NH₄Cl 溶液虚拟实验数据

表 7-2　不同浓度 NH₄Cl 溶液水解程度的比较（25℃）

溶液浓度/（mol/L）	1	3
$c(H^+)$/（mol/L）	2.366×10^{-5}	4.099×10^{-5}
溶液 pH	4.63	4.39
水解程度/%	2.366×10^{-3}	1.366×10^{-3}
结论	对于不同浓度 NH₄Cl 溶液，浓度越大，溶液的酸性越强，水解程度越小	

四、创新优点

IrYdium Chemistry Lab 虚拟化学实验具有独特的实时性和直观性，学生能够在多元化、数字化或图形化的数据显示方式下，及时捕捉实验现象背后的实验数据，对数据进行归纳对比和定量分析，准确地对实验结果做出判断，并对实验预测进行修正。虚拟化学实验在盐类水解教学中，使得对盐类水解原理的学习（也是化学平衡原理的深化和应用），从"定性"转变为"半定量"直至"定量"，学生有了更宽阔的逻辑思维空间。

参考文献

周昌林. 基于 IrYdium Chemistry Lab 的可视化教学设计——以"盐类的水解"为例 [J]. 化学教育（中英文），2019，40（03）：75-79.

实验 50　基于虚拟仿真实验的氰化浸金教学研究

一、实验目的

1. 通过利用虚拟仿真软件模拟氰化浸金的化学实验，解决氰化物毒性过强，使用受到严格的管制而不能进行实验操作的缺点，并熟悉计算机虚拟仿真技术的基础知识和基本操作，掌握虚拟仿真技术在教学实验的一般学习方法。

2. 通过利用虚拟实验操作氧化焙烧、氰化浸出、吸附富集和置换沉淀 4 个主要工艺流程，并探究不同实验条件（pH、浸出温度、氰化钠用量及其搅拌时间等）对浸出率的影响，认识"控制变量法"在科学探究中的重要作用，提升科学思维。

二、系统设计

根据氰化浸金实验的过程和教学需求，设定了氰化浸金虚拟仿真实验的功能设计图，如图 7-7。

首先根据教学需求为虚拟仿真实验设计了以下 5 个功能：实验操作流程、实验参数优化、实验反应现象、仪器使用操作和实验操作评分。这 5 个功能可以使学生全面和充分地了解整个实验的流程和过程参数的变化，并且评分系统还可以对学生完成实验的过程给予一个客观的评价，从而可以引发学生的反思，达到高效、自主学习的效果。其中三维模型和数学模型为虚拟仿真实验输入的素材，三维模型为参照真实实验的场景和仪器建立的虚拟模型，数学模型为实验操作过程涉及的所有的数学模型（图 7-7）。

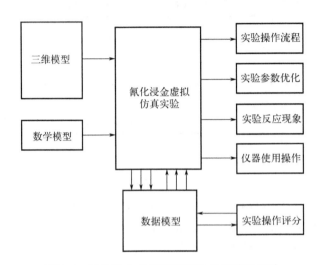

图 7-7 氰化浸金虚拟仿真实验系统功能设计

三、系统实现

氰化浸金虚拟仿真实验根据氰化浸金实验特性和系统功能设计，选用 3DsMax 为建模软件完成系统中仪器设备的三维建模，使用 Unity3D 引擎完成仿真实验的交互操作开发。系统包含了实验原理、实验要求、实验内容、实验操作、实验条件 5 个部分，其中实验操作主要包含氧化焙烧、氰化浸出、吸附富集和置换沉淀 4 个主要工艺流程，条件实验包含了不同工艺参数调整对结构的影响，包括焙烧温度、焙烧时间、空气流量等工艺参数对焙烧脱硫率及脱砷率的影响，以及 pH、浸出温度、固液比、粒度、氰化钠用量及其搅拌时间对浸出率的影响。其实验系统结构图如图 7-8 所示，虚拟仿真实验界面图如图 7-9 所示。

四、使用说明

本实验展示在国家实验空间网站平台中。在网站实验页面上选择开始实验或下载 exe 程序即可开始实验。

进入实验后即可开始仿真实验，学生可以参考实验操作手册进行具体的实验操作，其实验操作的方式主要为鼠标指向需要操作的模型点击左键，然后在弹出的菜单中选择相应的指令进行实验操作，如图 7-10 为瓷舟的操作界面，图 7-11 为 pH 调节界面。实验操作过程中，系统会对实验参数进行实时记录，实验结束后会对参数及操作进行评分，数据及

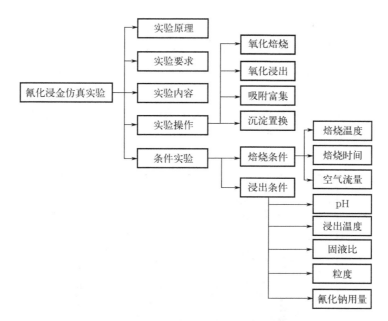

图 7-8 氰化浸金虚拟仿真实验系统结构图

图 7-9 实验界面

图 7-10 瓷舟操作界面图

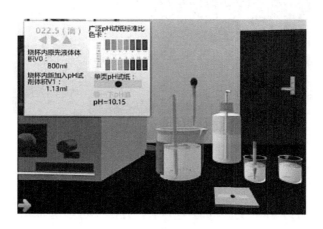

图 7-11 pH 调节界面

评分将显示在实验数据结果界面（图 7-12）上。随后，学生可以探究实验参数对实验结果的影响，图 7-13 为浸出 pH 变化对金浸出率影响界面。学生可以输入不同的 pH，测量其金浸出率，然后对测量数据进行曲线拟合，通过拟合曲线直观地观察实验参数对结果的影响，从而得出实验参数优化的方案，并且可以利用此方案再次实验，得出优化后的实验结果。

实验完成后，学生在实验网站界面下载电子版的实验报告文件进行填写，实验报告填写的内容包括实验原理、内容、步骤、结果总结以及思考与讨论。

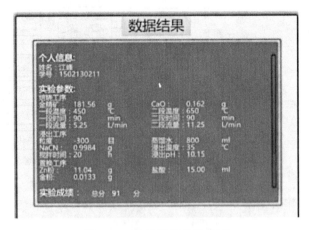

图 7-12　实验数据结果界面

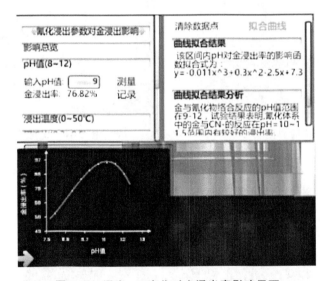

图 7-13　浸出 pH 变化对金浸出率影响界面

五、创新优点

1. 实验基本满足了本科生实验的教学需求，打破了因实验原料剧毒而无法在本科生中开设实验的壁垒。

2. 实验具有完善的教学实现流程，创设了自主学习的空间，打破了传统的学习模式。

3. 实验对仿真实验教学系统的设计和实现模式进行了有益的探索。

参考文献

周思洁，江峰，卢红梅，刘开宇，曾冬铭．基于虚拟仿真实验的氰化浸金教学研究［J］．化学教育（中英文），2020，41（20）：98-103．

实验 51　正溴丁烷合成虚拟仿真系统的设计与辅助实验教学研究

一、实验目的

1. 通过虚拟仿真实验开展正溴丁烷合成实验的实验预习，进行回流、蒸馏、液体化合物的洗涤、分液等预习操作，增强实验操作能力，以此减少实验失误操作，保障实验安全进行，改善传统实验教学过程中由于预习不充分导致的各种问题。

2. 利用虚拟仿真系统进一步拓展实验教学内容的深度和广度，与线下实验课程的有机结合，是一种行之有效、虚实互补线上＋线下的教学模式，并以此平台进行过程性评价。

二、虚拟仿真系统设计

实验系统分为系统管理和基于 Unity3D 的虚拟仿真实验 2 个部分。系统结构设计如图 7-14 所示。虚拟仿真实验模块包括"实验模拟"和"实验考核"两大部分，"实验模拟"模块由实验原理、实验操作、实验任务提示和产物结构表征等 4 个部分组成。"实验考核"模块包括实验原理、操作和产物结构测试的考核及计分。系统管理包括实验管理、学生管理和成绩管理，实验管理允许教师管理虚拟实验的开放时间，添加新的虚拟实验；学生管理实现了学生用户的增删改查功能；成绩管理允许教师查询所有学生成绩和修改学生的成绩。

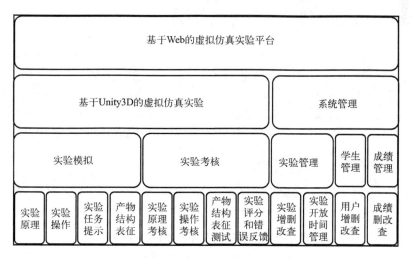

图 7-14　系统结构设计图

该实验平台允许用户通过浏览器访问，学生可不受时空限制，自主安排实验预习模拟和课前实验考核；老师通过在线管理的方式随时了解学生的预习考核详情。

三、基于虚拟仿真系统的教学实践

综合性的正溴丁烷的合成实验教学过程主要包括实验原理和步骤的讲解、回流合成反应、蒸馏分离粗产物、粗产物的洗涤和干燥、精蒸馏收集纯净产物、产物的红外和核磁表征等。

本节课推出基于虚拟仿真系统的线上线下相结合的教学方案，这种虚实结合的教学流程图如图 7-15 所示。

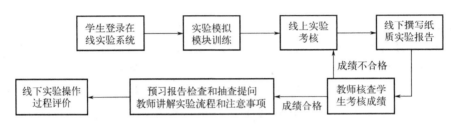

图 7-15　虚实结合的教学流程

在 Web 端发布了虚拟实验系统的功能介绍和操作引导视频［见图 7-16（a）］，快速熟悉正溴丁烷虚拟仿真系统的界面操作和功能模块，观看完 2 个视频资料后，学生点击视频下方的"我要做实验"按钮，跳转到系统登录界面，登录后在网页端点击"开始实验"，跳转至功能模块选择界面［见图 7-16（b）］。

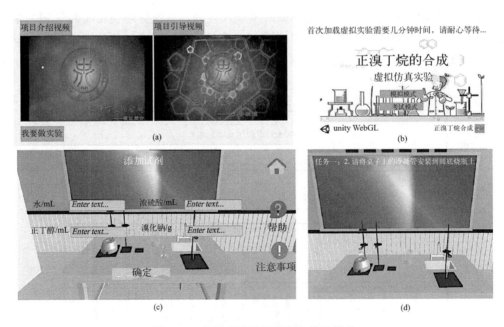

图 7-16　虚拟实验引导视频和模拟模块

（a）系统引导视频；（b）功能模块选择界面；（c）实验原料用量输入；（d）回流反应装置引导安装

学生需要首先进行实验模拟训练，在虚拟场景中熟悉有机化学实验室环境，认识常用有机化学实验仪器和设备。在实验模拟阶段，全过程操作配有相应的文字提示，引导学生一步步完成所有的模拟训练，主要内容包括实验原理学习，输入反应原料用量［见图 7-16 (c)］和投料，回流装置安装［见图 7-16（d）］和回流反应过程模拟，蒸馏装置安装和蒸馏分离产物模拟，产物的洗涤、分液和干燥，二次蒸馏得纯净产物，产物的红外光谱和核磁共振氢谱学习。学生可以多次反复进行训练，直到熟练掌握所有实验内容。然后，学生返回功能选择界面，点击"考试模式"按钮，进入到实验考核模块。

在考核阶段没有任何的操作提示，学生需要根据在脑海中理解和记忆的实验原理和操作流程，完成相应的实验原理测试题目［见图 7-17（a）］、输入实验原料用量和投料，再从实验柜中选择相应的玻璃仪器，按正确的实验操作流程独立完成所有的实验操作，蒸馏操作和洗涤分液操作截屏见图 7-17（b）和图 7-17（c）。系统会根据学生操作正确与否对关键操作过程计分。最后进入到产物的红外光谱和核磁共振氢谱测评阶段，学生需要归属给定的产物红外光谱和核磁共振氢谱峰［见图 7-17（d）］。

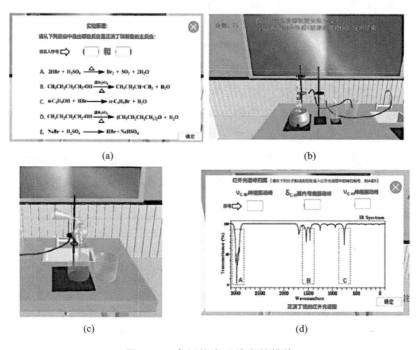

图 7-17 虚拟仿真系统考核模块
（a）实验原理测评；（b）蒸馏操作；（c）分离过程；（d）红外表征测评

四、创新优点

1. 在课前以沉浸式体验开展实验预习，克服难以基于文字信息在脑海中预演实验操作过程的痛点问题，学生可以反复多次练习，有利于提升实验预习和预演效果，从而保障实验顺利安全地进行，改善传统实验教学过程中由于预习不充分导致的各种问题。

2. 虚拟仿真系统为教师提供了强有力的过程性评价手段，进一步拓展实验教学内容的深度和广度，与线下实验课程的有机结合，是一种行之有效、虚实互补的教学模式。

参考文献

乔晋忠，廉永健，杨晓峰，柴晓芳. 正溴丁烷合成虚拟仿真系统的设计与辅助实验教学研究 [J]. 化学教育（中英文），2021，42（24）：92-96.

实验 52　基于"虚拟化学实验室"的在线课堂深度学习
——以"价层电子对互斥模型（VSEPR）"在线教学设计为例

一、实验目的

1. 通过旋转、观察 NOBOOK 虚拟化学实验室中分子的立体构型，对比同为三原子分子的 CO_2 和 H_2O，同为四原子分子的 NH_3 和 BF_3 在空间结构上的差异，从分子结构层次认识到物质的多样性，塑造"宏观辨识与微观探析"的核心素养。

2. 通过概念辨析，赋予"孤电子对"计算公式恰当的物理意义，理解公式的由来；利用价层电子对互斥理论判断常见分子的 VSEPR 模型，并进入"火花学院"构建相应分子的 VSEPR 模型进行验证，初步认识价层电子对互斥理论。

3. 通过观看"水分子的形成过程"视频，进一步从能量观的角度理解价层电子对互斥模型；阅读拓展材料，了解价层电子对互斥模型的优势与局限，培养"证据推理与模型认知"的核心素养。

4. 观看"红外光谱仪"工作原理视频，了解科学家创造出的、测定分子结构的现代仪器，赞赏科学家对社会发展的重大贡献，形成"科学精神与社会责任"的核心素养。

二、NOBOOK 和火花学院的使用方法

NOBOOK 和火花学院作为一种科学可视化工具平台，致力于帮助学生"捕捉"难以观察的科学现象。其易得性与硬件要求低，教师仅需在电脑浏览器输入"NOBOOK"或"火花学院"，即可进入相应仿真软件官方平台。

在 NOBOOK 官方平台点击"产品"，可以在线使用物理、化学、生物 3 个不同学科的虚拟实验室，或下载 Windows 版安装于电脑中。以安装于电脑中的"NB 化学实验"为例，目前已涵盖人教版、新人教版和鲁科版 3 种版本教材的大部分实验内容。教师在搜索栏输入相应探究实验关键词寻找相关实验，进入实验界面后点击"更多"可以查看关于如何亲自"动手做实验"的新手操作引导，点击"演示"，可查看实验"视频"与包括了实验目的、原理、用品、步骤、现象的实验"简介"。火花学院的使用方式与 NOBOOK 类似，其素材丰富，除实验外还设计了"火花教参"供教师参考。

三、基于深度学习理论的在线课堂实施

1. 情境任务——体会多样的分子空间结构

在这一环节之前，学生可能存在"具有相同原子数的分子空间构型相同"的错误概

念。基于此，依托虚拟实验室为学生创设旋转、观察分子立体构型的机会，使学生"宏观辨识"多样的分子空间结构。

【活动任务1】旋转、观察分子——学生从各自电脑端进入NOBOOK虚拟实验室"分子的立体结构"板块。每位学生旋转、观察虚拟实验室中形形色色的分子立体构型。

【问题讨论】从观察结果中思考并回答：

(1) CO_2和H_2O、NH_3和BF_3这2组分子分别有何相同点与不同点？

(2) CO_2和H_2O同为三原子分子，NH_3和BF_3同为四原子分子，分子的空间构型却不同，我们如何判断分子的空间构型？

【技术平台】NOBOOK虚拟实验室"分子的立体结构"板块（见图7-18）允许学生对分子结构进行360°自由旋转，学生可以从多角度观察分子的空间构型。

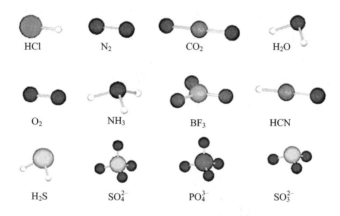

图7-18　NOBOOK虚拟实验室"分子的立体结构"界面

2. 新知理解——初步认识VSEPR模型

【问题讨论】1940年，英国化学家西奇威克提出价层电子对互斥模型，适用于预测AB_n型分子或离子的空间结构。VSEPR的"价层电子对"是指分子中的中心原子与结合原子间的"σ键电子对"和中心原子上的"孤电子对"。思考并回答：

(1) "价层电子对""σ键电子对"及"孤电子对"概念间有何区别与联系？

(2) 如何确定"σ键电子对"和"孤电子对"数目？

【活动任务2】赋予"孤电子对"计算公式：$(a-xb)/2$恰当的物理意义。

【活动任务3】预测、构建模型——运用VSEPR理论知识点，首先预测CO_2和H_2O、NH_3和BF_3的VSEPR模型，并进入火花学院，构建CO_2、H_2O、NH_3、BF_3这4个分子的VSEPR模型，验证预测结果。其次，由于VSEPR理论不仅适用于AB_n型分子，还适用于AB_n型离子。因此，进一步将理论应用练习从"分子"延伸到"离子"，预测阳离子NH_4^+和阴离子SO_4^{2-}的VSEPR模型并借助模拟平台验证预测是否正确。

【技术平台】依托ZOOM在线教学平台的"分组"功能，将学生分为若干组对问题进行讨论，该功能可避免组与组之间讨论的相互干扰，为各组营造独立的讨论空间。教师"走"进各组的讨论室与学生"零距离"交流，为小组讨论提供"脚手架"。学生借助火花学院"构建VSEPR模型"功能，与组员之间相互交流模型构建结果（见图7-19），获取构建正确情况的即时反馈。

图 7-19　学生构建 H_2O 的 VSEPR 模型历程

3. 内部关联迁移——从能量观的角度进一步理解 VSEPR 模型

【问题讨论】思考并回答：

（1）H_2O 分子的 VSEPR 模型为什么不是正四面体？

（2）VSEPR 模型和分子的空间结构存在什么关系？

【活动任务 4】收集、加工信息——进入火花学院，搜索"常见分子的空间构型""水分子的形成过程"2 个素材，寻找可以解决问题的相关信息。

【技术平台】学生从"常见分子的空间构型"素材（见图 7-20）中可以获取水分子的键角是 104.5°的信息，小于正四面体 109°28′，考虑到有可能是受到了"挤压"，并在"水分子的形成过程"素材中得到验证，认识到是成键电子对受到了孤电子对的"排斥"所致。

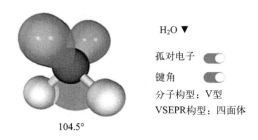

图 7-20　模拟技术软件"常见分子的空间构型"界面

4. 外部拓展迁移——VSEPR 模型的应用局限

【活动任务 5】阅读拓展材料——在 ZOOM 会议室文档板块中，阅读教师上传的"共价键理论现存问题及解决策略"相关课外拓展资料。

【问题讨论】思考并回答：

VSEPR 理论的优势与不足分别是什么？

【技术平台】ZOOM 会议室文档共享功能。直播教学平台的文档共享功能为学生阅读文字型拓展材料提供便捷性，学生可以自由调节文字型拓展材料的字体大小，并对重要内容作出标注。

5. 创新——测定分子结构现代仪器的工作原理

【问题讨论】虽然，VSEPR 理论不可以判断所有分子的立体构型。但如今，科学家已经创造了许许多多测定分子结构的仪器，比如红外光谱仪。

"红外光谱仪"的工作原理是什么？

【活动任务 6】体会创新——进入火花学院，观看"红外光谱仪"工作原理。

【技术平台】火花学院。学生在各自电脑端观看视频（见图 7-21）的过程中，遇到一些重要的信息，可以点击"暂停"并选择重复观看。

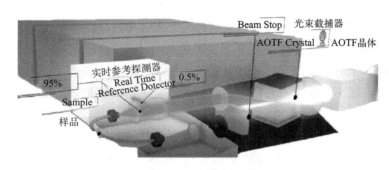

图 7-21　红外光谱仪工作原理视频

四、创新优点

1. 微观本质宏观化。基于动态、立体化的分子空间结构学习理论性知识，如"价层电子对互斥模型"，可以形象体会到理论中涉及的"互斥"抽象内涵。除"宏微"层面的表征之外，虚拟实验室还可以通过"减慢"科学现象发生的速度来促进学生认知，清晰呈现了晦涩的原理知识。

2. 抽象内容具身认知化。在虚拟实验室中可以旋转、观察分子，亲自构建分子的空间构型，直观感受分子的结构、运动及分子间的相互作用，与学习内容发生沉浸式的交互，从而带来身临其境的学习体验。

3. 在线学习互动现实化。以 ZOOM 平台的分组讨论功能为例，教师将学生随机分成若干小组，各小组独立讨论，人人参与的同时避免了课堂环境的喧嚣嘈杂。教师可以随时"走"进各小组的讨论室了解讨论进度并提供一定的脚手架，实现在线学习过程中生生之间、师生之间的互动现实化。

参考文献

李晓月，丁伟. 基于"虚拟化学实验室"的在线课堂深度学习——以"价层电子对互斥模型（VSEPR）"在线教学设计为例［J］. 化学教育（中英文），2021，42（21）：73-78.

实验 53　"甲醇生产工艺"虚拟仿真教学实效的研究

一、实验目的

1. 利用虚拟仿真实训系统进行甲醇生产工艺的实验教学，帮助学生直观理解甲醇合成的工艺原理，并认识熟记有毒有害物质，轻松掌握工艺流程识图。

2. 在虚拟仿真实训系统中操作原料气制备、原料气处理、甲醇合成和甲醇精制等 4 个环节，探究危险和事故运行的状态参数，提升分析问题能力、逻辑思考能力和综合判断能力。

二、甲醇生产工艺虚拟仿真实训课程设计与实施

1. 甲醇生产工艺虚拟仿真系统软硬件

虚拟仿真实训系统以装置元器件和原材料为依据，用数字仿真技术建立数学模型，模拟真实化工装置操作和技能等。仿真实训室需要配备 1 个教师站和 40 个学员站的电脑机房，教师站可向学生站发布操作指令，显示学生操作结果及成绩，了解每个学生当前操作情况并给予及时指导。学员站安装化工单元和生产装置仿真模拟软件能完成冷态开车、停车和事故处理等操作。

醇类生产有装置大型化、过程连续化和高度自动化等特性。甲醇生产工艺分成原料气制备（以天然气和固体燃料为原料制原料气）、原料气处理（一氧化碳变换、脱硫、脱碳）、甲醇合成和甲醇精制等 4 部分。甲醇生产工艺虚拟仿真实训系统主要有 2 大块，一是素材库（指能辅助教学的关于甲醇生产的资源库，包含有：原料气制备相关动画，如图 7-22 所示的 KT 气化工艺流程动画；原料气处理相关动画，例如常压高塔再生法脱碳工艺流程；甲醇合成和甲醇精制的相关动画），另一是流程仿真操作（通过模拟工厂生产流程，让学生虚拟完成开车、进料、数据调节控制、事故处理、停车等）。仿真操作包括 6 W 方空分工艺装置、水煤浆加压造气工艺仿真、甲醇合成工艺仿真（图 7-23）。该仿真操作可以把一线工厂复杂的甲醇生产工艺通过交互动画和视频展示到电脑屏幕。同时，教师站的管理系统可以随时了解学生行为和仿真实训成绩，及时提示和纠正错误模拟操作，及时得到学习结果反馈。

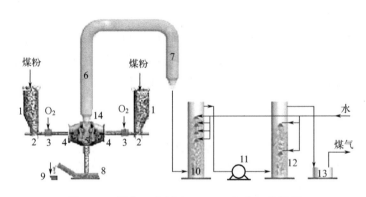

图 7-22 煤化工素材库——KT 气化工艺流程

1—煤斗；2—螺旋给料机；3—煤氧混合器；4—粉煤喷嘴；5—气化炉；6—辐射锅炉；
7—废热锅炉；8—除渣机；9—运渣车；10—冷却洗涤塔；11—泰生洗涤机；12—最终冷却塔；
13—水封槽；14—急冷器

2. 甲醇生产工艺虚拟仿真实训教学过程设计

采用理实一体化教学法，利用甲醇生产工艺虚拟仿真系统，将甲醇制备原理、煤炭制备一氧化碳、原料气提纯、合成甲醇、甲醇精制的理论，与实践教学的开车、进料、数据调节控制、模拟事故发生与处理、停车等操作相结合，重新分解成适合的学时长度，整合成 4 个制备阶段进行教学。

用虚拟仿真实训系统同时对实验组和对照组进行"甲醇生产工艺"教学。一个学期完

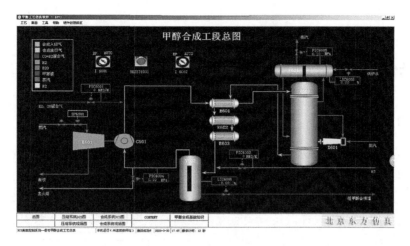

图 7-23　甲醇合成工艺

成全部教学内容。对照班和实验班学习基础、成绩基本一致，使用相同教学顺序和教师，不同教学方法。对照组使用传统讲述法、讨论法、直观演示法。实验组在上述教法上同时加入虚拟仿真实训。

3. 甲醇生产工艺虚拟仿真实训教学组织实施

课程内容分成原料气制备、原料气处理、甲醇合成和甲醇精制等 4 部分。涉及化工原理、有毒有害、工艺流程等内容采用虚拟仿真实训系统素材库进行教学，帮助学生直观理解掌握原理，认识熟记有毒有害物质，轻松掌握工艺流程识图。学生分成 3~6 人小组，面对虚拟仿真系统相互配合讲解原理，直至能够清楚介绍甲醇制备原理、4 个部分划分界限和各部分的关键特性，具备判断生产结果正常的标准等基础知识，然后成员之间展开讨论，形成小组执行方案经教师批准后进入实操。

空分、煤制气、甲醇工艺采用仿真操作，以加深对原理利用、工艺条件选择、工艺流程的掌握。操作练习过程中先由教师讲解示范，然后学生进行分解动作演练，之后再把简单动作连串操作，反复练习直到熟练操作，再由教师设置泄漏、爆燃等问题情境，由学生小组讨论之后提出操作方案，进行模拟操作和模拟检查。最后学生小组成员提出可能发生的故障、操作顺序错漏等问题情境，然后自由探索可行的解决方案。

三、创新优点

甲醇生产工艺虚拟仿真实训系统能够贴合化工专业学生教学实际需求，从"要我学"变成了"我要学"，学生真正变成了学习的主体。学生可以自主设置参数模拟操作，可以尝试各种可能情境，探究危险和事故运行的状态参数，即使基础一般的学生，同样能够通过虚拟操作的探究模拟有效提升分析问题能力、逻辑思考能力和综合判断能力，从而有效提升了教学认知结果测试成绩的成效，同时学习兴趣、学习自控力等非智力因素又得到很好发展。

参考文献

吴晓兵，彭茜."甲醇生产工艺"虚拟仿真教学实效的研究[J]. 化学教育（中英文），2021，42（04）：73-77.

实验 54　基于多平台的线上实验教学
——光伏发电驱动高效催化水分解制氢气虚拟仿真实验

一、实验目的

1. 了解光伏发电和电解水的实验背景和研究进展，理解掌握电解水的实验原理以及电催化水分解催化材料的评价标准。

2. 熟悉电化学工作站和电解槽组装，学习气相色谱仪相关谱图及数据分析技术，掌握测试仪器的使用和实验流程以及有关氢气的正确操作规程，强化安全意识。

3. 通过实验过程训练学生的科学思维，培养学生的科研能力和综合运用知识的能力，培养学生可持续发展的能源与环境意识。

二、教学过程

虚拟仿真实验平台支持学生完成线上体验，其具体实验过程包括电催化剂浆料的制备；玻碳电极的打磨、清洗和涂覆；以及电催化分解水产氢电化学反应与产物分析 3 部分，具体虚拟仿真实验教学平台界面如图 7-24 所示。

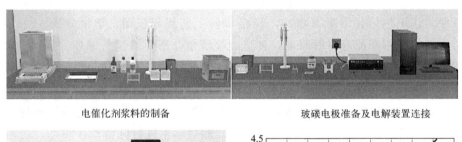

电催化剂浆料的制备　　　　　　玻碳电极准备及电解装置连接

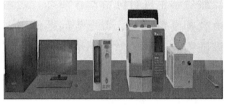

气相色谱分析氢气

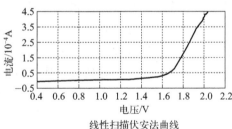

线性扫描伏安法曲线

图 7-24　虚拟仿真实验教学平台界面

学生需要 40~60min 的时间来完成以上内容的体检和考核环节，在三维虚拟环境下首先进行安全知识学习、倾听仪器介绍，随后分别开展样品制备、结构表征和性能测试实验内容。具体涉及无机化学实验中的固体样品称量、液体样品取用、固液超声混合、玻碳电极的准备、电极催化浆料的涂覆与晾干、水解槽充液、电化学工作站连接、电流密度与电压曲线测试绘制、气体收集与采样、气相色谱操作与图谱分析。

实验考核过程中，如果学生发现操作有误，还可以通过返回或撤销等操作及时纠错，直至成功完成实验内容。若没有及时更正错误操作，平台会根据学生的实际线上体验情况语音提示学生出现错误的地方进行扣分，并在实验完成之后，将成绩和所用时间直接反馈给学生。如果学生当前实验成绩不太理想，平台允许学生在规定时间内进行多次实验以更新并记录最高成绩。

在虚拟仿真实验的线上体验过程中，由于师生身处异地空间，教师需要借助腾讯会议中的语音和分享屏幕操作来实现对虚拟仿真实验的远程指导和跟踪，从而保证实验课程的教学质量。该过程要求学生登录虚拟仿真实验平台进入实验页面的同时，需要继续保持腾讯会议模式，以便随时将实验过程中遇到的程序或技术性问题与教师进行语音沟通和解决。必要的时候，学生可以通过分享自己的屏幕将技术难题与授课教师进行面对面交流与解决。同时，学生可在切身体验虚拟仿真实验之前，预先对实验环节进行大胆设想，在体验过程中通过考察设想与切身体验现实的吻合程度来进一步检查和促进预习。

三、创新优点

1. 从问题解决角度来说，线上虚拟仿真体验可以完全达到在线下课堂利用计算机群组进行虚拟仿真实验体验的教学效果。

2. 从资源配置角度来说，线上虚拟仿真实验在学生手机端和电脑端都可以进行操作，有效解决了目前学生不能进行现场实验的困难。

3. 从能力提升角度来说，学生在虚拟仿真实验线上教学过程中所体现的主动性和能动性，更有利于提高学生的实验兴趣，锻炼学生理论知识与实验的联系能力，激发学生对知识的追求和探索意识。

参考文献

魏灵灵，张航，郑浩铨，马艺，张伟强，焦桓. 基于多平台的线上实验教学——光伏发电驱动高效催化水分解制氢气虚拟仿真实验 [J]. 化学教育（中英文），2021，42（10）：58-64.

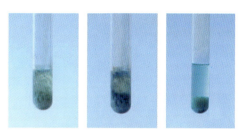

图 2-41　Fe(OH)$_2$ 反应现象图

   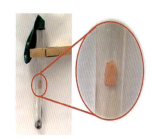

①加热前　　　　②初次加热氧化铜　　　③加热木炭后　　　④再次加热氧化铜后

图 2-53　创新实验现象记录

图 2-75　实验现象图

图 2-82　氨气喷泉的实验现象

图 2-102　铜与浓硝酸反应　　图 2-103　铜与浓硝酸反应　　图 2-104　尾气处理
　　　　　　　　　　　　　　　（注入 NaOH 溶液后）

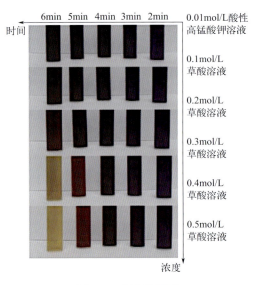

图 4-9　实验结果图